세상을 변화시키는 52주 구역공과

사랑으로 위로하는 구역

편찬위원회 지음

아가페문화사

사랑으로 위로하는 구역

구역부흥은 교회부흥

구역

이름

주소

교회 전화

사랑으로 위로하는 구역
성장하는 교회

교육 이념

1. 하나님의 영광을 높이는 구역

2. 하나님의 교회를 섬기는 구역

3. 하나님의 사랑을 실천하는 구역

4. 행복한 가정을 이룩하는 구역

5. 변화하는 시대를 선도하는 구역

구역공과 일러두기

교회의 양적부흥은 질적 부흥의 텃밭입니다. 교회의 성장은 이 시간도 계속 진행되고 있습니다. 초대 예루살렘 교회는 핍박을 받을수록 광풍에 흩날린 민들레 홀씨처럼 가는 곳마다 복음이 뿌리를 내리고 열매를 맺었습니다. 오늘날 속회나 구역운영은 교회 부흥전략의 원동력입니다. 그 요건을 만들기 위해 바로 '믿음, 소망, 사랑이 넘치는 구역'으로 만들어 가야 합니다.

본 구역공과 교재는 연구실에서 쓴 공과가 아니고, 일선 목회자가 현장목회에서 필요 충족을 위해 만들어진 중 · 소 · 대형교회마다 쉽게 적용할 수 있는 초교파 '베스트 구역공과'입니다. 구역부흥과 교회부흥의 원초적인 동력은 교회를 태동케 하신 '주 성령'이십니다. 이에 입각해서 바로 「섬김과 전도로 부흥하는 구역」에 이어 「사랑으로 위로하는 구역」을 출간했습니다. 이 공과를 활용하면 영적생명이 움터 살아 역사하셔서 부흥 성장케 할 것입니다.

교회 부흥은 한 마디로 '일꾼을 잘 키우고, 잘 세우면' 됩니다. 우리는 그간 절찬리에 다루었던 '말씀의 생활화' 구현을 위한 연중 커리큘럼으로 성경 통독을 유도하고, 주간 경건의 시간(Q.T)의 본문을 설정하여 구역공과를 편찬했습니다. 그 핵심 주제가 바로 1「부흥」 · 2「생동」 · 3「전진」 · 4「결실」 · 5「일꾼을 키움」 · 6「파송」 · 7「건강」 · 8「화목」 · 9「치유」 · 10「칭송」 · 11「생명을 살림」 · 12「주님과 동행」 · 13「성령 충만」 · 14「섬김과 전도로 부흥」이었습니다.

위에 언급한 주제들이 14년 동안 다져져서 이 구역공과들이 여러 교회들을 '부흥 성장하는 교회'로 이끌어 주었습니다. 이제 '교회부흥의 도약'의 실현을 꾸준히 지속시키기 위해 무엇을 어떻게 추진해 나가야 할 것인가에 집중해야 합니다. 교회와 구역의 부흥과 성장은 농사짓는 농부의 심정으로 얼마나 꾸준히 지속적으로 심혈을 기울였느냐에 달려있는 것입니다.

교회의 풍년 농사는 첫째, 좋은 씨앗, 둘째, 좋은 땅, 셋째, 꼼꼼한 보살핌의 손질이 날마다 '예배 생활'로 다져져야 한다는 것이 필수적입니다.

현명하신 목회자들께서 구역의 텃밭을 소중히 여기시고, 좋은 교재를 골라 말씀의 씨앗을 잘 준비하여, 셀 모임 · 구역 셀 리더 · 구역 인도자 · 속회 지도자들을 잘 훈련시키십시오. 이들을 잘 훈련 양육시킨다면 한 해의 영적인 농사는 풍년이 되어 틀림없이 부흥 성장을 보장해 줄 것입니다. '내가 곧 교회 부흥의 주역이다'라는 책임감과 부흥의 확신을 가지고, 새 출발하십시오.

첫째, 하나님의 말씀을 날마다 겸손히 듣고(행 10:33),

둘째, 말씀을 매일 양식처럼 먹으며(신 17:19),
셋째, 말씀을 체계적으로 공부하십시오(행 17:11; 딤후 2:15).
넷째, 요절 성구를 암송하십시오(시 119:11).
다섯째, 성경본문을 깊이 묵상하십시오(수 1:8).

말씀을 잘 듣고, 읽고 공부하고 암송하여 생활에 적용하고 실천하게 하는 '말씀의 생활화'가 중요합니다. 그래서 본 교재는 평신도 지도자가 목회하는 심정으로 일 년 열 두 달 매월 신앙성장목표를 설정하여, "한 주간의 묵상 자료"(Q.T. 가정 예배 자료)와 교회절기, 가정예식 공과를 통해 기독교문화를 선도해가도록 시도한 최초의 구역공과입니다. 교재 사용 시 인명, 지명, 고사 성어 등 주석을 실어 내용을 심화했습니다. 이 공과는 신년 · 고난절 · 부활절 · 감사절 · 중추절 · 성탄절, 임종 · 입관 · 장례식 · 하관 · 추모예배 등 교회절기 자료와 가정 예식, 가정예배자료를 총망라했습니다. 각 구역 · 가정에서 쉽고 간편하게 인도자와 구역원 온 교우가 함께 사용하도록 집필하여, 한 가정에 한 권 씩 상비해 놓으시고, 교재를 읽으면서 예배하도록 했습니다. 이 교재를 통하여 말씀의 생활화로 '성경을 배워, 예수님의 좋은 일꾼'으로 성장시키시기를 기도드립니다.

2013년 11월
구역공과 편찬위원회 책임위원 신소섭 목사

구역공과 교재 사용법

– 찬송 · 묵도 · 신앙고백(사도신경) · 찬송 · 기도 –

1. 먼저 '성경' 본문을 찾아 함께 읽으십시오.
2. '요절'을 3회 큰 소리로 함께 읽고 암기합시다.
3. 공과 '교재의 목표'를 읽고 마음에 새기십시오.
4. '시작하는 말'은 구역 인도자가 읽음으로 함께 이해하십시오.
5. '오늘의 말씀'은 한 대지씩 구역원이 돌아가면서 읽으십시오.
6. '함께 읽어요'는 모든 구역원이 한 목소리로 읽으십시오.
7. '정리하는 말'은 구역장이 읽으십시오.
8. 구역원 모두에게 성령께서 함께 하사 기도로서 말씀을 우리의 생활에 적용할 수 있도록 하십시오.

–합심기도, 헌금, 가정을 위한 기도, 새 구역원 소개, 찬송, 주기도문
–※ **상기 사용법 4, 5, 6, 7번은 각 교회의 구역지침에 따라 진행하십시오.**

구역부흥은 교회부흥

성공적인 구역 운영 요령

1. 효과적인 개인전도 7가지 방법

- 영혼을 사랑하는 마음을 가져라.
- 전도 대상자를 확실히 정 하라
- 상대를 위하여 충분한 기도로 준비하라.
- 인격적인 교제를 가져라.
- 상대에게 무엇이 필요한가를 파악하라.
- 문제점에 대하여 간증으로 권유하라.
- 결신 후 최소한 3개월간을 영적으로 보살펴라.

2. 구역배가를 위한 5가지 기도제목

- 믿지 않는 가족을 위한 기도
- 병든 자를 위한 기도
- 개인이나 가정의 문제 해결을 위한 기도
- 각자의 소원 응답을 위한 기도
- 성령 충만을 위한 기도

3. 효과적인 구역원 상담의 5가지 방법

- 상대에게 되도록 많이 말할 기회를 주라
- 관심을 주변 환경에서 신앙생활로 전환시켜라
- 말씀에 입각하여 근원적인 해답을 제시하라
- 함께 기도하고 상담을 마무리 하라
- 확신을 갖고 말로 시인케 하라

4. 구역 운영 3가지 주의사항

- 이단 사설에 현혹됨을 예방하라
- 성도간의 금전 문제에 주의 하라
- 신앙적인 이야기 외에 무익하고 부덕한 말을 피하라

구역공과 교육과정(제 1, 2 학기)

학기	월	목표	과	제 목	본 문	요 절	경건의 시간
1 학기	1	축복평안의 달	1	주신 그 땅으로 가라	수 1: 1-18	수 1: 3	수 1: - 7:
			2	네 든 손을 거두지 말라	수 8: 8-27	수 8: 26	수 8: - 14:
			3	이 산지를 내게 주소서	수 14: 6-16	수 14: 12상	수 15: - 21:
			4	샘물도 내게 주소서	삿 1: 1-21	삿 1: 15	수 22:-삿 4:
	2	열심헌신의 달	5	즐거이 헌신하자	삿 5: 1-31	삿 5: 9	삿 5: - 11:
			6	어떻게 행하리까?	삿 13: 1-20	삿 13: 12	삿 12: -18:
			7	가문 세우는 사람 되라	룻 4: 1-17	룻 4: 12	삿 19: -룻 4:
			8	내가 그들에게 복 주리라	민 6: 1-27	민 6: 24	민 1: - 7:
	3	생명행복의 달	9	구름이 성막 위에	민 9: 1-23	민 9: 23	민 8: - 14:
			10	육체의 생명이신 하나님	민 16: 15-48	민 16: 48	민 15: - 21:
			11	하나님이 주시는 말씀	민 22: 21-41	민 22: 38	민 22: - 28:
			12	여호와를 온전히 순종	민 32: 6-27	민 32: 12	민 29: - 35:
			13	기업에 보증이 되사	엡 1: 1-23	엡 1: 14	민 36:-엡 6:
2 학기	4	영적회복의 달	14	열리는 영광의 하늘	겔 1: 1-25	겔 1: 28	겔 1 : - 7:
			15	주의 신이 나를 들어	겔 11: 1-25	겔 11: 20	겔 8 : - 14:
			16	너희는 돌이켜 회개하라	겔 18: 19-32	겔 18: 22	겔 15: - 21:
			17	불의가 들어났도다	겔 28: 1-19	겔 28: 15	겔 22: - 28:
	5	가족사랑의 달	18	내가 목자가 되리라	겔 34: 1-31	겔 34: 15	겔 29: - 35:
			19	너희 위에 많게 하리니	겔 36: 6-15	겔 36: 10	겔 36:- 42:
			20	여호와께 속하리라	옵 1: 1-21	옵 1: 21	겔 43-48, 옵1:
			21	말씀을 지키는 가정	요일 2: 1-17	요일 2: 5	요일 1:-요삼1:
	6	나라사랑의 달	22	에벤에셀의 하나님	삼상 7: 1-17	삼상 7: 12	삼상 1: - 7:
			23	기도하는 지도자	삼상 12: 6-25	삼상 12: 23	삼상 8: - 14:
			24	순종이 제사보다 낫다	삼상 15: 10-31	삼상 15: 23상	삼상 15: -21:
			25	기름부음 받은 자	삼상 24: 1-15	삼상 24: 10하	삼상 22: -28:
			26	하나님의 흠 없는 자녀	빌 2: 12-30	빌 2: 22	삼상 29:-빌4:
교회절기	신 년		53	새롭게 출발합시다	막 2: 18-22	막 2: 22	막 1: -막 7:
	고난절		54	금식하며 울고 애통하며	욜 2: 12-32	욜 2: 12	욜 1: -암 4:
	부활절		55	나를 살리시는 하나님	암 9: 11-15	암 9: 15	암 5: -옵 1:
	감사절		56	처음 익은 열매로 감사	잠 3 : 1-15	잠 3: 9	잠 1 : - 잠7:
	중추절		57	어떠한 감사로 보답할까?	살전 3:6-13	살전 3: 9	골 3:-살전 5:
	성탄절		58	왕으로 오신 예수 그리스도	마 2: 1-12	마 2: 2	마 1 : - 마7:

*절기·예식 교육 내용은 분문내용의 마지막 부분에 있습니다.

구역공과 교육과정(제 3, 4 학기)

학기	월	목표	과	제 목	본 문	요 절	경건의 시간
3 학기	7	전도실천의 달	27	내 영을 부어 주리니	행 2: 14-36	행 2: 18	행 1: - 7:
			28	사마리아에 전한 복음	행 8: 4-40	행 8: 17	행 8: - 14:
			29	바울의 옥중 전도	행 16: 19-40	행 16: 31	행 15: - 21:
			30	바울의 간증설교 전도	행 26: 1-29	행 26: 23	행 22: - 28:
	8	건강 회복의 달	31	부르짖으매 고치셨도다	시 30: 1-12	시 30: 2	시 29: - 35:
			32	건강의 맥박 기도생활	시 35: 1-17	시 35: 13	시 36: - 42:
			33	도우시는 하나님	시 43: 1-5	시 43: 5	시 43: - 49:
			34	내가 너를 건지리니	시 50: 1-23	시 50: 23	시 50: - 56:
			35	구원이 그에게서 나옴	시 62: 1-12	시 62: 1	시 57: - 63:
	9	위로실천의 달	36	자신의 위로를 받으라	욥 1: 1-22	욥 1: 21	욥 1: - 7:
			37	위로는 전능 자에게서	욥 8: 1-22	욥 8: 5	욥 8: - 14:
			38	내 증인이 하늘에 계시고	욥 16: 1-22	욥 16: 19	욥 15: - 21:
			39	단련 하신 후 순금같이	욥 23: 1-17	욥 23: 10	욥 22: - 28:
4 학기	10	선교지원의 달	40	귀를 여시고 경고하심	욥 33: 1-33	욥 33: 16	욥 29: - 35:
			41	찬송하기를 잊지 말지라	욥 36: 5-33	욥 36: 24	욥 36: - 42:
			42	명철하고 슬기로운 말로	단 2: 14-35	단 2: 20	단 1:- 7:
			43	돌아오게 한 자의 복	단 12: 1-13	단 12: 3	단 8:- 호2:
	11	감사생활의 달	44	음녀 된 여자를 사랑하라	호 2: 14-3: 5	호 3: 1하	호 3:- 9:
			45	공의를 비처럼 내리시리라	호 10: 1- 15	호 10: 12하	호 10:-욜2:
			46	여호와를 찾으라	암 5: 1- 15	암 5: 4	욜 3: - 암6
			47	감사하는 목소리로	욘 2: 1 -3: 10	욘 2: 9	암 7:- 욘4:
			48	다스릴 자가 네게서	미 5 : 1-15	미 5: 2	미 1: - 7:
	12	주님 영접의 달	49	아름다운 소식을 알리고	나 1 : 1-15	나 1: 15	나 1:-습1:
			50	양과 소가 없을지라도	합 3 : 1-19	합 3: 18	습 2:- 슥3:
			51	오직 나의 영으로	슥 4 : 1-14	슥 4: 6하	슥 4:- 10:
			52	의로운 해, 치료의 광선	슥 14:1-21, 말 3:13-4:6	마 1: 1	말 1:-4:, 마 8-10:
가정 예식	임 종		59	마음에 근심하지 말라	요 14: 1-3	요 14: 1	
	입 관		60	주 안에서 자는 자의 복	살전 4: 13-18	살전 4: 16	
	장례예배		61	영원한 세상으로의 행진	고전 15: 50-58	고전 15: 52	
	하 관		62	저 높은 곳을 향하여	계 14 : 13	요 6: 47-48	
	추모예배		63	임마누엘 하나님께 감사	시 136:23-26	시 136: 23	

*절기·예식 교육 내용은 분문 내용의 마지막 부분에 있습니다.

사랑으로 위로하는 구역
성장하는 교회

사랑으로 위로하는 구역

사랑으로 위로하는 구역

구역부흥은 교회부흥

주신 그 땅으로 가라

찬송 / 347, 355, 357 / 통일 382, 386, 397
성경 / **여호수아 1:1-9**
요절 / **여호수아 1:2하**
"이제 너는 이 모든 백성과 더불어 일어나 이 요단을 건너 내가 그들 곧 이스라엘 자손에게 주는 그 땅으로 가라."
목표 / 새해는 주신 그 약속을 믿고 복과 평안을 누리며 살아가도록 한다.

시작하는 말

하나님께서는 천지창조를 하시고, 인류에게 안식을 허락하셨습니다. 그러나 범죄한 인간들 때문에 세상은 점점 안식을 잃어버렸습니다. 안식할 수 있는 환경과 시간이 주어지지 않습니다. 이번 단원에서는 가나안 땅을 약속하시고 '그 땅으로 가라'고 말씀하시는 하나님의 명령을 주의 깊게 듣고, 새 안식의 땅으로 들어가 하나님께서 주시는 '복과 평안'을 누리며 살아가는 방법과 길을 안내해 드릴 것입니다. 여러분의 가정, 그리고 가족 모두가 하나님께서 주시는 이 놀라운 '복과 평안'을 누리시며 살아가시기를 바랍니다.

오늘의 말씀

1. 모든 백성과 가나안 땅으로 가라고 명하셨습니다(수 1:1~4).

본문 1절 말씀을 함께 읽겠습니다. "여호와의 종 모세가 죽은 후에 여호와께서 모세의 수종자 눈의 아들 여호수아에게 말씀하여 이르시되"

이 말씀에서 한 시대 하나님의 백성들을 출애굽 시켜 약속의 땅 가나안을 눈앞에 두고, 대임을 후계자 여호수아에게 맡기면서 "이제 너는 이 모든 백성과 더불어 이스라엘 자손에게 주는 그 땅으로 가라"고 합니다.

세상의 지도자로 부르심을 받은 우리는 어려운 때일수록 하나님의 말씀에 순종하고 백성들과 함께 해야 합니다. 새로운 한 해는 하나님의 명령에 순종하므로 여호와 하나님께서 여러분들과 각 가정 가족들을 안식으로 보살펴 주실 것을 믿으시기 바랍니다.

· 함께 읽어요 : 마태복음 28장 20절

"내가 너희에게 분부한 모든 것을 가르쳐 지키게 하라 볼지어다. 내가 세상 끝날까지 너희와 함께 있으리라 하시니라."

2. 네 평생에 대적할 자가 없으리라 약속하셨습니다(수 1:5~6).

본문 5~6절을 함께 읽겠습니다. "네 평생에 너를 능히 대적할 자가 없으리니 내가 모세와 함께 있었던 것 같이 너와 함께 있을 것임이니라. 내가 너를 떠나지 아니하며 버리지 아니하리니 강하고 담대 하라 너는 내가 그들의 조상에게 맹세하여 그들에게 주리라 한 땅을 이 백성에게 차지하게 하리라." 이 얼마나 확실하고 통쾌한 약속입니까? 오늘날 현실은 미래가 불투명하고 불확실하고 불안합니다. 저녁이 되고 아침이 되기가 무섭게 어디서 무슨 문제가 터졌는지 뉴스를 듣고서야 안심하는 세상입니다.

사랑하는 여러분! 모든 악을 버리고, 그리스도 안에서 선한 양심에 따라 사시기 바랍니다. 옛 사람을 벗어버리고, 새 사람을 입으십시오. 하나님께서 기뻐하시는 삶을 살아가십시오. 하나님의 약속이 바로 여러분에게 보장되고 적용해 주실 줄 믿으시기 바랍니다(살전 4:22~24).

· 함께 읽어요 : 에베소서 4장 22~24절

"22 너희는 유혹의 욕심을 따라 썩어져가는 구습을 따르는 옛 사람을 벗어버리고, 23 오직 너희의 심령이 새롭게 되어 24 하나님을 따라 의와 진리의 거룩함으로 지으심을 받은 새 사람을 입으라."

3. 율법을 지켜 평탄하고 형통한 삶을 살아가라 하셨습니다(수 1:7~9).

세상은 점점 살기 좋고 풍요로움 속에 살아갑니다. 그러나 불평등과 불만족은 점점 더 늘어만 갑니다. 많이 가진 자는 더 욕심을 내고, 생명이 단축되는 줄도 모르고 촌음을 다투어 달려갑니다. 6차선 8차선 넓은 도로도 좁게 느껴집니다. 우리가 사는 지구가 좁게만 느껴집니다. 앞 다투어 우주 개발에 힘쓰고, 인간의 태어나는 생명을 억제해서라도 부와 만족을 유지하려 하고 있는 것이 현실입니다.

이러한 세상에서는 가장 고귀한 인간의 모습이 천하고 보잘 것 없는 존재로 전락하게 됩니다. 행복의 찬가와 진선미는 추악한 육체적 쾌락의 도구에 매달려 값싼 구호에 머물러 있습니다. 안타깝습니다. 하나님이 내려주시고 행복을 위해 창조한 세상을 인간 욕심을 채우기 위한 경쟁 장으로 바꾸어 가고 있는 것입니다.

사랑하는 여러분! 하나님이 원하시는 진정한 행복과 안식을 누리며 살아가야 합니다. "나는 하나님께서 나를 통해 이루시고자 하는 모든 일들을 수행하는 데 필요한 나의 시간과 정력을 하나님의 영광을 위하여 사용하겠다!"고 결심하십시오. 이것이 참 안식을 누릴 인생의 목적이요, 방향이며, 행복의 길인 것입니다. 하나님께서는 '손수 흙으로 빚으셔서 그 코에 생기를 불어 넣으셔서 창조'하셨기에 세상에서 가장 고귀한 존재요, 가치 있는 영, 성령으로 살아가시기를 원하십니다.

· 함께 읽어요 : 에베소서 4장 29~30절

"29 무릇 더러운 말은 너희 입 밖에도 내지 말고 오직 덕을 세우는데 소용되는 대로 선한 말을 하여 듣는 자들에게 은혜를 끼치게 하라 30 하나님의 성령을 근심하게 하지 말라 그 안에서 너희가 구원의 날까지 인 치심을 받았느니라."

정리하는 말

사랑하는 여러분! 여러분은 하나님께서 창조하신 위대하고 소중한 걸작품입니다. 하나님께서는 본문에서 여호와께서 모세를 통하여 여호수아에게 주신 말씀대로 ① '약속의 땅'으로 가라 하십니다. ② '평생에 대적 자' 없으리라 하셨습니다. 그러므로 ③ 하나님의 율법을 지켜 행하여 평탄하고 형통한 삶을 누리라는 것입니다. 피조물 중 최고의 명품으로 창조되신 여러분! '복과 평안'으로 살아가시기를 소원합니다.

평가와 결심

1. 금년 한해 여러분은 첫째 어디로 들어가야 합니까?
   (수 1 : 2~4, 축복된 자손에게 주는 그 땅으로 가야 함)
2. 이를 위해 금년 한해 어떤 약속을 해주셨습니까?
   (수 1:5~6, 평생 대적자 없이 하나님께서 항상 함께 있을 것임)
3. 그러므로 금년 한해는 셋째 어떻게 살아야 합니까?(수 1:7~8)
   (율법을 다 지켜 행하고, 치우치지 말라. 그러면 형통하리라.)

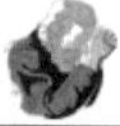

주간 경건의 시간 <1> · 날마다 말씀과 함께

요일 / 내용	주일/월(Mon)	화(Tue)	수(Wed)	목(Thu)	금(Fri)	토(Sat)
찬송	21동 / 37동	140 / 130	220 / 278	258 / 190	265 / 199	264 / 198
성경	수 1: / 수 2:	수 3:	수 4:	수 5:	수 6:	수 7:
적용	가라 / 정탐꾼	요단을 건너	기념 돌 열두 개	길갈에서 할례	여리고성 무너짐	아간의 범죄

* 대부분의 안위는 우리의 고통의 십자가 사이에서 더 커진다. <에드워드 영, 1688~1765, 영국 시인>

***매일 찬송 숫자에서, 앞 숫자는 새 찬송가 / 그 옆은 전 통일찬송가 장수이다. 숫자 다음 '동'자가 첨부된 것은 새찬송가 장수와 통일찬송가 장수가 같다는 뜻.**

네 든 손을 거두지 말라

찬송 / 199, 191, 187 / 통 234, 427, 171
성경 / **여호수아 8:8-27**
요절 / **여호수아 8:26**
"아이 주민들을 진멸하여 바치기까지 여호수아가 단창을 잡아 든 손을 거두지 아니하였고."
목표 / 대적을 진멸하기까지 든 손을 거두지아니하는 태도를기른다.

시작하는 말

가나안 땅을 향하여 전진할 때에 이스라엘 백성들의 진로를 막는 자들이 있었습니다. 신자들도 세상을 살아갈 때 천국시민 된 하나님의 백성들이 가는 길에 방해 세력들이 나타나기 마련입니다. 이스라엘의 지도자 여호수아는 아이 성 전투에서 패배한 원인을 찾아 여호와께 범죄한 아간 족속들을 온 이스라엘이 돌로 치고 불사르고 돌무더기를 쌓았습니다. 그곳을 아골 골짜기라 불렀습니다. 아이 성을 제2차로 공격해 승리를 거두기까지 여호수아의 단창을 든 손을 거두지 아니했습니다. 본문은 신자들이 세상에서 어떤 삶을 살아야 할지를 제시합니다.

오늘의 말씀

1. 전투하기 전 먼저 하나님의 전신갑주를 입어야 합니다(수 7:16~26).

신자들의 세상에서의 지혜로운 삶의 방법은 악의 세력과 맞설 때 우리가 가진 무기나 군사력의 점검보다 먼저 해결해야 할 문제가 있습니다. 우리의 전투는 혈과 육의 전투가 아니라 악의 영들과의 영적인 전투이기 때문입니다. 우리가 어떤 일의 승패를 가름 하는 것은 방법이나 시간, 전술에 대한 문제보다 다른 데 있다는 것을 명심해야 합니다.

사도 바울은 에베소 성도들에게 정확하게 가르쳐 주었습니다. 사도 바울의 처방은 "너희가 주 안에서와 그 힘의 능력으로 강건하여지고 마귀의 간계를 능히 대적하기 위하여 하나님의 전신 갑주를 입으라"(엡 6:10~11)고 구체적으로 말씀하면서 세상에서의 하나님의 백성들의 삶의 자세를 제시해 주었습니다.

· 함께 읽어요 : 에베소서 6장 13절

"그러므로 하나님의 전신갑주를 취하라 이는 악한 날에 너희가 능히 대적하고 모든 일을 행한 후에 서기 위함이라."

2. 아골 골짜기의 상처는 새로운 도약입니다(수 8:8~17).

상처는 우리에게 당시의 아픔과 치유를 위한 부단한 싸움에서 승리의 흔적이기에 과거를 상기시킴으로 경각심을 줍니다. 세상에서 신자들은 힘이나 권력, 재력이나 투자 면에서 세상 지혜를 당할 수 없습니다. 신자들의 전술 방법은 성경에 이미 제시되어 있기 때문에 악의 세력들은 우리보다 먼저 알고 능청스럽게 다가옵니다. 하나님께서 내려 주시는 복된 길의 틈새를 노려 길을 가로막는 야비한 수법을 쓰고 있습니다. 그러므로 신자들이 세상에서 실패하거든 먼저 하나님 앞에 엎드려 우리의 근본적인 패배의 원인을 찾아야 합니다.

여호수아의 아이 성 전투의 패인은 아간 때문이었습니다. 그가 노략한 물건 때문입니다. 그 물건은 '시날 산의 아름다운 외투 한 벌, 은 이백 세겔, 오십 세겔 되는 금덩이 하나'였습니다. 그것을 탐내어 그의 장막 땅 속에 감춘 것이 화근이었습니다. 이 작은 범죄가 이스라엘 거대한 민족사에 심판과 고통과 저주의 상징이 되어 '아골 골짜기'라는 불명예스런 경고의 명칭을 남겼던 것입니다. 그러나 이제 문제를 해결하니 여호와께서 찾아오셔서 이스라엘 언약 공동체를 지켜주셨습니다. 하나님께서 백성을 부패시키는 암적 요인을 멀리하라 하시고, 단호히 제거시킨 것은 이스라엘 백성을 거룩히 보존시키시기 위한 하나님의 사역이요 섭리였던 것입니다.

· 함께 읽어요 : 여호수아 8장 7절

"너희는 매복한 곳에서 일어나 그 성읍을 점령하라 너희 하나님 여호와께서 그 성읍을 너희 손에 주시리라."

3. 여호와께서 진두지휘하시니 우리는 승리할 수 있습니다(수 8:18~29).

세상에서 신자들을 경홀(輕忽)히[1] 여기고 '봉'이라고 생각합니다. 신자들은 세상 사람들의 방법으로 살아가는 것이 아니라, 주님께서 인도하시는 대로 가야 하기 때문입니다. 그런데 연약한 신자들은 이렇게 투정하기도 합니다. 예수 믿자마자 왜 나에게는 이렇게 문제만 터지느냐고 말입니다. 여러분! 세상에서 문제가 없는 곳은 공동묘지뿐입니다. 생명이 있어서, 살아있기 때문에 문제가 있는 것입니다. 두려워하지 마십시오. 오히려 문제가 있는 것이 복일 수 있습니다. 이 단원에서 가르쳐주는 성경말씀을 자세히 읽어보세요.

여호수아 12장 7~24절에 여호수아 장군의 31번의 승리가 기록되어 있습니다. 여기에서 우리에게 주는 지혜는 ① 여호수아의 부지런함과 또한 적을 물리침에 있어서 보이지는 않으시지만 ② 더불어 역사하시는 하나님의 권능입니다. 우리는 부지런함을 소홀히 생각하고 하나님의 권능에만 관심을 쏟습니다. 여호수아서를 세밀하게 묵상하노라면 딱 두 가지 '하나님의 권능과 여호수아의 위대한 믿음'입니다. 여호수아의 위대한 믿음 위에 태양을 머물게 하는 하나님의 권능의 기적이 임하셨습니다. 여러분! 여러분도 여호수아처럼 큰 소리로 이렇게 기도해 보십시오.

· 함께 읽어요 : 여호수아 10장 12절 하반절~13절 상반절

---

1) 경홀(輕忽)이란 말은 '경박하고 소홀하다'는 뜻

"12 태양아 너는 기브온 위에 머무르라 달아 너도 아얄론 골짜기에서 그리할지어다하매 13 태양이 머물고 달이 멈추기를 백성이 그 대적에게 원수를 갚기까지 하였느니라."

정리하는 말

사랑하는 여러분! 문제가 없이 멋지게 복을 누리는 신앙생활을 하고 싶을 것입니다. 솔직하게 저는 일평생 여호수아와 같은 절박한 기도를 드려 본 적이 없습니다. 내 몸이 아파 살려달라고는 부르짖었던 적은 있습니다. 응답하사 폐병에서 자유롭게 고쳐주셨습니다. 여러분! 언제 어디서 무엇을 하든지 여호수아 장군의 믿음과 기도를 본받아 실제 체험하고 기도 응답 받는 복된 성도들이 되시기를 소원합니다.

평가와 결심

1. 전투하기 전에 무엇을 먼저 해야 하겠습니까?
   (엡 6:13, 하나님의 전신갑주를 입어야 함)
2. 살아가면서 여러분들을 아프게 하는 것이 무엇입니까?
   (수 8:8~17, 아골 골짜기와 같은 상처)
3. 신자가 세상에서 승리하는 방법은 무엇이었습니까?
   (수 8:18-29, 여호와께서 진두지휘하시도록 해야 함)

주간 경건의 시간 <2> · 날마다 말씀과 함께

요일 / 내용	주일/월(Mon)	화(Tue)	수(Wed)	목(Thu)	금(Fri)	토(Sat)
찬송	28동 / 27동	228 / 285	241 / 232	242 / 233	260 / 194	259 / 193
성경	수8: / 수9:	수 10:	수 11:	수 12:	수 13:	수 14:
적용	단창 든 손/ 기브온 거민	기브온 구함	가나안 북방 취함	모세가 정복한 왕	르우벤 자손 기업	갈렙의 기업

* 진정한 용기는 야비한 영웅들의 잔인한 힘이 아니라, 선과 이성의 굳은 결심이다. <폴 휫헤드>

이 산지를 내게 주소서

찬송 / 333, 341, 342 / 통 381, 367, 395
성경 / **여호수아 14:6-16**
요절 / **여호수아 14:12상**
"그 날에 여호와께서 말씀하신 이 산지를 지금 내게 주소서."
목표 / 약속의 말씀을 기억하면서 당당히 기도로 구하는 삶의 태도를 기른다.

시작하는 말

신앙생활에서 단순히 그대로 믿고 받아들이는 것도 중요하지만 결심이 선 선택도 중요합니다. 본문에서 땅 분배를 함에 있어서 마지막 결정은 누가 했습니까? 13장 1~6절에 의하면 여호수아가 했습니다. 14장 1절은 제사장 엘르아살과 족장들이 한 것처럼 보이고, 14장 5절에는 백성 전체가 했던 것처럼 보입니다. 믿음의 눈으로 보면 땅의 분배 자를 정함은 여호수아를 통한 하나님의 결정이었습니다. 그런데 본문에 갈렙은 땅을 분배 받음에 있어서 제비 뽑는 일에 참여하지 않고 남이 꺼려하는 산악지대 헤브론 땅을 받기를 원했습니다. 그 일을 두고 여호수아는 갈렙의 믿음을 칭찬했습니다. 국가에는 이런 지도자가 꼭 필요합니다.

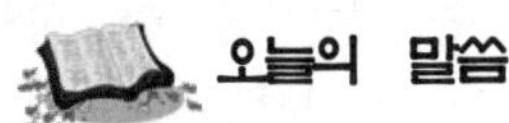

오늘의 말씀

1. 여호와는 우리와 함께 하시니 그 땅 백성을 두려워 말라(수 14:6~7).

요단 저편, 곧 요단 동편 땅은 이스라엘 백성이 요단을 건너가기 전

일찍이 모세가 점령하여 르우벤, 갓, 므낫세 반 지파에게 분배된 땅입니다. 과거를 회고하건데 가나안 땅 입국을 위해 정탐꾼을 파송할 때 갈렙은 여호수아와 함께 40세에 지파의 대표로 다녀왔습니다. 그때에 다른 10지파의 대표들과 차별된 보고를 하였습니다. 갈렙과 눈의 아들 호세아 곧 여호수아는 "그 땅 백성을 두려워하지 말라 그들은 우리의 먹이라 그들의 보호자는 그들에게서 떠났고, 여호와는 우리와 함께 하시느니라 그들을 두려워하지 말라"(민14:9~10) 이렇게 뚜렷한 믿음의 밑그림을 가지고 긍정적인 보고를 하였습니다.

· 함께 읽어요 : 민수기 14장 9절

"다만 여호와를 거역하지는 말라 또 그 땅의 백성을 두려워하지 말라 그들은 우리의 먹이라 그들의 보호자는 그들에게서 떠났고 여호와는 우리와 함께 하시느니라 그들을 두려워하지 말라 하나"

2. 긍정적이고 실천적인 믿음으로 영원한 기업을 받았습니다(수 14:8~9).

갈렙과 여호수아의 믿음은 긍정적인 보고에서 나타납니다. 우리는 세상을 살면서 너무 자기중심적이고 예수를 믿는다 하면서도 불신적인 말이나 행동을 많이 하기도 합니다. 말로는 믿음 믿음하면서 전혀 불신앙에 가까운 행동을 서슴지 않습니다. 여호수아와 갈렙의 믿음 있는 보고는 지도자 모세의 뇌리에 깊게 각인되었을 것입니다.

그날에 모세가 맹세하여 이릅니다. "네가 내 하나님 여호와께 충성하였은즉 네 발로 밟는 땅은 영원히 너와 네 자손의 기업이 되리라." 이 얼마나 사랑과 위로와 행복을 주는 말씀입니까? 사랑하는 여러분! 여호수아와 갈렙 같은 긍정적인 믿음의 장부들이 되시기를 바랍니다.

· 함께 읽어요 : 여호수아 14장 9절

"그 날에 모세가 맹세하여 이르되 네가 내 하나님 여호와께 충성하였은즉 네 발로 밟는 땅은 영원히 너와 네 자손의 기업이 되리라 하였나이다."

3. 갈렙과 여호수아는 믿음의 산 증인들이었습니다(수 14:10~15).

본문 10~11절 말씀을 함께 읽습니다. "이제 보소서 여호와께서 이 말씀을 모세에게 이르신 때로부터 이스라엘이 광야에서 방황한 이 사십오 년 동안을 여호와께서 말씀하신 대로 나를 생존하게 하셨나이다. 오늘 내가 팔십오 세로되 모세가 나를 보내던 날과 같이 오늘도 내가 여전히 강건하니 내 힘이 그 때나 지금이나 같아서 싸움에나 출입에 감당할 수 있으니." 그렇습니다. 오랜 친구 같은 두 노옹은 과거를 뒤돌아보면서 기억의 울타리를 더듬어 광야 생활 45년 동안의 이스라엘의 방황의 역사를 되뇌입니다.

여호수아는 최고 지도자로서 갈렙은 지파의 대표로서 땅 분배를 하는 마당에 자신의 권력행사나 이득에 전혀 얽매이지 아니합니다. 참으로 국민으로서 이러한 지도자를 만난다는 것이 행복입니다. 지금 갈렙이 요구한 헤브론 땅은 아직도 장대한 자의 후손들이 살고 있는 곳이기도 합니다. 정벌되지 아니하고 장대한 후손들이 거주하고 있는 땅이기 때문에 아직 해야 할 일이 태산 같습니다. 그럼에도 불구하고 갈렙은 그들을 분명히 하나님께서 주시리라고 믿고 과거 모세와의 약속을 떠올리면서 그 약속을 지키며 헤브론을 구한 것입니다.

사랑하는 여러분! 세월이 간다고 세상이 넓어지는 것이 아닙니다. 때문에 나이가 들수록 마음 그릇이 커져야 합니다. 그래야 모든 사람들을 포용할 수 있습니다. 평안한 삶을 살아간다는 것이 말처럼 쉽지 않습니다. 잘난 사람 못난 사람, 많이 배운 사람 못 배운 사람, 미모가 출중한 사람, 미모가 부족한 사람, 모두 포용할 수 있어야 합니다.

· 함께 읽어요 : 빌립보서 4장 12절

"나는 비천에 처할 줄도 알고 풍부에 처할 줄도 알아 모든 일 곧 배부름과 배고픔과 풍부와 궁핍에도 처할 줄 아는 일체의 비결을 배웠노라."

정리하는 말

우리가 왜 역사 공부를 하는 이유를 알아야 합니다. 역사를 왜곡하여 자국의 이익을 챙기려는 얄팍한 정책들은 후손들에게 미래를 가져다 줄 수 없는 것입니다. 역사를 바로 알아 후대의 젊은이들에게 바른 역사관을 심어 밝은 미래를 설계할 수 있도록 역사의식 고취에 힘써야 합니다.

본문에서 최고 지도자 여호수아와 여분네의 아들 갈렙은 참으로 후대에 길이 남을 성실한 분들이었습니다. 여러분들은 자손들에게 여호수아와 갈렙 같은 지도자의 성실함과 믿음을 전승해 주시기를 바랍니다.

평가와 결심

1. 모세와 백성들에게 소망을 안겨준 두 지도자는 누구누구 입니까?
   (수 14:6, 눈의 아들 여호수아와 여분네의 아들 갈렙)
2. 여호수아와 갈렙은 후대에 어떤 모델이었습니까?
   (수 14:7~8, 여호와를 온전히 좇은 믿음과 성실함의 모델)
3. 45년간의 광야 생활의 산 증인이 누구입니까?
   (수 14:6, 여호수아와 갈렙)

주간 경건의 시간 <3> · 날마다 말씀과 함께

내용 \ 요일	주일/월(Mon)	화(Tue)	수(Wed)	목(Thu)	금(Fri)	토(Sat)
찬송	28동 / 29동	198 / 284	197 / 178	196/ 174	202 / 241	204 / 379
성경	수15: / 수16:	수 17:	수 18:	수 19:	수 20:	수 21:
적용	복을 주소서 / 게셀 사람	요셉의 아들들	일곱 지파 지경	여호와 앞에서	도피성	제사장 아론 자손

* 용서를 구하는 자에게 칼을 쓰지 말라. < 터키 격언>

1단원 축복과 평안의 달

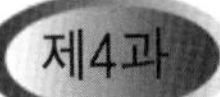

샘물도 내게 주소서

찬송 / 338, 354, 186 / 통 364, 394, 176

성경 / **사사기 1:1-21**

요절 / **사사기 1:15**

"이르되 내게 복을 주소서 아버지께서 나를 남방으로 보내시니 샘물도 내게 주소서 하매 갈렙이 윗 샘과 아랫 샘을 그에게 주었더라."

목표 / 가정의 대사도 은혜 중에 집행하는 지혜로운 태도를 가지게 한다.

시작하는 말

세상을 살아가면서 개인이나 국가를 막론하고 가정사만큼 큰 부분을 차지하는 것도 없습니다. 그래서 '가화만사성'(家和萬事成)이라 하였으니 가정이 화목해야 만사가 평안히 이루어진다는 말입니다. 이런 면에서 시대가 급변할 때에 가정사를 잘 다스려 국가도 안전하게 지켜간 갈렙의 지혜가 돋보입니다. 금년에는 떠들썩한 양적인 부흥보다는 내면적인 부흥으로 사랑과 위로로 가정도, 교회도, 국가도 세워져가는 한 해가 되었으면 합니다. 여러분의 가정이 이런 복을 받으시기 바랍니다.

오늘의 말씀

1. 여호수아 사후(死後)의 이스라엘 정국은 여호와를 향했습니다(1:1~7).

한 세대가 가고 지도자가 바꾸어질 때 자칫 국가나 기관이 혼란에 빠질 우려가 있습니다. 70~80년대 한국교회를 이끌었던 지도자들이 바뀌

지면서 한국교회는 진통을 겪고 있으며, 한국 개신교회들이 세습체제로 어려움을 극복하려 하면서 교계는 혼란과 비난을 면치 못하고 있습니다. 본문 1절 말씀을 함께 읽겠습니다. "여호수아가 죽은 후에 이스라엘 자손이 여호와께 여쭈어 이르되 우리 가운데 누가 먼저 올라가서 가나안 족속과 싸우리까?" 사랑하는 여러분! 이스라엘 자손은 이미 모세의 후계자 여호수아로 말미암아 위기를 잘 넘겼습니다. 가나안 정복을 마치고 지파에게 땅을 분배하였으며, 남은 문제들은 여호와께 물으면서 답을 얻고, 지파들끼리 서로 협력하여 극복해가고 있습니다.

· 함께 읽어요 : 사사기 1장 2절
"여호와께서 이르시되 유다가 올라갈 지니라 보라 내가 이 땅을 그의 손에 넘겨주었노라 하시니라."

2. 유다 지파가 예루살렘과 헤브론을 평정합니다(삿 1:8~10).

맨 먼저 유다 지파는 예루살렘과 가나안 남쪽을 공격하여 성공을 거두었습니다. 기랏아르바는 달신(月神)을 섬겼던 도시요, 세새는 태양을, 아히만은 이방신인 므니의 친구를 의미합니다(사 65:11). 우상숭배에 깊이 빠진 가나안 족속과의 전쟁, 곧 우상을 쳐부수는 전쟁에서 승리를 거둔 것입니다. 유다 자손이 가나안 사람을 치러 갈 때에 하나님께서는 승리를 약속했기 때문에 유다 자손이 올라가야만 했던 것입니다. 이것을 바꾸어 말하면 유다 자손이 가나안 사람을 치러 올라가지 않았더라면 승리도 보장 받을 수 없었다고 말할 수 있습니다. 그들이 믿고 행하였기에 연속적인 싸움에서 승리를 거둘 수가 있었던 것입니다. 우리가 주님의 말씀을 믿고 행할 때에 주님은 약속의 말씀을 이루어 주십니다.

· 함께 읽어요 : 창세기 49장 9절
"유다는 사자 새끼로다 내 아들아 너는 움킨 것을 찢고 올라갔도다. 그가 엎드리고 웅크림이 수사자 같고 암사자 같으니 누가 그를 범할 수 있으랴?"

3. 내게 복을 주소서, 샘물도 내게 주소서(삿 1:11-21).

오늘날 성도들이 은혜 받는 데는 곧잘 성공합니다. 그러나 받은 은혜를 귀한 줄 모르고 오래 간직하지 못하는 약점이 있습니다. 본문 전반부는 유다 지파의 우두머리인 갈렙이 유다 남부의 구릉지에 위치한 드빌(기럇세벨)을 정복한 기록입니다. 불순종의 시대에 갈렙과 옷니엘 같은 탁월하고 용감한 이들의 이야기가 처음에 나오는 것은 그 시사하는 바가 크다고 할 수 있습니다. 일찍이 유다 지파는 이렇게 왕조를 탄생시키는 청신호를 울리고 있었습니다(창 49:8).

16절~20절에는 유다와 시므온 지파가 협력하여 스밧의 가나안 족속을 진멸시킵니다. 그들은 블레셋의 중요 도시인 가사, 아스글론, 에그론까지 점령하였습니다. 할 수 있었지만 철 병거를 가지고 있는 골짜기의 족속들은 쫓아내지 못하였습니다. 왜냐하면 미리 겁을 먹었기 때문입니다. 사랑하는 여러분! 믿음이 약해지지 맙시다. 믿음의 장부답게 살아가세요.

특이한 사건은 갈렙은 기럇세벨을 쳐서 그것을 점령하는 자에게는 그의 딸 악사를 아내로 주리라 하였는데, 그나스의 아들 옷니엘이 그것을 점령하였으므로 그 딸 악사를 그에게 아내로 주었습니다. 악사가 시집 갈 때에 '아버지께 나를 남방으로 보내시니 샘물도 내게 주소서'라고 당찬 요구를 하매 그녀의 요구대로 아버지는 샘물 주기를 허락하였습니다.

우리의 기도의 열정은 하늘을 찌릅니다. 그러면서 이중적인 삶을 삽니다. 선데이 크리스천입니다. 교회에 가면 성도 역할 하면서, 세상에서는 세상 사람과 똑같은 삶을 삽니다. 기도는 하나님께 하면서도 응답은 세상에서 찾는 자들이 많다는 것입니다. 우리에게는 진솔하고 인격적인 신앙을 가져야 합니다. 모든 생사화복은 하나님이 주관하시기 때문입니다.

· 함께 읽어요 : 야고보서 1장 16~17절

"16 내 사랑하는 형제들아 속지 말라 17 온갖 좋은 은사와 온전한 선물이 다 위로부터 빛들의 아버지께로부터 내려오나니 그는 변함도 없으시고, 회전하는 그림자도 없으시니라."

정리하는 말

오늘날 성도들의 삶을 보면 은혜의 장중에 깊이 들어가지 못합니다. 그저 은혜 냄새만 맡고서 뒤로 물러서는 격입니다. 어떤 이들은 은혜의 강물에 풍덩 머리부터 쳐 박힙니다. 그러니 은혜의 맛도 못보고 나자빠지는 꼴입니다. 운전사는 항상 도로 전방 멀리를 응시해야 합니다. 여러분! 갈렙의 딸 악사처럼 주님께 구할 것은 당당하게 구하셔서, 영원한 은혜의 샘물로 평생 부족함 없이 살아가시기를 바랍니다.

평가와 결심

1. 여호수아 사후에 이스라엘 정국은 어떠했습니까?
   (삿 1:1~7, 안정을 찾아 문제를 여호와께 묻고, 지파끼리 협력해 나감)
2. 먼저 올라간 지파는 누구며 무슨 일을 했습니까?
   (삿 1:1~7, 유다지파이며 예루살렘과 헤브론을 평정함)
3. 갈렙의 딸 악사는 시집갈 때에 무엇을 요구하였습니까?
   (삿 1:11~15, 내게 복을 주소서. 샘물도 내게 주소서)

주간 경건의 시간 <4> · 날마다 말씀과 함께

요일 / 내용	주일/월(Mon)	화(Tue)	수(Wed)	목(Thu)	금(Fri)	토(Sat)
찬송	27동 / 25동	338 / 364	393 / 447	95 / 82	246 / 221	268 / 202
성경	수22: / 수23:	수 24:	삿 1:	삿 2:	삿 3:	삿 4:
적용	축복하고 / 여호수아 유언	여호와만 섬기라	악사의 출가	시험하려 함이었더라	나를 따르라	여선지 드보라

* 자신들의 의견을 결코 철회하지 않는 자들은 진리보다 자기 자신들을 더 사랑하는 자들이다. <요셉 주베르, 1754-1824, 프랑스 도덕가>

2단원 열심 헌신의 달

즐거이 헌신하자

찬송 / 299, 356, 355 / 통 418, 396, 386
성경 / 사사기 5:1-31
요절 / 사사기 5:9
"내 마음이 이스라엘의 방백을 사모함은 그들이 백성 중에서 즐거이 헌신하였음이니 여호와를 찬송하라."
목표 / 하나님의 백성으로서 즐겁게 헌신하는 삶의 태도를 가진다.

시작하는 말

성경에 나오는 신앙의 위인들처럼 살아가기란 쉽지 않습니다. 그러나 말씀을 자세히 묵상하노라면 우리 성도들에게도 평범한 일상 삶 속에서 즐겁게 헌신하는 방법이 있습니다. 본문 사사기의 특징은 이스라엘이 불신앙과 우상숭배로 인하여 하나님이 진노하셔서 그들을 대적의 손에 붙이시고 괴롭게 하셨습니다. 사사기는 죄→노예화→간구→구원→망각이라는 싸이클로 반복합니다. 본문은 하나님께서 이스라엘 백성이 하나님을 잘 섬길 수 있도록 끝까지 자비를 베푸시는 모습을 보여줍니다.

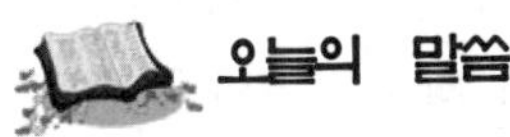

오늘의 말씀

1. 여호와 목전에 악을 행하면 적국 손에 붙이십니다(삿 4:1~7).

이스라엘이 하나님을 잊어버리고 우상을 섬기자 하나님은 메소보타미아 왕 구산 리사다임의 압제를 받게 하셨으나 이스라엘이 기도하니

사사 옷니엘을 보내어 구원하십니다. 하나님은 이스라엘로 하여금 모압 왕 에글론을 18년간 섬기게 하십니다. 이때 왼손잡이 에훗 사사를 통해 구원해 주십니다. 이스라엘은 모압을 이긴 후 80년간 태평을 누립니다. 이것이 하나님의 은혜였지만 평안해 지자 또 한눈을 팔게 됩니다.

· 함께 읽어요 : 사사기 4장 2절
"여호와께서 하솔에서 통치하는 가나안 왕 야빈의 손에 그들을 파셨으니 그의 군대 장관은 하로셋 학고임에 거주하는 시스라요."

2. 가나안 왕 야빈의 손에 그들을 붙이셨습니다(삿 4:1~10).

본문 4장 1절을 보세요. "에훗이 죽으니 이스라엘 자손이 또 여호와 목전에 악을 행하매." 등 따습고 배부르니 또 하나님을 배반하는 겁니다. 그래서 그들을 가나안 왕 야빈에게 파셨습니다. 야빈 왕은 철 병거 구백 대가 있어 20년 동안 이스라엘을 심히 학대했습니다.

이스라엘 백성은 또 여호와께 살려달라고 부르짖습니다. 이때에 여선지자 드보라를 보내주십니다. 드보라는 바락 장군에게 1만 명을 거느리고 다볼 산으로 가라고 합니다. 바락은 '만일 당신이 나와 함께 가면 내가 가려니와 함께 가지 아니하면 나도 가지 아니하겠노라'고 합니다. 바락의 동맹군들이 다볼 산에 배치되어 있다는 보고를 받고 군대를 보내어 동쪽으로 이스르엘 골짜기를 통해 에스드렐론 평야로 진출했습니다. 그들이 기손 강으로 향해 갈 때 므깃도 자리와 다아낙을 통과했을 것입니다. 그러나 이때 비가 많이 와서 강이 둑 위로 범람하게 되었고(삿 5:21), 전쟁터가 진흙투성이로 변하면서 병거들이 수렁에 빠져서 꼼짝 못하고 갇히게 되었습니다. 자신만만해 하는 평야로 그들을 유인한 다음 적군이 넘쳐흐르는 시내 물과 진흙 속에서 버둥거리는 동안 서둘러 기습적으로 맹공격을 가함으로서 전쟁을 승리로 이끌게 되었습니다. 이처럼 전쟁의 승패는 여호와 하나님께 달린 것입니다.

· 함께 읽어요 : 사사기 5장 20~21절

"20 별들이 하늘에서부터 싸우되 그들이 다니는 길에서 시스라와 싸웠도다. 21 기손 강은 그 무리를 표류시켰으니 이 기손 강은 옛 강이라 내 영혼아 네가 힘 있는 자를 밟았도다."

3. 백성이 즐거이 헌신하면 기뻐 찬송하게 될 것입니다(삿 5:1~9; 19~26).

오늘날 많은 신자들은 은혜를 사모하면서 은혜를 받았다 싶으면 이제 하나님이 나와 함께 하셨으니 무엇이든 내가 원하는 대로 해보자. 그러면서 하나님을 마치 종처럼 부리려 듭니다. 무엇이든 이루어진다는 복의 방망이처럼 휘두르려고 합니다. 자기가 잘나서 은사를 받은 것처럼, 성공하고 형통한 것처럼 교만에 빠져 자신의 잘난 것 자랑에 침이 마릅니다.

하나님은 여인을 들어 이스라엘을 900대의 철 병거도 무색케 하시고, 이스라엘에 승리를 주셨습니다. 5장 2절을 함께 읽겠습니다. "이스라엘의 영솔자들이 영솔하였고, 백성이 즐거이 헌신하였으니 여호와를 찬송하라." 백성들의 즐거운 헌신이야말로 오늘날 우리가 본받아야 될 교회들의 모델인 것입니다. 본문 5장9절을 함께 읽겠습니다. "내 마음이 이스라엘의 방백을 사모함은 그들이 백성 중에서 즐거이 헌신하였음이니 여호와를 찬송하라." 사랑하는 여러분! 평신도이든 직분자이든, 백성이든 방백이든, 교사이든 학생이든 즐거이 헌신하는 분들이 그들이 속해 있는 기관이나 직장, 그리고 그들이 속한 사회나 국가에 즐거이 헌신한다면 그들이 소속해 있는 곳마다 승리로 이끌어 기뻐하며 찬송할 일만 생길 것입니다.

· 함께 읽어요 : 사사기 5장 9절

"내 마음이 이스라엘의 방백을 사모함은 그들이 백성 중에서 즐거이 헌신하였음이라 여호와를 찬송하라."

정리하는 말

오늘날 신자들의 삶을 보면 억지로 주일성수하고, 마지못해 헌금하고, 억지로 마지못해 봉사하는 분들이 간혹 있습니다. 이러한 일들은 바람직하지 못합니다. 시스라 군대를 싸워 이길 때에 백성이 '즐거이 헌신하였다'고 하였습니다. 또한 이스라엘의 방백들이 백성 중에서 즐거이 헌신하였다고 하였습니다. 참으로 복되고 행복하고 즐겁게 찬송할 일입니다. 이러한 삶이 여러분들 삶에 생활화되기를 소원합니다.

평가와 결심

1. 하나님께서 왜 그들을 적국의 손에 파셨습니까?
   (삿 4:1~2, 여호와의 목전에 악을 행하므로)
2. 이스라엘을 승리로 이끈 주역이 누구누구입니까?
   (삿 5:2~9, 여선지 드보라와 바락, 야엘)
3. 이스라엘이 가나안 왕 야빈 왕을 이긴 원인이 무엇입니까?
   (삿 5:2~9, 백성들과 방백들이 즐거이 헌신하였음)

주간 경건의 시간 <5> · 날마다 말씀과 함께

요일 / 내용	주일/월(Mon)	화(Tue)	수(Wed)	목(Thu)	금(Fri)	토(Sat)
찬송	74동 / 37동	252 / 184	251 / 137	265 / 199	264 / 198	278 / 336
성경	삿 5: / 삿 6:	삿 7:	삿 8:	삿 9:	삿 10:	삿 11:
적용	별들의 전쟁/ 여호와의 사자	기드온의 삼백 용사	기드온의 후일 담	악한 신을 보내시매	나룰 버리고	입다의 지략

* 대부분의 사람은 자기의 영혼을 팔아 그 수익금으로 마음 편히 산다.

<로간 피어솔 스미스, 1865-1946, 영국 작가>

2단원 열심 헌신의 달

어떻게 행하리까?

찬송 / 299, 356, 355 / 통 418, 396, 386
성경 / 사사기 13:1-20
요절 / 사사기 13:12
"마노아가 이르되 이제 당신의 말씀대로 되기를 원 하나이다 이 아이를 어떻게 기르며 우리가 그에게 어떻게 행하리이까?"
목표 / 하나님의 백성으로서 자녀들에게 대하는 삶의 태도를 배워 실천한다.

시작하는 말

본문에 나오는 삼손의 출생은 처음부터 하나님의 계획이었습니다. 이스라엘 자손이 여호와의 목전에 악을 행하였을 때였습니다. 여기에 마노아와 그의 아내는 여호와의 사자의 지시대로 경건한 대처, 즉 ① 결코 술을 마시지 않으며 ② 죽은 시체를 만지지 않고 ③ 머리털을 자르지 않는 것들 때문에 구별된 자로서 삼손이 '나실인'으로 삶을 살아가도록 했습니다. 이런 뒷바라지가 한 세대를 구원하는 인물로 서게 된 것입니다. 한 생명을 낳아 길러 이스라엘 민족사에 사사로 20년 동안 있으면서 앙숙(怏宿)[1]인 블레셋을 물리치도록 합니다.

오늘의 말씀

1. 여호와의 사자를 통해 출산의 기쁜 소식을 들었습니다(삿 13:1~3).

1) 앙숙(怏宿)이란 앙심(怏心)을 품고 있어 사이가 나쁨을 뜻한다.

이스라엘을 구원하시려는 하나님의 계획은 마노아의 아내가 아이를 낳지 못하는 중에 출산하게 하실 것이라는 소식으로 전달되었습니다. 임신하지 못하므로 출산하지 못하던 여인에게 여호와의 사자가 나타나서 "보라 네가 본래 임신하지 못하므로 출산하지 못하였으나 이제 임신하여 아들을 낳으리니"(4절)라고 하십니다. 불임 중인 여인에게 이보다 더 기쁘고 좋은 소식이 어디 있겠습니까? 너무 기뻐서 바로 그의 남편에게 이 사실을 말하였습니다.

· 함께 읽어요 : 사사기 13장 3절
"여호와의 사자가 그 여인에게 나타나서 그에게 이르시되 보라 네가 본래 임신하지 못하므로 출산하지 못하였으나 이제 임신하여 아들을 낳으리니"

2. 나실인 언약과 블레셋으로부터 구원하리라는 것입니다(삿 13:4~7).

본문 13장 5절을 함께 읽습니다. "보라 네가 임신하여 아들을 낳으리니 그의 머리 위에 삭도를 대지 말라 이 아이는 태에서 나옴으로부터 하나님께 바쳐진 나실인이 됨이라. 그가 블레셋 사람의 손에서 이스라엘을 구원하기 시작하리라하시니." 블레셋에게 압제를 당하고 있던 이스라엘 백성에게는 복음 중의 복음입니다. 우리는 때때로 이렇게 하나님의 거룩한 명령으로 임하는 '기쁨의 좋은 소식'이 있습니다. 주님의 재림을 기다리는 대망의 신부들은 이미 약속하신 주 예수 그리스도의 예언들을 묵상하면서 하늘에서와 지구상에서 징조가 보일 때 경건하게 무릎을 꿇어야 합니다. 그리고 사도 요한이 한 것처럼 주님이 "내가 진실로 속히 오리라" 하실 때, "아멘 주 예수여 오시옵소서"라고 고백해야 합니다. 그리고 구원을 기다려야 합니다.

· 함께 읽어요 : 요한계시록 22장 19~21절
"19 만일 누구든지 이 두루마리의 예언의 말씀에서 제하여 버리면 하나님이 이 두루마리에 기록된 생명나무와 및 거룩한 성에 참여함을 제하여 버리시리라. 20 이것들을 증언하신 이가 이르시되 내가 진실로 속히 오리라 하시거늘 아멘 주 예수여 오시옵소서. 21 주 예수의 은혜가 모든 자들에게 있을지어다. 아멘"

3. 누구에게나 주신 달란트를 잘 활용해야 합니다(삿 13:1~7).

오늘날 많은 신자들은 남이 받은 은혜나 복이 너무 커 보입니다. 그래서 자신이 받은 은혜나 은사를 소홀히 할 때가 있습니다. 이스라엘을 블레셋으로부터 구원하는 것이 삼손의 소명이었습니다. 사사기 15장에서 삼손은 블레셋 인들을 해하기 위하여 나섰습니다. 블레셋 인들을 해하려고 한 것은 하나님은 경외함도 아니었고, 이스라엘을 사랑하기 때문도 아니었습니다. 그는 단지 아내를 빼앗긴 데 대하여 개인적인 복수심이 불타서 해하려고 한 것입니다. 여호와의 전쟁이나 민족을 구하려는 목적보다 개인의 보복심을 불태우는 것이었지만, 그러나 여기에 하나님의 뜻과 섭리가 개입되어 있었습니다. 삼손은 자신을 모욕한 것은 이스라엘 민족은 모욕한 것이라고 생각했습니다. 그래서 그들의 곡식밭에 불을 놓는 방법으로 복수를 결심했습니다. 하나님은 삼손의 개인적인 복수심을 이용하여 이스라엘을 구원하기를 원하셨던 것입니다. 하나님은 사탄을 통해서도 당신의 뜻을 철저하게 이루어 가시는 분이십니다.

하나님께서 여러분들에게 주신 달란트가 무엇인가를 잘 살펴보십시오. 여호와의 영이 삼손에게 임할 때에 그는 새 나귀 턱뼈로 천 명을 죽였습니다(15:14~17). 삼손이 목말라 죽어갈 때에 여호와께 부르짖었더니 샘물이 솟아나게 하여 그것을 마시고 정신이 회복되었습니다(15:18~19).

· 함께 읽어요 : 사사기 15장 19절

"하나님이 레히에서 한 우묵한 곳을 터뜨리시니 거기서 물이 솟아나오는지라 삼손이 그것을 마시고 정신이 회복되어 소생하니 그러므로 그 샘 이름을 엔학고레라 불렀으며 그 샘이 오늘까지 레히에 있더라."

정리하는 말

삼손의 일화는 동화 속의 장면처럼 생생하고 흥미를 유발합니다. 어린 시절 이러한 성경의 일화들을 동화처럼 각색하여 가르치는 방법도 주일학교 교육방법 중에서 좋은 방법의 하나입니다. 그러나 너무 이야기에 취해서 성경에서 빗나가는 우를 범해서는 아니 됩니다. 마노아가 여호와의 사자에게 "이 아이를 어떻게 기르며 우리가 그에게 어떻게 행하리까?"라고 하는 질문과 함께 주시는 지혜로 교육하시기 바랍니다.

평가와 결심

1. 마노아와 그의 아내가 받은 기쁜 소식이 무엇입니까?
   (삿 4:1~2, 보라 네가 임신하여 아들을 낳으리라)
2. 마노아와 그의 아내가 받은 두 가지 언약과 약속은 무엇입니까?
   (삿 13:5, ①낳은 아들 나실인 됨 ②이스라엘을 구원하기 시작하리라)
3. 하나님이 당신에게 주신 달란트는 무엇이라고 생각하십니까?
   (삿 15:3~19, ①복수심 ②센스 ③용맹심 ④순종심 ⑤악발 ⑥완력)

주간 경건의 시간 <6> · 날마다 말씀과 함께

요일 / 내용	주일/월(Mon)	화(Tue)	수(Wed)	목(Thu)	금(Fri)	토(Sat)
찬송	74동 / 37동	252 / 184	251 / 137	265 / 199	264 / 198	278 / 336
성경	삿 12:/삿 13:	삿 14:	삿 15:	삿 16:	삿 17:	삿 18:
적용	에브라임의 불평/사사 삼손	딤나 여인	나귀턱뼈로 일천 명	소렉골짜기 들릴라	미가의 신상	미가와 단 지파

* 역경은 번영하는 환경에서는 드러나지 않는 재능을 끌어내는 효과가 있다.
<호라스, B.C. 65~8, 로마 시인>

가문 세우는 사람 되라

찬송 / 254, 234, 235 / 통 186, 220, 222
성경 / 룻기 4:1-17
요절 / 룻기 4:12
"여호와께서 이 젊은 여자로 말미암아 네게 상속자를 주사 네 집이 다말이 유다에게 낳아준 베레스의 집과 같게 하시기를 원하노라 하니라."
목표 / 하나님의 백성으로서 가문을 세우는 사람이 되도록 한다.

시작하는 말

사사시대에 룻기서는 한 가정의 '사랑과 구속 이야기'입니다. 배교와 불안, 전쟁과 심판으로 암울했던 시대에 룻기는 희망과 행복의 서광을 비춰줍니다. 생각하면 가정은 세상에서 가장 '열심히 헌신'을 쌓을 수 있는 곳이기도 합니다. 모두 다 가정에서 태어나 가정에서 살고 가정에서 눈을 감습니다. 평범한 가정에서 우리는 날마다 '열심 헌신'을 다 할 수 있도록 일상생활을 전개해 나가야 합니다. 아침에 일어나 공원을 산책하며 사소한 일 같지만 아침 이슬 맺힌 잡초를 뽑아주는 평범한 삶은 '열심 헌신'을 실천하며 살아가는 삶의 한 방법이라 생각됩니다.

오늘의 말씀

1. 모압 땅에서 베들레헴을 향해 가는 삶이어야 합니다(룻 1:6~18).

사사들이 치리하던 때에 흉년이 들자 베들레헴에서 이방의 모압 땅으로 이주해 거류한 엘리멜렉과 나오미! 이들은 나그네 길에서 내려간 시점의 인생을 가리킵니다. 먹고 살기 힘들어 선민의 땅에다 하나님을 모셔두고 우상을 섬기는 이방 땅 모압으로 내려갑니다. 엎친데 겹친 격으로 남편 엘리멜렉이 죽고 두 아들만 남아 모압 여자 중에 자부를 얻었습니다. 그곳에 거주한지 10년 즈음에 두 아들도 죽고 자부 둘만 남습니다. 참으로 기구한 인생 같지만 하나님의 뜻이 숨겨져 있습니다.

· 함께 읽어요 : 룻기 1장 2절

"그 사람의 이름은 엘리멜렉이요 그의 아내의 이름은 나오미요 그의 두 아들의 이름은 말론과 기룐이니 유다 베들레헴 에브랏 사람들이더라. 그들이 모압 지방에 들어가서 거기 살더니"

2. 고향 땅 베들레헴에 양식을 주셨다는 소식입니다(룻 1:6~17).

여호와께서 자기 백성을 돌보사 그들에게 양식을 주셨다함을 들었습니다. 나오미는 두 며느리와 함께 고향으로 돌아가려고 합니다. 두 자부에게 각기 어머니 집으로 돌아가라고 권합니다. 첫 자부 오르바는 돌아갔으나 룻은 거절합니다. 1장 16절을 함께 읽습니다. "룻이 이르되 내게 어머니를 떠나며 어머니를 따르지 말고 돌아가라 강권하지 마옵소서. 어머니께서 가시는 곳에 나도 가고 어머니께서 머무시는 곳에서 나도 머물겠나이다. 어머니의 백성이 나의 백성이 되고 어머니의 하나님이 나의 하나님이 되시리니." 이러한 며느리의 신앙고백은 시어머니에게 감동을 주기에 충분했습니다. 보리 추수할 때에 고향으로 돌아오자마자 나오미의 남편 엘리멜렉의 친족으로 유력한 자 보아스의 밭에 나가 이삭을 주워 시어머니를 공경합니다. 룻의 지성스런 효행은 금방 고향 동네 사람들에게 좋은 소문이 나고, 동네 사람들에게 귀감이 되었습니다.

경제적으로 바닥이 났고, 정치적으로 혼란한 사사시대에 나오미와 가난한 이방 여인 룻을 통하여 이루시고자 하시는 여호와 하나님의 뜻이 계셨던 것입니다.

· 함께 읽어요 : 룻기 1장 22절

"나오미가 모압 지방에서 그의 며느리 모압 여인 룻과 함께 돌아왔는데, 그들이 보리 추수 시작할 때에 베들레헴에 이르렀더라."

3. 이방 여인 룻이 들어가 엘리멜렉의 가문을 세웠습니다(룻 4:1~17).

오늘날 많은 신자들은 생활고에 시달릴 때, 야곱의 형 에서처럼 '내가 배가 고픈데, 형이 무슨 소용 있나?' 하고 팥죽 한 그릇에 장자의 명분을 팔아버립니다(히 12:16~17). 장자의 명분을 소홀하게 여겼던 결과는 그의 일생에 땅을 치고 통곡해도 회복할 수 없었습니다.

말 한 마디, 한 번의 잘못된 결정은 그 사람이나 그의 가문을 세우지 못하도록 그 방향을 바꾸어버립니다. 여기 본문에서 이방 여인 룻이 어머니의 백성, 곧 선민 이스라엘의 하나님 여호와를 선택한 것이 후에 그의 가문을 통하여 메시야의 족보에 오르는 엄청난 복을 받게 됩니다.

사랑하는 여러분! 민족이 범죄하여 하나님 여호와를 떠날 때에라도 믿음을 버리거나 떠나서는 안 됩니다. 세상 사람들이 다 욕과 저주를 퍼붓는다 해도 자기 자손에게만큼은 축복을 해야 합니다. 가정을 통해 복의 다리와 통로를 놓아가야 합니다. 그러면 먼 훗날 자손 중에 그 누구를 통해서라도 하나님께서 복의 가문으로 세워주시는 것입니다.

며느리로서 형님인 오르바는 자기 백성에게로 돌아갔지만, 룻은 그의 말대로 '어머니의 백성, 어머니의 하나님을 떠나지 않고 섬긴 것'은 참으로 탁월한 선택이며 결정이었습니다. 사랑하는 여러분! 여러분들은 과연 가문을 세우는 탁월한 선택자들입니까? 과연 여러분들의 집안을 세우는 사람입니까? 아니면 집안을 곤혹스럽게 하며 무너뜨리는 사람입니까? 여러분들이 어렵고 힘든 환경이지만 오늘의 선택이 미래의 여러분들의 가문이나 가정을 세워가는 탁월한 선택이 있기를 간절히 소원합니다.

· 함께 읽어요 : 룻기 4장 16~17절

"16 나오미가 아기를 받아 품에 품고 그의 양육자가 되니 17 그의 이웃 여인들이 그에게 이름을 지어 주되 나오미에게 아들이 태어났다 하여 그의 이름을 오벳이라 하였는데 그는 다윗의 아버지인 이새의 아버지였더라."

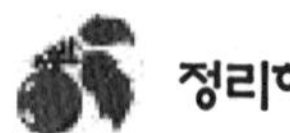

정리하는 말

사랑하는 여러분! 오늘은 행운이 따르지 않을 수도 있습니다. 앞은 보이지 않고 어렵고 힘든 폭풍우가 쏟아지는 날일 수도 있습니다. 그렇더라도 여러분들은 장래를 위해 가문을 세워가는 지혜로운 선택으로 칭송받는 성도들이 되셔서 새로운 헌신을 계속하시기를 바랍니다.

평가와 결심

1. 베들레헴에 흉년이 들자 나오미 가족들은 어디로 갔습니까?
   (룻 1:1~2, 이방 땅, 모압으로)
2. 고향 땅에 양식을 주셨다는 소식을 듣고 어떻게 했습니까?
   (룻 1:6~18, 남편과 두 아들은 잃고 며느리 룻과 함께 돌아옴)
3. 모압 여인 룻은 어떻게 가문을 세우게 됩니까?
   (룻 4:13~17, 보아스와 결혼해 아들을 낳아 다윗의 증조부가 되게 함)

주간 경건의 시간 <7> · 날마다 말씀과 함께

요일 / 내용	주일/월(Mon)	화(Tue)	수(Wed)	목(Thu)	금(Fri)	토(Sat)
찬송	37동 / 74동	75 / 47	151/ 138	209 / 247	210 / 245	235 / 222
성경	삿19: / 삿20:	삿 21:	룻 1:	룻 2:	룻 3:	룻 4:
적용	첩의 시체/ 금식 번제	소견에 옳은 대로	룻은 붙좇았다	기업 무를 자 중 하나	어머니 말씀대로	룻을 아내 삼고

* 역경은 진리로 들어가는 첫 번째 관문이다.

<조지 고든 노엘 바이런, 1788~1824, 영국 6대 남작, 시인>

내가 그들에게 복 주리라

찬송 / 299, 356, 355 / 통 418, 396, 386
성경 / 민수기 6:1-27
요절 / 민수기 6:24-25
"24 여호와는 네게 복을 주시고 너를 지키시기를 원하며
25 여호와는 그의 얼굴을 네게 비추사 은혜 베푸시기를 원하며"
목표 / 하나님의 백성으로서 복을 전달해주는 삶의 태도를 익힌다.

시작하는 말

본문에는 성경에 나오는 제사장이 백성들에게 하나님의 긍휼을 선포할 때 사용하는 '축복기도의 모델'이 제시되어 있습니다. 그러나 오늘날 목회자들이 축복보다 저주를 선포하는 경우가 간혹 있습니다. 이는 참으로 안타까운 일입니다. 복을 선포할 강단이 저주를 선포하는 강단이 된다면 이 얼마나 무서운 일이겠습니까? 모세를 통하여 말씀하신 제사장 아론의 축복기도는 '그들이 여호와의 이름으로 이스라엘 자손에게 축복할지니 여호와가 그들에게 복을 주리라' 하십니다.

오늘의 말씀

1. 특별한 서원 자들을 위해 나실인의 법을 주셨습니다(신 6:1~12).

우리가 신앙생활을 할 때 특별한 서원을 할 때가 있습니다. 생각하면 우리 성도들은 모두 특별한 서원자들이기도 합니다. 신명기 5장에서 이스라엘 족속이 계수되고 위치가 정해지자 하나님께서는 진영의 청결을 위해 정결과 예배를 위한 지시들을 모세에게 주심으로써 약속의 땅으로 들어가기 위한 준비를 시키십니다. 이스라엘 백성들은 나실인의 서원과 같은 약속의 신성함을 자발적으로 감수해야 했습니다. 그래서 나실인의 법을 주신 것입니다. 세상에서 성도들은 삶에서 즐거이 헌신하며 세상과 구별되도록 거룩성을 지켜가야 하는 것입니다.

· 함께 읽어요 : 시편 110편 3절

"주의 권능의 날에 주의 백성이 거룩한 옷을 입고 즐거이 헌신하니 새벽이슬 같은 주의 청년들이 주께 나오는 도다."

2. 나실인 서원의 요구들을 이해해야 합니다(신 6:13~20).

나실인 서원의 요구 조건들은 그 상징 의미를 이해하지 못하면 이상하게 보일지 모릅니다.

① 술은 안위와 향락을 상징했습니다. ② 죽은 시체는 죄악과 더러움을, ③ 긴 머리는 하나님이 주신 힘과 존엄성을 상징했습니다. 나실인의 서원자는 안위와 향락을 멀리하며, 죄악과 더러움을 버리며, 하나님이 주신 힘과 존엄성을 결코 소멸해서는 안 되었던 것입니다.

삼손이 나실인의 약속을 지킬 때에 그는 지도자로서의 역할을 수행할 수 있었으나, 그 약속을 어기고 이방 여인 들릴라에게 나실인의 비밀을 털어놓을 때 무차별 공격에 피할 수 없었습니다.

사랑하는 여러분! 신앙생활에서 자신만만하지 마십시오. 사탄 마귀는 삼킬 자를 두루 찾아다니는 것입니다(벧전 5:8). 행여 품속의 사람에게라도 나실인의 거룩한 서원의 비밀을 털어놓지 마시기 바랍니다.

바울 사도는 집사의 자격을 말하면서 '깨끗한 양심에 믿음의 비밀을 가진 자라야 할지니'(딤전 3:9)라고 충고합니다. 신앙의 비밀을 지키시기 바랍니다. 결코 대적 자들에게 신앙에서 약점을 보이지 마시기 바랍니다.

· 함께 읽어요 : 디모데전서 3장 8~9절

"8 이와 같이 집사들도 정중하고 일구이언을 하지 아니하고 술에 인박히지 아니하고 더러운 이를 탐하지 아니하고 9 깨끗한 양심에 믿음의 비밀을 가진 자라야 할지니"

3. 정결은 복의 통로를 깨끗이 하는 것입니다(신 6:21~27).

오늘날 많은 신자들이 복 받기만을 한사코 노력하며 매달립니다. 그러나 막상 복을 부어주어도 받을 마음 그릇이 준비되어 있지 않으니 다 흘려보내버립니다. 이것이 참으로 안타까운 일입니다. 사랑하는 여러분! 복의 통로를 깨끗하고 넓게 닦아 놓으십시오. 그러면 작은 복을 주어도 감사히 받습니다. 영적 감수성이 매우 예민해져서 쉽게 받아드려집니다.

감사한 마음이 열리면 복의 통로도 열립니다. 민수기 6장 21절을 함께 읽겠습니다. "이는 곧 서원한 나실인이 자기의 몸을 구별한 일로 말미암아 여호와께 헌물을 드림과 행할 법이며 이외에도 힘이 미치는 대로 하려니와 그가 서원한 대로 자기 몸을 구별하는 법을 따라 할 것이니라."

그리고 이어서 제사장의 축복을 말씀하십니다. 오늘날 많은 사람들이 복 받기만을 원하고 하나님께 예물을 드리기를 소홀히 합니다. 신도들의 기도로 요구한 바구니는 가득 차서 더 이상 담을 수 없을 정도요, 감사의 바구니에는 텅 비어있는 현실이란 사실, 가슴 아픕니다.

지금도 가족들의 생활비도 채 안 되는 열악한 사례비에 목회자들의 타들어가는 속을 아십니까? 종교세를 내야 한다는 소식에 벌써부터 교회마다 고민이 많을 것입니다. 과연 어떻게 대처해야 하겠습니까?

· 함께 읽어요 : 말라기 3장 8절

"사람이 어찌 하나님의 것을 도적질하겠느냐 그러나 너희는 나의 것을 도둑질하고도 말하기를 우리가 어떻게 주의 것을 도둑질 하였나이까 하는 도다! 이는 곧 십일조와 봉헌물이라."

정리하는 말

오늘날 신자들의 삶을 보면 저렇게 하고도 하나님이 복을 주실까? 하는 생각이 듭니다. 억지로 십일조하고, 마지못해 선교헌금, 감사 헌금하는 분들이 많습니다. 이렇게 하고도 즐거이 헌신하였다고 하겠습니까? 사랑하는 여러분! 제사장의 축복기도를 복으로 받아 누릴 수 있도록 삶에 생활화되기를 소원합니다.

평가와 결심

1. 나실인의 서원 같은 약속과 신성함을 어떻게 지켜야 합니까?
   (고후 9:7, 시 110:3, 자발적으로 감수, 즐거이 헌신해야 함)
2. 사도 바울이 말한 집사의 자격 중 두 가지만 말하시오.
   (딤전 3:9, ① 깨끗한 양심과 ② 믿음의 비밀을 가진 자라야 함)
3. 제사장의 축복기도에서 복의 주체는 누구입니까?
   (신 6:22~27, 본문에 3번이나 언급한 여호와가 주체이심)

주간 경건의 시간 <8> · 날마다 말씀과 함께

요일 내용	주일/월(Mon)	화(Tue)	수(Wed)	목(Thu)	금(Fri)	토(Sat)
찬송	21동 / 25동	10 / 34	12 / 22	19 / 44	32 / 48	34 / 45
성경	민 1: / 민 2:	민 3:	민 4:	민 5:	민 6:	민 7:
적용	이십 세 이상 / 진의 군대계수	아론의 아들들	성물 만지지 말라	의심의 소제	나실인의 서원	족장들의 예물

* 번영은 올바른 저울이 아니다. 역경만이 우정을 달아보는 유일의 저울이다.

<플루타크, 46~120, 그리스 전기 작가>

3단원 생명 행복의 달

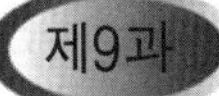

제9과

구름이 성막 위에

찬송 / 252, 251, 292 / 통 184, 137, 415

성경 / **민수기 9:1-23**

요절 / **민수기 9:23**

"곧 그들이 여호와의 명령을 따라 진을 치며 여호와의 명령을 따라 행진하고 또 모세를 통하여 이르신 여호와의 명령을 따라 여호와의 직임을 지켰더라."

목표 / 하나님의 명령을 따라 진행하고 각자의 직임을 지키는 태도를 기른다.

시작하는 말

민수기를 읽어가노라면 군대생활이 떠오릅니다. 날마다 하루의 일과를 마치고 점호를 끝내고 교대로 야간근무를 하면서 곤한 하루의 피로를 풉니다. 점호나 취침 자체도 내일의 훈련과 행진을 위한 점검과 재충전의 시간이라는 사실입니다. 이스라엘 백성들은 오직 여호와의 명령을 따라 진을 치고 행진하며 여호와의 직임도 지켜야 했던 것입니다. 이것이 곧 '생명을 지키는 길'임을 인정하고 기계적인 반복의 삶을 계속했던 것입니다. 인생의 복무기간이 마쳐지는 날까지 말입니다.

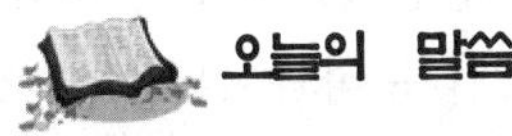

오늘의 말씀

1. 부정하게 된 자도 유월절을 지키도록 배려했습니다(민 9:1~8).

이스라엘 백성들은 첫째 달 열 넷째 날 해 질 때에 시내 광야에서 유월절을 지켰습니다. 개중에 시체로 부정하게 된 자들이 있었습니다. 그들이 유월절을 지키게 해 달라고 모세와 아론에게 요구합니다. 그러자 그들을 기다리라고 하고서 여호와께 기도합니다. 하나님은 시체로 부정하게 되든지 여행 중에 있다할지라도 유월절을 지키되 둘째 달 열 넷째 날 해질 때에 유월절 모든 율례대로 지키라고 하였습니다. 오늘날 우리에게 '생명의 절기'들을 주셨으니 삶에 적용시켜 꼭 지키도록 하시기 바랍니다.

· 함께 읽어요 : 민수기 9장 13절
"그러나 사람이 정결하기도 하고 여행 중에도 있지 아니하면서 유월절을 지키지 아니하는 자는 백성 중에서 끊어지리니 이런 사람은 그 정한 기일에 여호와께 헌물을 드리지 아니하였은즉 그의 죄를 담당할지며"

2. 유월절을 지키는 의미를 알아야 합니다(민 4:1~10).

어느 민족이나 국가가 그들이 잊지 못할 감격스러운 날이 있습니다. 중국의 10월 10일은 쌍십절이라 하여 중화민국을 세운 건국기념일이요, 7월 4일은 미국의 독립기념일이요. 개신교인들은 10월 31일 종교개혁기념일을 잊지 못할 것입니다. 우리 대한민족이 일제의 속박에서 해방된 것이 8·15해방 기념일인 것처럼 이스라엘 백성이 애굽의 노예생활에서 해방을 기념하는 절기가 유월절인 것입니다.

이스라엘 백성이 출애굽에서 민족적인 구원을 경험했듯이 우리는 8·15 해방에서 민족적인 구원을 경험했습니다. 우리의 광복은 이스라엘의 출애굽과 같이 민족의 주체적인 준비와 실력에 의해서 이루어진 것이 아니라, 하나님의 전적인 보호와 인도하심에 의해 하나님의 특별한 은혜의 선물입니다. 그러므로 우리는 생명을 주신 여호와 하나님께 감사와 찬송과 충성을 드리며, 우리 스스로가 인간의 행복과 사회정의 실현에 모두 힘쓰며, 지도자 모세와 같은 애국충정을 드려야 할 것입니다.

· 함께 읽어요 : 신명기 9장 14절

"만일 타국인이 너희 중에 거류하여 여호와 앞에 유월절을 지키고자 하면 유월절 율례대로 그 규례를 따라서 행할지니 거류민에게나 본토인에게나 그 율례는 동일할 것이니라."

3. 구름은 여호와가 이스라엘 위에 임재하심입니다(신 915~23).

오늘날 많은 신자들은 특별한 집회에서 불을 사모하고, 성령의 임재하심을 맛보고자 합니다. 그것이 그렇게 나쁘게 생각하지는 않지만 은혜를 사모하면서 가짜 속임 수에 속아 넘어가는 경우가 있습니다.

이스라엘 백성들을 보십시오. 그들이 성막을 세운 날에 구름이 성막 곧 증거의 성막을 덮었고 저녁이 되면 성막 위에 불 모양 같은 것이 나타나서 아침까지 이르렀다고 하였습니다. 민수기 9장 17~18절을 함께 읽겠습니다. "[17]구름이 성막에서 떠오르는 때에는 이스라엘 자손이 곧 행진하였고, 구름이 머무는 곳에 이스라엘 자손이 진을 쳤으니, [18]이스라엘 자손이 여호와의 명령을 따라 행진하였고 여호와의 명령을 따라 진을 쳤으며 구름이 성막 위에 머무는 동안에는 그들이 진영에 머물렀고", 그렇습니다. 그들은 여호와의 명령을 따라 진을 쳤고, 여호와의 명령을 따라 행진하고 모세를 통하여 이르신 여호와의 명령을 따라 여호와의 직임을 지켰던 것입니다. 이스라엘 백성들이 시내산 광야를 출발하기 전에 이미 성막 위에 구름 기둥과 불기둥의 인도에 따라 행군한 사실을 보여줍니다. 이는 이스라엘 백성들이 광야 행군 중 하나님의 말씀을 순종한 사실을 보여줍니다.

· 함께 읽어요 : 신명기 11장 13~14절

"13 내가 오늘 너희에게 명하는 내 명령을 너희가 만일 청종하고 너희의 하나님 여호와를 사랑하여 마음을 다하고 뜻을 다하여 섬기면 14 여호와께서 너희의 땅에 이른 비, 늦은 비를 적당한 때에 내리시리니 너희가 곡식과 포도주와 기름을 얻을 것이요.

정리하는 말

사랑하는 여러분! 오늘 우리들의 신앙생활을 살펴봅시다. 과연 이스라엘 백성들이 가졌던 그러한 마음가짐과 행동이 있습니까? 그렇지 못하다면 반성해야 할 것입니다. 이스라엘 백성들이 지나온 광야란 사람 살 곳이 아닙니다. 오직 하나님이 주시면 살고, 거둬 가시면 사막 속에 묻혀버릴 수밖에 없는 처절한 상황여서 그들은 오직 만나, 메추라기, 하나님께서 주신 물만 마시고 살았습니다. 이를 깊이 명심하시기 바랍니다.

평가와 결심

1. 부정하게 된 자들과 여행으로 인해 지키지 못한 절기는?
   (민 9:11, 다음 달 열 넷째 날 해질 때 같은 방법으로 지키도록 함)
2. 유월절 절기는 우리나라 어떤 절기와 같습니까?
   (민 9:1~2, 해방절기인 8 · 15 광복절과 같음)
3. 성막 위에 머물렀던 구름과 불기둥의 의미는 무엇입니까?
   (민 9:20~23, 여호와 하나님이 그들 위에 함께하시며 임재하심)

주간 경건의 시간 <9> · 날마다 말씀과 함께

요일 / 내용	주일/월(Mon)	화(Tue)	수(Wed)	목(Thu)	금(Fri)	토(Sat)
찬송	39동 / 74동	75 / 47	213 / 348	214 / 349	292 / 415	290 / 412
성경	민 8: / 민 9:	민 10:	민 11:	민 12:	민 13:	민 14:
적용	25세 이상/ 유월절	나팔 신호 규례	백성의 불평	모세의 온유함	갈렙과 호세아	백성들의 반란

* 영생에 대한 생각은 짧은 인생에게 위안을 준다.

<샤레시앙 길라윈 마레쉬에르브, 1721~1794, 프랑스 정치가>

육체의 생명이신 하나님

찬송 / 21, 9, 10 / 통 21, 53, 34
성경 / 민수기 16:15-48
요절 / 민수기 16:47-48
"47 아론이 모세의 명령을 따라 향로를 가지고 회중에게로 달려간즉 백성 중에 염병이 시작되었는지라 이에 백성을 위하여 속죄하고 48 죽은 자와 산 자 사이에 섰을 때에 염병이 그쳤더라."
목표 / 육체의 생명은 하나님께 있으므로 생명의 소중함을 안다.

시작하는 말

최고 지도자는 참 외로운 것입니다. 지도자 모세도 예외는 아니었을 것입니다. 본문에서 레위 지파와 르우벤 지파의 지도급 인사들과 이스라엘 자손 총회에서 택함 받아 유명 지휘관들 250명이 함께 당을 지어 모세를 거스른 사건은 참으로 안타까운 일이 아닐 수 없습니다. 여기에서 여호와 하나님께서는 그들과 그들 자손 모두의 생명을 담보로 대드는 그들에게 반역의 보응 보여주시고자 하시는 것입니다. 육체의 생명은 하나님께 있음을 보여주신 것입니다.

오늘의 말씀

1. 고라는 당을 짓고 지도자 모세를 거슬러 반역했습니다(민 16:1~3).

본문에 나오는 고라 일당의 기사는 이스라엘 백성이 광야 행군 중에 일어난 사건으로서 하나님의 위임 권위에 대한 고라 일당의 반역행위와 그 결과인 하나님의 심판을 나타냅니다. 고라 일당은 레위 지파와 르우벤 지파 자손들이 주축을 이루고 있습니다. 이는 레위 자손은 같은 레위 족속이면서 이스라엘 백성 가운데 인도자로 있는 모세와 아론을 시기하며, 르우벤 지파 족속들은 이스라엘의 육적인 장자의 후손으로서 셋째 아들 레위 자손이 이스라엘 지도자로서 활동하는 것에 불만을 느꼈을 것입니다. 사명이 아닌 지위를 가지고 최고지도자에게 대드는 행위는 여호와 하나님께 대한 반역 행위와 같음을 경고하고 있습니다.

· 함께 읽어요 : 로마서 13장 1절

"각 사람은 위에 있는 권세들에게 복종하라 권세는 하나님으로부터 나지 않음이 없나니 모든 권세는 다 하나님께서 정하신 바라."

2. 모세는 회막 앞 여호와 앞에 나아갔습니다(민 16:4~11).

본문에 온 회중이 모세와 아론에게 "너희가 여호와의의 백성을 죽였도다!"라고 하는 원망을 들었을 때, 참으로 참담했을 것입니다.

여러분이 만일 이런 원망을 들었다면 어떠했겠으며, 어떻게 하셨겠습니까? 세상을 살다보면 이렇게 참담한 일을 당할 때도 있다는 사실입니다. 사울 왕의 행적 중에 적들은 쳐들어오지요, 여호와 하나님께서 아무런 응답이 없지요. 그럴 때 사울은 신접한 여인을 찾아가 물었습니다.

오늘날 선거철만 되면 정치인들 중에는 유명하다는 운명관이나 무당집을 찾아가 장래 일을 묻습니다. 사업가들은 사업을 시작하면서 대통한다는 점집을 찾아가 묻습니다. 입학 시즌에 자녀들의 좋은 진학을 위해 용하다는 점집에 가는 분들도 있습니다. 모세와 아론은 어디로 갔습니까? 하나님이 임재하시는 곳 성전으로 달려갔습니다.

· 함께 읽어요 : 민수기 16장 43~45절

"43 모세와 아론이 회막 앞에 이르매 44 여호와께서 모세에게 말씀하여 이르시되 45 너희는 이 회중에게서 떠나라 내가 순식간에 그들을 멸하려 하노라 하시매 그

두 사람이 엎드리니라."

3. 모세는 아론에게 백성들의 죄를 속죄하라 지시합니다(신 16:46~49).

여호와 하나님의 종 모세의 대처 방법이 놀랍습니다. 여호와께서 진노하셨음을 알고 범죄한 백성들을 위해 제사장 아론에게 명하여 속죄하라고 분부합니다.

이스라엘 백성들에게 여호와께서 명하신 5대 제사는 이렇습니다. ① 번제는 일상의 죄 문제 해결과 하나님과의 관계 정상화를 위해서요, ② 소제는 하나님께 영광과 충성을 바치는 표로 드렸습니다. ③ 화목제는 하나님과의 특별한 친교를 위해서요, ④ 속죄제는 무의식적인 범죄와 부정함과 허물의 사함을 받기 위해서요, ⑤ 속건제는 하나님과 이웃을 적대 관계에 놓이게 한 죄 해결 및 보상을 위해서 드려졌습니다.

아론은 모세의 명령을 따라 향로에 제단의 불을 담고 그 위에 향을 피워 가지고 급히 회중에게로 달려간즉 백성 중에 염병(plague)이 시작됐습니다. 염병이란 전염병이나 돌림병, 즉 장티푸스, 이질 또는 페스트 같은 전염성이 강한 질병을 의미합니다. 오늘날 세상은 지진과 이상 기후와 인류가 만들어 놓은 살인 살상 무기의 방사능으로 인해 떨고 있습니다.

사랑하는 여러분! 여호와 하나님의 진노를 진정시킬 방법이 필요합니다. 오직 여호와만이 죽어가는 이들의 생명이시며 해결자이십니다. 오! 사랑의 하나님! 죽음으로 소멸돼 가는 이 땅을 고치소서! 우리가 범죄하였나이다. 살려주옵소서! 육체의 생명이신 하나님이시여!

· 함께 읽어요 : 레위기 26장 14절, 25절

"14 그러나 너희가 내게 청종하지 아니하여 이 모든 명령을 준행하지 아니하며 25 내가 칼을 너희에게로 가져다가 언약을 어긴 원수를 갚을 것이며 너희가 성읍에 모일지라도 너희 중에 염병을 보내고 너희를 대적의 손에 넘길 것이며"

정리하는 말

오늘도 하루의 태양이 떠오르는 순간부터 서산에 걸릴 무렵까지, 그리고 밤에 달이 떠올라 대지를 비출 때에도 어느 것 하나 안심할 수 없습니다. 이스라엘 백성들이 낮에는 이글이글 타오르는 태양의 열기에 타들어가는 풀 같고, 밤에는 추위에 오돌 오돌 떨며 들짐승의 공포를 견뎌야 하였지만, 낮에는 구름 기둥으로 밤에는 불기둥으로 임재 하셔서 그들을 인도하시고 보호하여 살려주셨습니다. 오직 여호와가 육체의 생명이신 것입니다.

평가와 결심

1. 모세와 아론에게 원망하며 반기를 든 사람들은 누구입니까?
(신 16:1~2, 택함 받은 지휘관 250명과 고라 다단 아비람 온)
2. 온 회중이 반기를 들고 원망할 때 모세는 어떻게 했습니까?
(신 16:4~5, ① 총회 앞에 엎드림 ② 아론을 명하여 속죄제사 드리도록 함)
3. 속죄제사 향로 가지고 회중에게 달려갔을 때 어떻게 됐나요?
(신 16:48, 산 자와 죽은 자 사이에 섰을 때 염병이 그쳤음)

주간 경건의 시간 <10> · 날마다 말씀과 함께

요일 / 내용	주일/월(Mon)	화(Tue)	수(Wed)	목(Thu)	금(Fri)	토(Sat)
찬송	244동/ 121동	435 / 385	384 / 434	417 / 476	489 / 541	488 / 539
성경	민 15:/민 16:	민 17:	민 18:	민 19:	민 20:	민 21:
적용	제사제물/백성의 반역	아론의 지팡이	제사장과 레위인	시체를 만진 자	므리바의 물	요단 동쪽 점령

* 산 영혼은 살아계신 하나님을 본다. <황금예화설교>

제11과

하나님이 주시는 말씀

찬송 / 202, 204, 205 / 통 241, 379, 236
성경 / 민수기 22:21-41
요절 / 민수기 22:38
"발람이 발락에게 이르되 내가 오기는 하였으나 무엇을 말할 능력이 있으리까? 하나님이 내 입에 주시는 말씀 그것을 말할 뿐이니이다."
목표 / 하나님의 백성은 하나님이 주시는 말씀으로 살아가야함을 안다.

시작하는 말

현대를 살아가면서 TV나 뉴스에 의존해 가며 살아가는 사람들이 점점 늘어가는 것 같습니다. 정치인들은 뉴스나 정보를 통해 정치해 간다고 해도 과언이 아닙니다. 사업가들도 매체들을 사용해 매출을 올리고, 경제력을 든든히 해 갑니다. 오늘날 젊은이들은 컴퓨터, 인터넷이나 모바일이나 스마트 폰 없이는 살아가기 힘듭니다. 너무 빨리 변화하는 상황에 대처할 수 없기 때문입니다. 그러나 우리 크리스천에게는 성경 말씀 없이 신앙생활 한다는 것은 거의 불가능합니다. 종교개혁자들이 부르짖었던 '오직 말씀'(Sola Scriptura)의 삶을 실천해가시기를 바랍니다.

오늘의 말씀

1. 모압 왕인 발락이 브올의 아들 발람을 불러 옵니다(민 22:1~6).

모압 왕 십볼의 아들 발락이 이스라엘이 아모리인에게 행한 모든 일을 보고 심히 두려웠습니다. 그래서 사신을 세워 브올의 아들 발람의 고향인 강가 브돌에 보내어 발람을 청합니다. 사연인즉 미디안 장로들에게 말한 것처럼 이제 이 무리가 소가 풀을 뜯어먹음 같이 우리 사방에 있는 것들을 뜯어 먹으리라는 것입니다. 묘책을 세웠으니 발람이라는 사람을 불러다가 그들을 저주하도록 하여 저주 때문에 그들이 망하도록 하려는 의도에서였습니다.

· 함께 읽어요 : 민수가 22장 6절
"우리보다 강하니 청하건대 와서 나를 위하여 이 백성을 저주하라 내가 혹 그들을 쳐서 이겨 이 땅에서 몰아내리라 그대가 복을 비는 자는 복을 받고 저주하는 자는 저주를 받을 줄 내가 앎이니라."

2. 발람은 복채를 가지고 찾아온 사신들 말에 솔깃했습니다(민 22:7~17).

모압 장로들과 미디안 장로들은 손에 복채를 가지고 발람에게 찾아왔습니다. 왕의 친전 소식을 그대로 전달합니다. 본문 6절 말씀처럼 청하건대 와서 소가 풀을 뜯어먹음 같이 모든 주변국들을 다 멸절시켜버리고 있으니 제발 어서 와서 '이스라엘을 저주하라'는 것입니다.

저주해 주면 혹시 그들을 쳐서 이겨 이 땅에서 몰아낼 수 있을 것이라는 것입니다. "그대가 복을 비는 자는 복을 받고 저주하는 자는 저주를 받을 줄 앎이니라"고 합니다. 여러분! 가까이 와서 칭찬하는 사람을 조심하십시오. 잘한다고 추켜세우는 자들을 경계해야 합니다. 또한 처우를 잘해 주겠다고 접근하는 사람들을 조심해야 합니다.

· 함께 읽어요 : 민수기 22장 11절
"보라 애굽에서 나온 민족이 지면에 덮였으니 이제 와서 나를 위하여 그들을 저주하라 내가 혹 그들을 쳐서 몰아낼 수 있으리라 하나이다."

3. 발람은 여호와께서 이르시는 대로 말하리라고 합니다(민 22:18~35)

본문에서 발람은 처음에는 발락이 보낸 장로들에게 '이 밤에 여기서 유숙하라 여호와께서 내게 이르시는 대로 너희에게 대답하리라'고 하였습니다. 참으로 지혜로운 대답이었습니다. 여호와께 묻자 '너는 그들과 함께 가지도 말고 그 백성을 저주하지도 말라'고 하셨습니다.

발락 왕은 이번에는 더 높은 고관들을 더 많이 보내 '아무것에도 거리끼지 말고 오라. 내가 그대를 높여 크게 존귀하게 하고 그대가 말하는 것은 무엇이든 다 시행하겠다'고 합니다. 그때 발람은 '발락이 그 집에 가득한 은금을 내게 줄지라도 여호와의 말씀을 덜하거나 더하지 못하겠노라'고 대답합니다. 그런데 하나님께서 그 밤에 발람에게 임하여 '그 사람들이 너를 부르러 왔거든 일어나 함께 가라 그러나 내가 네게 이르는 말만 준행할지니라'라고 합니다.

발람의 생각은 단순했습니다. "네가 백성을 저주할 수 없다면 하나님이 그들을 징계하실 수 있도록 그들을 타락케 하라!"고 말입니다. 그의 영향력은 컸습니다. 저주하지는 않았을 지라도 "음심이 가득한 눈을 가지고 범죄 하기를 그치지 아니하고 굳세지 못한 영혼들을 유혹하며 탐욕에 연단된 마음을 가진 자들이니 저주의 자식이라"(벧후 2:14)고 합니다.

오늘날 얼마나 많이 배운 자들이 못 배운 자들을 지능적으로 조종하여 그들의 이웃을 망하게 하는 자들이 있는지 모릅니다. 자기는 쏙 빠져, 뒤에서 조종하고 앞에서 사고를 치지 않으면 안 되는 자리로 밀어 넣고 이익만 챙기는 그런 고단수의 지능적인 범죄가 기승을 부립니다. 사랑하는 여러분! 여러분들의 생각이나 행동에서 말씀이 세워지기를 소원합니다.

· 함께 읽어요 : 민수기 22장 22~23절

"22 그가 감으로 말미암아 하나님이 진노하시므로 여호와의 사자가 그를 막으려고 길에 서니라 발람은 자기 나귀를 탔고 그의 두 종은 그와 함께 있더니 23 나귀가 여호와의 사자가 칼을 빼어 손에 들고 길에 선 것을 보고 길에서 벗어나 밭으로 들어간지라 발람이 나귀를 길로 돌이키려고 채찍질하니"

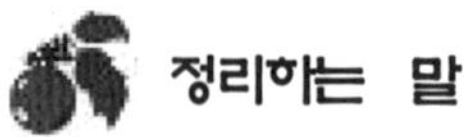

정리하는 말

사랑하는 여러분! 나귀라는 짐승의 눈은 열려 여호와의 사자를 보았습니다. 그러나 발람은 보지 못하고, 순종하는 체 하며 가고자 하여, 나귀에게 채찍질하자 나귀가 입을 열었습니다. 인간의 음탕한 눈은 짐승보다 못할 때가 있습니다. 다만 하나님의 말씀대로 순종하고 따르는 지혜로운 삶이 곧 영원한 기업으로 가는 지름길인 것을 아시기 바랍니다.

평가와 결심

1. 모압 왕 발락이 장로들을 보내 누구를 부르러 왔습니까?
   (민 22:2~14, 브올의 아들 발람)
2. 발람에게 보낸 장로들과 고관들은 어떻게 했습니까?
   (민 22:15~18, 왕의 말대로 와서 이스라엘을 저주만 하라고 함)
3. 발락에게 간 발람은 어떻게 했습니까?
   (민 22:19~35, 장소를 옮겨 다니며 저주를 기다렸지만 세 번씩이나 축복 함)

주간 경건의 시간 <11> · 날마다 말씀과 함께

요일 / 내용	주일/월(Mon)	화(Tue)	수(Wed)	목(Thu)	금(Fri)	토(Sat)
찬송	36동 / 37동	75 / 47	151/ 138	209 / 247	210 / 245	235 / 222
성경	민22: / 민23:	민 24:	민 25:	민 26:	민 27:	민 28:
적용	발람과 발락/ 발람의 에언	발람의 끝 예언	브올에서 생긴 일	두 번째 인구 조사	슬로브핫의 딸들	여러 제사들

* 영혼이 뿌린 씨는 어느 것도 멸망하지 않는다.

<랄프 왈도 에머스, 1803~1882, 미국 시인, 수필가>

3단원 생명 행복의 달

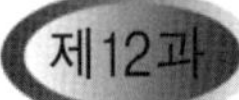
제12과

여호와를 온전히 순종

찬송 / 449, 246, 400 / 통 377, 221, 463
성경 / 민수기 32:6-27
요절 / 민수기 32:12
"그러나 그나스 사람 여분네의 아들 갈렙과 눈의 아들 여호수아는 여호와를 온전히 따랐느니라 하시고"
목표 / 갈렙과 여호수아처럼 '여호와를 온전히 순종'한 삶의 태도를 본받는다.

시작하는 말

본문에서 르우벤과 갓 지파가 요단강 동편을 요구함으로 빚어지는 타협과 이기심과 불순종, 그리고 온전치 못한 헌신에 대하여 말씀하고 있습니다. 하나님의 일을 한다고 하면서도 이러한 이기적인 생각이 공동체의 결속을 깨뜨리거나 약화시킬 수도 있습니다.

그러나 그중에도 '여호와께 온전히 순종한 소수의 사람'이 있었기에 신앙생활에 유익하여 숨통이 터집니다. 사랑하는 여러분! '여호와께 온전히 순종한 소수의 사람'의 무리 속에 들기를 간절히 바랍니다.

오늘의 말씀

1. 두 지파의 요청처럼 온전치 못한 헌신이 있습니다(민 32:1~5).

지금 이스라엘 백성은 약속의 땅 '가나안'을 향하여 광야생활에서부터 다져진 태도로 요단강을 건너려는 엄숙한 순간이었음에도, 르우벤과 갓 지파는 요단 동편 땅에 머물게 해 달라는 이기적이며 온전치 못한 헌신의 모습으로 지도자를 괴롭게 했습니다. 요단 동편 땅은 매우 비옥하고 목초지가 많아 생축에 적당했습니다. 그 땅에 시선을 집중하였습니다. 그 땅을 얻고자 모세와 다른 지도자들에게 대표를 보내어 타협했습니다. 그러므로 그들에게는 약속의 땅의 비전을 잃었습니다.

· 함께 읽어요 : 민수기 32장 5절

"또 이르되 우리가 만일 당신에게 은혜를 입었으면 이 땅을 당신의 종들에게 그들의 소유로 주시고 우리에게 요단강을 건너지 않게 하소서."

2. 모세는 그들의 온전치 못한 헌신을 질책하였습니다(민 32:6~15).

지도자 모세는 르우벤과 갓 지파의 요청을 듣고는 분노하면서 그들을 책망하였습니다. 모세는 르우벤과 갓 지파가 충성치 못하다고 했습니다. 그들은 다른 지파들이 약속된 땅을 정복하기 위하여 싸우러 갈 때 자신들은 편히 안주하기를 원했던 잘못을 꾸짖었습니다(6~7절).

모세는 그들의 죄가 가데스 바네아에서 열 정탐꾼이 저지른 것과 동일한 죄목으로, 그들의 죄는 불신(不信)과 불충성(不忠誠)이었습니다. 모세는 불신실한 열 정탐꾼의 일화를 회고하여 이야기하면서 두 지파를 강하게 경고했습니다(8~13절). 지도자 모세는 두 지파의 죄는 이스라엘의 첫 세대에게 미친 심판과 같은 결과를 초래할 수 있다고 했습니다. 모세는 그들을 이스라엘이 하나 됨의 결속을 파괴하는 '죄인의 무리'라고 칭했습니다. 이러한 일로 하나님은 이스라엘 전체를 징계하실 것이며, 그들은 이에 대한 책임을 지게 될 것이라고 강력하게 경고했습니다.

· 함께 읽어요 : 민수기 32장 14절

"보라 너희는 너희의 조상의 대를 이어 일어난 죄인의 무리로서 이스라엘을 향하신 여호와의 노를 더욱 심하게 하는 도다."

3. 두 지파의 타협안을 모세가 허용합니다(민 32:16~27).

본문에서 르우벤과 갓지파는 모세의 호된 책망을 듣고서 타협안을 제시했습니다. 그 타협안은 다음과 같습니다.

첫째, 우리를 짓고 성읍을 짓겠다고 하였습니다(16절).

둘째, 두 지파는 그 땅을 기업으로 받을 권리를 확보하여 받는 대신 모세와 다른 지파의 지도자들에게 두 가지 약속을 하였습니다.

① 다른 지파와 함께 싸우러 나갈 것입니다(17~18절).

② 요단강 건너편에서 기업을 얻지 않을 것입니다(17~19절).

모세는 그들의 약속을 받고 모세는 그들 요구대로 허용을 하였습니다(20~27절). 모세는 그들이 제시한 타협안을 받아들이지 않을 수 없었습니다. ① 그들의 요청을 수락하였습니다(20~22절). ② 두 지파에게 강력히 그 약속을 지키지 않는다면 '죄가 반드시 너희를 찾아낼 줄 알라'고 경고합니다(23절). ③ 두 가지 허용 명령, 즉, 가족들을 위한 성읍 건축과 가축들을 위한 축사 건축하는 일을 허용했습니다. 이제 두 지파는 약속을 이행하겠다고 재확약을 했습니다. 여기서 르우벤과 갓 지파는 요단강 동편에서 기업을 갖기를 원했고, 그들은 요단을 건너기를 좋아하지 않았습니다. 요단 동편에서 편안하게 머물기를 원했습니다. 우리들은 이렇게 눈에 보이는 작은 이익 때문에 공동체의 화합을 깨뜨릴 위험을 요구할 때가 있습니다. 우리는 주님께서 무엇을 원하시는 것인지 신중하게 기도하면서 결정을 내려야 합니다. 여호수아와 갈렙의 예시는 현대 약삭빠르게 살아가려고 하는 우리들에게 아주 좋은 귀감이 됩니다.

· 함께 읽어요 : 민수기 32장 12~13절

"12 그러나 그나스 사람 여분네의 아들 갈렙과 눈의 아들 여호수아는 여호와를 온전히 따랐느니라하시고 13 여호와께서 이스라엘에게 진노하사 그들에게 사십 년 동안 광야에 방황하게 하셨으므로 여호와의 목전에 악을 행한 그 세대가 마침내는 다 끊어졌느니라."

정리하는 말

오늘날 신자들이 개인의 이익추구를 위해서라면 절대 양보하지 않는 세상에서 여호수아와 갈렙처럼 온전한 순종으로 살아가기란 참으로 힘든 일입니다. 그러나 우리가 사는 이 세상은 영원한 것이 아니라는 것입니다. 우리의 영원한 기업의 복은 하늘나라의 '영원한 복과 행복'인 줄 아시고 참 생명과 행복을 사모하며 살아가시기 바랍니다.

평가와 결심

1. 어떤 자손이 요단 동편 땅을 먼저 약속 받았습니까?
   (민 32:1, 33, 르우벤 자손과 갓 자손과 므낫세 반 지파)
2. 모세는 그들에게 어떤 예시를 하면서 설득시켰습니까?
   (민 32:8~15, ① 과거 정탐꾼의 보고 ② 갈렙과 여호수아의 예)
3. 두 지파 반의 협상 카드는 무엇이었습니까?
   (민 32:25~32, 요단 건너 남은 땅 정복까지 앞서 가서 싸우겠음)

주간 경건의 시간 <12> · 날마다 말씀과 함께

요일 / 내용	주일/월(Mon)	화(Tue)	수(Wed)	목(Thu)	금(Fri)	토(Sat)
찬송	25동 / 23동	265 / 199	264 / 198	325 / 359	345 / 461	374 / 423
성경	민 29:/민 30:	민 31:	민 32:	민 33:	민 34:	민 35:
적용	신년 제 예물/ 여자 서원 법	미디안 원수 갚음	요단 동편 땅 나눔	요단까지 경로	가나안 경계	레위인 분배 지

* 몸에 맞는 옷을 입기보다는 양심에 맞는 옷을 입으라.

< 레오 N. 톨스토이, 1828~1910, 러시아 작가>

기업의 보증이 되사

찬송 / 435, 436, 456 / 통 492, 493, 509
성경 / **에베소서 1:1-14**
요절 / **에베소서 1:14**
"이는 우리 기업의 보증이 되사 그 얻으신 것을 속량하시고 그의 영광을 찬송하게 하려 하심이라."
목표 / 약속의 성령으로 인 치심으로 기업의 보증이 됨을 감사케 한다.

시작하는 말

세상을 살다보면 생활고에 쪼들리면서 빚을 얻어 살아갈 형편에서 내가 진 빚에 보증을 서 준다는 것은 얼마나 힘이 되는지 모릅니다. 그러나 세상에는 남의 빚보증을 섰다가 망하는 집이 한 둘이 아닙니다.

그러나 우리가 죄인 되었을 때에 우리를 위하여 십자가에서 피를 흘리셔서 대속해 주시고, 우리가 얻은 구원과 영생과 기업에 성령께서 보증이 되신다니 이 얼마나 기쁘고 감사한 일입니까? 사랑하는 여러분! 우리의 구원과 영생에 대한 성령의 보증을 감사하시기 바랍니다.

오늘의 말씀

1. 그리스도에게 속하며 신령한 것들을 값없이 소유하게 됩니다(엡 1:1~3).

우리 신자들의 모든 삶은 세상의 육적인 것만을 소유하고 사는 것이 아닙니다. 하나님의 뜻으로 말미암아 그리스도의 사도된 바울이 에베소에 있는 성도들과 그리스도 예수 안에 있는 신실한 자들에게 편지하면서 이렇게 인사와 문안을 드립니다. 2절을 함께 읽겠습니다. "하나님 우리 아버지와 주 예수 그리스도로부터 은혜와 평강이 너희에게 있을지어다." 그렇습니다. 우리 성도들은 하나님과 주 예수 그리스도의 은혜, 그리고 평강으로 살아가는 것입니다. 은혜(카리스; *Χάρις*)란 하나님께서 예수 그리스도 안에 표현된 그분의 값없이 주시는 자비와 사랑입니다. 평강(에이레네; *εἰρηνη*)은 그리스도의 십자가를 통해 주시는 참된 평안입니다(요 14:26). 사랑하는 여러분! 여러분들의 마음이 받은 은혜와 평강으로 영육 간에 건강하게 살아가시기 바랍니다.

· 함께 읽어요 : 요한복음 14장 26절
"평안을 너희에게 끼치노니 곧 나의 평안을 너희에게 주노라 내가 너희에게 주는 것은 세상이 주는 것과 같지 아니하니라. 너희는 마음에 근심하지도 말고 두려워하지도 말라."

2. 신령한 복을 누리며 찬송하며 살아가시기 바랍니다(엡 1:4~7).

한국교회는 1970년 대 이후 대부분 교회들이 잘못된 기복적 신앙의 형태로 흘러간 것입니다. 이는 양적 성장을 지상목표로 하는 과정에서 두 가지 즉 ① 물질적 축복관과 ② 육체적 축복관으로 잘못된 신앙으로 변질시킨 것입니다. 그 결과 오늘날 많은 대형교회들의 파행적인 운영이 들어나고 있는 것입니다. 너무 비판적으로만 볼 것은 아니지만 그 폐해는 예상 이상으로 큰 것입니다. 예수님께서 오병이어로 5천명을 먹이신 것은 신앙을 통해 물질적 풍요를 얻을 수 있다는 것을 보여준 것이 아니라, 그 속에 담긴 구원의 풍성함을 보여주고자 하신 것입니다. 그래서 떡을 먹고 배부른 자들 곧 음식을 통해 자신을 왕으로 삼으려는 무리들을 떠나셨던 것입니다(요 6:15).

본문에 나오는 '신령한 복'이란 하나님께서 그리스도로 말미암아 주시는 ① 구원의 복이며 ② 그리스도의 평강인 것입니다.

· 함께 읽어요 : 에베소서 1장 6~7절

“6 이는 그가 사랑하시는 자 안에서 우리에게 거저 주시는 바, 그의 은혜의 영광을 찬송하게 하려는 것이라. 7 우리는 그리스도 안에서 그의 은혜의 풍성함을 따라 그의 피로 말미암아 속량 곧 죄 사함을 받았느니라.”

3. 구원의 복음을 듣고 믿어 약속의 성령으로 인치셨습니다(엡 1:8~14).

본문에서 바울은 성도의 새로워진 입장에 대해서 설명합니다. 성도가 하나님의 예정함을 입어 그리스도 안에서 기업이 되었다고 설명합니다. 또한 그러한 일들은 ‘성도로 하여금 그리스도의 영광의 찬송이 되게 하려는 의도’에서 이루어진 일이었다고 설명합니다.

그렇습니다. 성도의 제일의 목적은 ‘하나님을 영화롭게 하는 것’입니다. 그러므로 성도는 항상 경계하여 생활 속에서 그리스도의 영광을 드러내야 합니다. 성도들은 교회와 사회생활을 무론하고 지켜져야 하는 것입니다.

본문 3~14절에서 은혜로운 하나님의 초자연적인 섭리에 대해 일대의 장엄하며 정중한 찬양을 드립니다. 본문 11~12절은 예수 그리스도와 성도와의 관계성과 하나님의 예정에 의해 세상에 오셔서 그 뜻을 이루신 그리스도의 구속 사역에 대해 말합니다. 이것은 그리스도 안에서 주어졌습니다. 이 기업은 전부터 소망하던 것이었습니다(12절). 이 기업은 영광과 찬송의 근거가 됩니다. 우리로 그의 영광의 찬송이 되게 하려 하심입니다.

우리도 그리스도 안에서 진리의 말씀 곧 구원의 복음을 듣고, 그 안에서 믿어 약속의 성령으로 인 치심을 받았습니다. 그러므로 기업의 보증이 되셨으니 감사와 찬송을 드릴 수밖에 없는 것입니다.

· 함께 읽어요 : 민수가 32장 12~13절

“12 그러나 그나스 사람 여분네의 아들 갈렙과 눈의 아들 여호수아는 여호와를 온전히 따랐느니라하시고 13 여호와께서 이스라엘에게 진노하사 그들에게 사십

년 동안 광야에 방황하게 하셨으므로 여호와의 목전에 악을 행한 그 세대가 마침내는 다 끊어졌느니라."

정리하는 말

오늘날 신자들이 개인의 이익추구를 위해서라면 물불을 가리지 않는 형편에서 신자답게 세상을 살아가기란 참으로 힘든 것입니다. 이러한 때 한 가지 꼭 생각해야 될 것은 이 세상은 영원한 것이 아니라는 사실입니다. 우리의 영원한 기업은 이 세상의 물질적인 것보다 천국의 영원한 것이기 때문에 세상의 행복과 족히 비교될 수 없는 행복인 것입니다.

평가와 결심

1. 성령으로 보증한 영원한 기업은 무엇입니까?
   (엡 1:1~3, 그리스도에게 속한 신령한 것을 값없이 소유함)
2. 신령한 복이란 과연 무엇입니까?
   (엡 1:4~7, ① 구원과 영생이며 ② 그리스도의 평강임)
3. 그리스도인의 행복이 확실하다는 것을 무엇으로 압니까?
   (엡 1:8~14, 구원의 복음 듣고, 믿어 약속의 성령으로 인 치심)

주간 경건의 시간 <13> · 날마다 말씀과 함께

요일 / 내용	주일/월(Mon)	화(Tue)	수(Wed)	목(Thu)	금(Fri)	토(Sat)
찬송	145동 / 39동	40 / 43	209 / 247	210 / 245	303 / 403	338 / 364
성경	민 36:/엡 1:	엡 2:	엡 3:	엡 4:	엡 5:	엡 6:
적용	출가자의 유산/ 기업의 보증	죽었던 자 살리심	구원의 경륜의 비밀	성령이 하나 되게 함	범사에 감사	자녀와 부모

* 욕을 하면 욕을 먹는다. <플라우트스, B.C. 244~184, 로마 희극 시인>

4단원 영적 회복의 달

제14과

열리는 영광의 하늘

찬송 / 9, 12, 11 / 통 53, 22, 34
성경 / **에스겔 1:1-25**
요절 / **에스겔 1:28**
"그 사방 광채의 모양은 비 오는 날 구름에 있는 무지개 같으니 이는 여호와의 영광의 형상의 모양이라 내가 보고 엎드려 말씀하시는 이의 음성을 들으니라."
목표 / 성도로서 영적 시력을 회복하고 살아가는 태도를 기른다.

시작하는 말

이번 단원에서는 에스겔서를 통하여 '영적 능력 회복'을 공부하게 됩니다. 에스겔의 예언은 연대기적 순서가 아닌 주제별로 기록되어 있습니다. 에스겔은 이스라엘 백성들을 향하여 가르칠 때, 6장 한 장에서 우상숭배의 근절을 위해 가르치면서 "내가 여호와인줄 알리라"는 말씀을 4번이나 강조하여 가르치고 있습니다(1:6~7, 10, 13~14절). 에스겔은 이스라엘 백성의 영적 시야가 가려져 있음을 한탄하면서 백성들의 영적 눈이 밝아져 영적 시야가 회복되기를 간절히 소원하고 있습니다.

오늘의 말씀

1. 에스겔 선지자는 여호와의 권능을 보았습니다(겔 1:1~14).

에스겔 선지자는 주전 597년 여호야긴 왕과 함께 바벨론에 끌려간지 5년 후, 그의 나이 30세, 즉 제사장으로 임직하는 나이에 선지자로

부름을 받아 여호와의 권능이 그의 위에 임하여 말씀을 선포하게 되었습니다. 예레미야가 유다에서 예루살렘 멸망을 예언하고 있을 때, 에스겔은 이미 포로가 되어 있는 이스라엘 백성들에게 위로의 메시지를 전합니다. 하나님의 연단하심은 에스겔이 하나님이신 것을 알게 하고 나라 안의 우상숭배를 막기 위함이었습니다. 그가 사역을 시작하기 전 여호와 하나님의 엄위하신 모습을 체험하게 됩니다.

· 함께 읽어요 : 에스겔 1장 4절

"내가 보니 북쪽에서부터 폭풍과 큰 구름이 오는데 그 속에서 불이 번쩍번쩍하여 빛이 그 사방에 비치며 그 불 가운데 단 쇠 같은 것이 나타나 보이고"

2. 네 생물의 모습과 천상 세계를 보았습니다(겔 1:4~25).

에스겔의 환상 중에서 구름 가운데 빛은 하나님을, 단쇠는 불꽃같은 하나님의 눈동자를 나타내는 표적들입니다. 구름 가운데 나타난 네 생물의 환상은 각각 사람, 사자, 소, 독수리 형상이었는데, 이 형상들은 흔히 하나님의 속성들을 상징하지만 여기서는 하나님의 보좌 곁에서 수종을 드는 천사들을 가리키는 듯합니다.

생물의 각 형상마다 바퀴가 하나씩 있고, 그 바퀴 안에는 눈이 가득했습니다. 그리고 생물의 그 바퀴 안에 있어(20절) 각 생물이 움직일 때마다 바퀴가 움직였습니다. 이는 하나님께서 자신의 주권적인 섭리로서 인류와 온 우주의 역사를 주관하시는 분임을 상징한다고 할 수 있습니다(욥 11:7~9, 시 104:9~31).

· 함께 읽어요 : 욥기 11장 7~9절

"7 네가 하나님의 오묘함을 어찌 능히 측량하며 전능 자를 어찌 능히 완전히 알겠느냐? 8 하늘보다 높으시니 네가 무엇을 하겠으며 스올보다 깊으시니 네가 어찌 알겠느냐 9 그의 크심은 땅보다 길고 바다보다 넓으시니라."

3. 하늘보좌의 형상과 여호와의 영광의 형상을 보았습니다(겔 1:26~28).

22절 이하에 '궁창'은 하나님의 영광의 보좌가 있는 곳을 암시하며, 생물들의 날개와 그 날개들이 움직일 때 나는 소리들은 하나님께 순종하며 주어진 임무들을 수행하는 모습을 가리킵니다(욥 37:4~5, 40:9, 시 104:7).

에스겔이 본 여호와의 영광의 형상은 사람의 모양 같았는데, 여기서 사람은 성육신하기 이전 성자 하나님을 암시합니다.

에스겔은 빛나는 광채만 보았을 뿐 하나님의 형상을 보지 못했는데(28절), 예수께서는 '나를 본 자는 하나님을 보았다'(요 12:45)고 하셨습니다.

여기서 주목해야 될 것은 에스겔은 영적으로 눈이 먼 유대인들에게 하나님의 품성과 그들에 대한 하나님의 계획을 묘사하는 사명을 받게 된 것입니다. 영안이 열리고 하늘이 열려야 밝히 볼 수 있습니다.

우매 무지한 백성들의 눈을 먼저 영적으로 뜨게 하고, 마음의 눈을 뜨도록 하여 밝히 보고 하나님의 계획하신 뜻을 보여주려고 최선을 다하는 모습이 아름답습니다. 오늘날 영적으로 무지한 사람들이 너무 많습니다. 에스겔은 자신이 먼저 영적 눈을 뜨고, 백성들의 눈을 밝혀 하나님의 인도하심을 깨닫게 하려합니다.

열리는 영광의 하늘의 하나님을 바로 본 자만이 전할 수 있는 것입니다. 사랑하는 여러분! 현대는 물욕에 눈이 멀고 육욕에 감각이 마비 된 자들이 너무 많기에 사회는 혼란스럽고 소경이 소경을 인도하는 꼴이 되고 있습니다. 찬란한 하늘, 영광의 하나님을 밝히 뵈옵고 밝은 영적 눈으로 세상을 바라보면서 온유와 사랑과 치유를 맛보며, 하나님께 영광의 찬양을 드리시기 바랍니다.

· 함께 읽어요 : 에스겔 1장 28절

"그 사방 광채의 모양은 비 오는 날 구름에 있는 무지개 같으니 이는 여호와의 영광의 형상의 모양이라 내가 보고 엎드려 말씀하시는 이의 음성을 들으니라."

정리하는 말

사랑하는 여러분! 오늘 우리들의 신앙생활을 살펴봅시다. 힘들고 어려울 때, 무엇을 보고 의지하고 있습니까? 에스겔 선지자는 포로 되어 간 이스라엘 백성들에게 여호와의 권능을 체험하고 천상의 네 생물의 모습과 보좌의 형상, 그리고 천상의 세계와 여호와의 영광의 형상을 보고서 절망에 빠진 백성들을 위로하는 메시지를 전합니다. 여러분! 영적 시력을 회복하고 영적침체의 늪에서 헤쳐 나오기를 바랍니다.

평가와 결심

1. 에스겔 선지자가 본 첫 번째 모습은 무엇이었습니까?
   (겔 1:1, 여호와 하나님의 권능을 봄)
2. 에스겔 선지자가 본 두 번째 모습은 무엇이었습니까?
   (겔 1:4~25, 네 생물의 모습과 천상의 세계)
3. 에스겔 선지자가 본 세 번째 모습은 무엇이었습니까?
   (겔 1:26~28, 보좌의 형상과 여호와의 영광의 형상)

주간 경건의 시간 <14> · 날마다 말씀과 함께

요일 / 내용	주일/월(Mon)	화(Tue)	수(Wed)	목(Thu)	금(Fri)	토(Sat)
찬송	73동 / 21동	363/ 479	374/ 423	69 / 33	79 / 40	375/ 421
성경	겔 1: / 겔 2:	겔 3:	겔 4:	겔 5:	겔 6:	겔 7:
적용	여호와의 보좌/ 에스겔의 소명	파수꾼 에스겔	예루살렘 성곽	머리털과 수염	우상숭배 심판	이스라엘의 종말

* 죄를 범한 후에 지나친 변명을 하는 것보다 진실한 참회의 눈물을 흘리는 것이 낫다. <토머스 아켐피스, 1380~1471, 독일 학자 성직자>

주의 신이 나를 들어

찬송 / 195, 151 92/ 통 175, 138, 97
성경 / **에스겔** 11:1-25
요절 / **에스겔** 11:20
"내 율례를 따르며 내 규례를 지켜 행하게 하리니 그들은 내 백성이 되고 나는 그들의 하나님이 되리라."
목표 / 하나님의 백성에게는 여호와 하나님의 회복이 있음을 이해한다.

시작하는 말

하나님께서는 이스라엘 백성들을 징벌하시는 가운데에서도 다윗과의 약속대로 유다지파를 남기셔서, 바벨론 포로 가운데 두셨다가 그들에게 절망 가운데 소망을 주십니다. 하나님은 자기 백성에게 영원히 노하지 않으십니다. 하나님께 순종하고 돌아오는 자들에게 구원을 베풀어 주십니다. 그들이 지금은 바벨론 포로로 있지만 자비의 손길로 그들을 구원하셔서 고국으로 돌아오게 하실 것입니다. 포로생활을 끝내고 돌아오는 백성들에게 위로하고 '회복의 약속'을 해 주신 것입니다. 여러분! 우리의 '회복'을 위해 여호와 하나님께 기도하시기 바랍니다.

오늘의 말씀

1. 불의한 유다 권력자들에 대한 심판과 징벌을 전합니다(겔 11:1~13).

환상 중에 에스겔은 주의 신에 이끌려 예루살렘 동문, 곧 동향한 문으로 가니 유다 민족의 불의한 지도자 25인이 모여 악한 꾀를 베풀고 있었습니다. 그들의 실상을 보여주면서 그들의 헛되고 완악한 생각을 쳐서 예언하라는 것입니다. 하나님께서는 악한 생각을 가진 이스라엘 족속을 심판하기 위해 그들을 적군의 손에 붙이고, 방백들을 국경에서 칼로 죽일 것임을 선포합니다. 지도자들은 인권을 탄압했습니다. 하나님은 그들을 심판하기로 작정하셨습니다. 그들은 더 이상 보호 받을 수 없었습니다. 이에 에스겔은 하나님께 탄원의 호소를 드립니다.

· 함께 읽어요 : 에스겔 11장 12절

"너희는 내가 여호와인 줄 알리라 너희가 내 율례를 행하지 아니하며 규례를 지키지 아니하고 너희 사방에 있는 이방인의 규례대로 행하였느니라하셨다 하라.

2. 하나님은 이스라엘의 회복을 말씀합니다(겔 11:14~21).

하나님은 환상을 통하여 예루살렘 잔류 민들이 바벨론에 포로 된 동족들에 대하여 어떻게 생각하고 있는지를 에스겔에게 알리시고, 앞으로 바벨론 포로에 대한 하나님의 계획을 말씀해 주셨습니다. 예루살렘에 잔류한 자들은 바벨론에 포로로 잡혀간 동족들에 대하여, 침략자들에게 굴복한 변절자들로 간주하여 종교적, 국민적 권리를 박탈했습니다(15절). 그들은 하나님께서 예루살렘에만 계시는 줄로 알고 있었습니다. 그러나 하나님은 유다 백성들이 범죄 하여 사로잡혀 포로가 되었지만, 포로가 된 그곳에서도 그들의 성소가 되어 그들과 함께 계시겠다고 말씀합니다(16절). 그리고 70년 후에 흩어버린 그들을 다시 모아 이스라엘 땅을 주리라(17절)는 말씀입니다. 하나님께서 그들에게 한 마음을 주고 그 속에 새 영을 주며, 그 몸에서 돌 같은 마음을 제거하고 부드러운 마음을 주리라는 것입니다(19절). 그들은 하나님의 백성이 되고 여호와는 그들의 하나님이 되리라는 것입니다(20절). 우리 믿음의 사람들에게도 이런 사랑과 긍휼의 약속이 주어져 있음을 기뻐하시기 바랍니다. 할렐루야!

· 함께 읽어요 : 에스겔 11장 19~20절

"19 내가 그들에게 한 마음을 주고 그 속에 새 영을 주며 그 몸에서 돌 같은 마음을 제거하고 살처럼 부드러운 마음을 주어 20 내 율례를 따르며 내 규례를 지켜 행하게 하리니 그들은 내 백성이 되고 나는 그들의 하나님이 되리라."

3. 에스겔은 여호와의 계시를 포로 된 백성에게 고했습니다(겔 11:22~25)

본문에 25절을 함께 읽겠습니다. "내가 사로잡힌 자에게 여호와께서 내게 보이신 모든 일을 말 하니라." 본장의 내용을 보면 첫째는 예루살렘에 남아있는 자들은 자기들이 결코 멸망치 않으리라 생각하고 있었는데, 이러한 교만에 차있는 자들에 대한 진노의 메시지이며(1~13절). 둘째는 바벨론 포로들이 좌절하고 실망하여 다시는 예루살렘에 돌아갈 수 없으리라 낙심한 데 대해, 70년 후엔 반드시 고향으로 돌아가리라는 약속과 희망의 메시지입니다. 이것은 환상 중에 여호와께 받은 계시입니다. 에스겔은 그 계시를 책으로 써서 에스겔서를 만들었습니다. 모세의 경우는 하나님께서 친히 쓰신 십계명의 두 돌 판을 받기도 하고, 받은 계시를 책으로 써서 백성들을 가르쳤습니다.

신약 예수님 당시에는 예수 그리스도 자신이 하나님의 말씀이셨습니다. 예수님의 말씀과 삶 하나하나가 다 하나님의 계시인 것입니다.

구약 성도들은 율법과 선지자들을 통하여 하나님의 말씀을 간접적으로 받았다면, 신약 성도들은 하나님이신 예수님 자신의 입으로부터 직접 하나님의 말씀을 들을 수 있는 축복을 누린 것입니다. 오늘날 성도들이 계시를 받는 방법은 오늘날의 성도들에게는 성경만이 유일한 계시의 원천입니다. 만약 누가 환상과 꿈으로 계시를 받았다 해도, 그것은 성경이 말하고 있는 범위 안에서일 뿐입니다.

· 함께 읽어요 : 에스겔 11장 25절

"내가 사로잡힌 자에게 여호와께서 내게 보이신 모든 일을 말 하니라."

정리하는 말

사랑하는 여러분! 포로 된 이스라엘 백성들과 함께 고난과 역경을 함께 하고 있는 에스겔 선지자를 통하여 주신 계시는 이스라엘 백성들에게 현재의 고통과 고생을 이겨낼 수 있는 하나님의 위로의 메시지였습니다. 오늘 여러분들이 변화무쌍한 세상에서 주시는 생생한 계시는 꿈과 환상을 통한 것보다는 하나님의 말씀을 통하여 주시는 위로와 평안입니다. 여러분! 하늘에 속한 성도로서 최상의 위로와 평안을 누리시기 바랍니다.

평가와 결심

1. 에스겔이 환상을 통해 보여준 첫째 계시는 무엇입니까?
   (겔 11:1~13, 불의한 유다 권력자들에 대한 심판과 징벌)
2. 에스겔이 환상을 통해 보여준 두 번째 계시는 무엇입니까?
   (겔 11:14~21, 포로 된 그곳에서도 성전이 되시고 이스라엘의 회복시키겠다)
3. 에스겔이 받아 전한 위로의 계시는 무엇이었습니까?
   (겔 11:16~20, 흩었으나 다시 회복시켜 고향으로 돌아오게 하겠다)

주간 경건의 시간 <15> · 날마다 말씀과 함께

요일 / 내용	주일/월(Mon)	화(Tue)	수(Wed)	목(Thu)	금(Fri)	토(Sat)
찬송	93동/ 37동	331 / 375	333 / 381	345 / 461	366 / 485	380 / 424
성경	겔 8:/겔 9:	겔 10:	겔 11:	겔 12:	겔 13:	겔 14:
적용	우상숭배/분노를 쏟으심	예루살렘 떠난 영광	예루살렘 심판 받음	포로가 될 것	거짓 선지자종말	우상숭배 심판

* 어떤 처절한 복수나 지옥도 악한 정신보다 더 강렬한 고통을 주지 못한다.
<존 드라이든, 1631~1700, 영국 시인, 작가>

너희는 돌이켜 회개하라

찬송 / 259, 260, 264 / 통 193, 194, 198
성경 / **에스겔 18:19-32**
요절 / **에스겔 18:22**
"그 범죄 한 것이 하나도 기억함이 되지 아니하리니 그가 행한 공의로 살리라."
목표 / 하나님의 백성은 회개함과 공의로 회복이 되어짐을 알게 한다.

시작하는 말

하나님께서는 우리를 그 죄악에 따라 심판하시되 공평하게 심판하실 것임을 말씀하십니다. 더욱 하나님께서 심판하시기 전에 악인이라도 돌이켜 회개하기를 그 마음에 원하시며, 한 사람의 회개라도 기뻐 받으실 것임을 말씀하고 계십니다. 반면에 의인이라도 돌이켜 그 의에서 떠나 범죄하고, 악인이 행하는 모든 가증한 일을 행하게 되면 죽게 될 것임을 경고하고 계십니다(24절). 하나님은 사랑의 하나님이며 또한 공의로우신 하나님이심을 꼭 기억하시기 바랍니다.

오늘의 말씀

1. 누구든지 자기의 죄는 자기가 담당해야 합니다(겔 18:19~22).

첫째, 의인은 생명을 얻습니다. 법과 의를 행하며 여호와의 모든 율례를 지킨 자는 그 아비가 범죄 하였더라도 살 것임을 말씀하셨습니다

(19절). 악인의 마음은 교만하여 정직하지 못하나 의인은 오직 하나님께 대한 믿음으로 말미암아 구원함을 얻게 됩니다(합 2:4).

둘째, 죄인은 사망에 이르게 됩니다. 사람은 자신의 욕심에 이끌려 스스로 죄인이 되고 그로 인하여 결국 사망에 이르게 됨을 교훈하고 있습니다. 범죄 하는 영혼은 죽을 것임을 말씀하고 있습니다.

· 함께 읽어요 : 에스겔 18장 20절
"20 범죄 하는 그 영혼은 죽을지라. 아들은 아버지의 죄악을 담당하지 아니할 것이요 아버지는 아들의 죄악을 담당하지 아니하리니 의인의 공의도 자기에게로 돌아가고 악인의 악도 자기에게로 돌아가리라."

2. 하나님은 회개를 권고하십니다(겔 18:21~24).

하나님은 죄인의 회개를 기뻐하십니다. 하나님은 언제나 마음을 열고 계시며 죄인이 회개하여 돌이키도록 권고하십니다. 주님은 돌이켜 회개한 자의 죄가 아무리 더러울지라도 깨끗케 하실 것이며, 주님의 얼굴을 죄인에게서 돌이키지 않으시고 영영히 기억하실 것입니다. 또한 회개하여 하나님의 모든 율례를 지키고 법과 의를 행하면, 정녕 살고 죽지 아니하며 그 범죄 한 것은 기억하지 않으십니다(22절).

하나님은 의인의 행악을 심판하시는 공평하신 분이십니다. 죄인이 돌이켜 회개하면 하나님 앞에 기쁨이 되지만, 의인이 돌이켜 하나님을 배반하여 범죄하고 행악하면, 하나님은 그로 하여금 그 지은 죄와 허물로 인하여 죽일 것임을 말씀하십니다(24절). 하나님의 심판과 규례는 공의로우며 공평하십니다. 하나님께서는 이에 반발하는 이스라엘 백성에게 자신들에게 공평하지 않은 생각과 판단으로 오류를 행하고 있음을 거듭하여 지적하고 계십니다(25, 29절).

· 함께 읽어요 : 이사야 1장 18절
"여호와께서 말씀하시되 오라 우리가 서로 변론하자 너희의 죄가 주홍 같을지라도 눈과 같이 희어질 것이요 진홍 같이 붉을지라도 양털 같이 희게 되리라."

3. 돌이켜 회개하여 새 생명을 얻으라고 권고하십니다(겔 18:30~32).

본문 30절을 함께 읽겠습니다. "주 여호와의 말씀이니라. 이스라엘 족속아 내가 너희 각 사람이 행한 대로 심판할지라. 너희는 돌이켜 회개하고 모든 죄에서 떠날지어다. 그리한즉 그것이 너희에게 죄악의 걸림돌이 되지 아니하리라." 그렇습니다. 회개하여 모든 죄에서 떠나면 죄악이 그를 패망케 하거나 사망으로 이끌지 못합니다. 예수께서 당시의 위정자와 종교가, 즉 제사장, 서기관, 바리새인, 세리나 할례를 받은 자나 받지 아니한 자나 남녀노소 부귀빈천 각계각층의 사람들에게 대하여 하신 말씀입니다. 그뿐만 아니라, 지금도 여전히 당신의 남녀종들을 향하여 '회개하라'고 외치시고 계십니다. 그 당시 유대나라에서였지만 지금은 세계만방 모든 인류를 향하여 회개하라고 돌아오라고 하십니다.

회개는 구원으로 들어가는 초보 단계입니다. 그러므로 개인적으로나 가정, 국가적, 민족적으로나 막론하고 회개가 필요한 것입니다. 죄악으로 망하고 부서진 영혼이나 육체들이 회개를 통하여서 생명의 호흡을 시작하게 되는 것입니다. 그러므로 세례 요한은 광야에서 '회개하라 천국이 가까웠다'라고 외쳤고, 예수 그리스도께서도 복음을 전파하기 시작하실 때에 먼저 '회개하라'고 외치셨던 것입니다. 사랑하는 여러분! 여러분들의 마음이나 생각, 행동에서 회개를 통하여 새로운 생명으로 태어나기를 간절히 소원합니다.

· 함께 읽어요 : 에스겔 18장 31절

"너희는 너희가 범한 모든 죄악을 버리고 마음과 영을 새롭게 할지어다. 이스라엘 족속아 너희가 어찌하여 죽고자 하느냐 32 주 여호와의 말씀이니라. 죽을 자가 죽는 것도 내가 기뻐하지 아니하노니 너희는 스스로 돌이키고 살지니라."

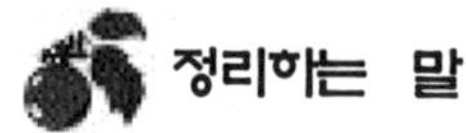

정리하는 말

사랑하는 여러분! 교회에 나오시면서 가장 듣기 거북한 말씀이 '회개하라'는 말씀일 것입니다. 그러나 누구나 거부감이 드는 말이지만 '회개'라는 말처럼 중요한 말이 없습니다. 입에 쓴 것이 약이 되듯이 쓴 소리가 영혼에 약이 되고 생명을 주는 것이며 회복의 지름길입니다. 회개는 심령의 변화를 가져오는 동시에 외부에 나타나는 실행의 열매가 있어야 합니다. 여러분들의 삶이 회개의 결단으로 생명의 열매를 맺으시기 바랍니다.

평가와 결심

1. 에스겔 선지자가 주는 오늘의 첫째 권고가 무엇입니까?
   (겔 18:19~22, 자기의 죄는 자기가 감당해야 합니다)
2. 에스겔을 통해 주시는 두 번째 하나님의 권고가 무엇입니까?
   (겔 18:23~18, 회개를 권고하십니다)
3. 선지자를 통해 주시는 하나님의 궁극적인 의도가 무엇입니까?
   (겔 18:30~32, 회개하여 새 생명을 얻으라는 것입니다)

주간 경건의 시간 <16> · 날마다 말씀과 함께

요일 / 내용	주일/월(Mon)	화(Tue)	수(Wed)	목(Thu)	금(Fri)	토(Sat)
찬송	21동 / 37동	32/ 48	34/ 45	151 / 138	298 / 35	295 / 417
성경	겔15: / 겔16:	겔 17:	겔 18:	겔 19:	겔 20:	겔 21:
적용	땔감 같은 주민/ 가증함	독수리와 포도나무비유	아비의 죄악 아들의 의	애가	하나님의 뜻	여호와의 칼

* 후회란 천국을 바라보면서 지옥을 느끼는 것이다.

< 토머스 무어, 1779~1852, 아일랜드 시인 >

불의가 들어났도다!

찬송 / 204, 196, 197 / 통 379, 174, 178
성경 / **에스겔 28:1-19**
요절 / **에스겔 28:15**
"네가 지음을 받던 날로부터 네 모든 길에 완전하더니 마침내 네게서 불의가 들어났도다."
목표 / 성도가 악한 세상에서 회복되는 길은 불의에서 벗어나야 함을 알게 한다.

시작하는 말

본문은 하나님께서 에스겔을 통하여 계속되는 두로에 대한 죄악상을 꾸짖고 결국에는 그 물질 주의적인 삶으로 인해 수치와 파멸을 당할 것을 예언한 내용입니다. 나라 군주의 과신과 권력, 불의의 남용으로 지은 죄에 대한 징벌에 대한 예언입니다. 하나님은 두로 왕이 자신의 재물과 지혜로 교만하여져서 자신을 신격화했기 때문에 장차 다른 나라의 군대로 쳐서 멸하시겠다는 것입니다. 이 말씀은 지금 바로 저와 여러분들에게 주시는 심중(深重)한 메시지이기도 한 것입니다.

오늘의 말씀

1. 두로 왕의 죄악을 지적합니다(겔 28:1~3).

두로 왕은 스스로 하나님으로 여겼습니다. 그는 스스로 '나는 신이라'(2절)고 했습니다. 에스겔 당시 두로의 왕은 '에토바알'이었습니다. 즉 두로와 시돈의 지역에서 섬기던 '탐욕과 교만의 신'이며, 바알의 추종자였던 것입니다. 왜냐하면, 그가 이세벨의 후손으로서 우상 숭배의 피가 흐르고 있었기 때문입니다. 이세벨의 교만과 탐욕을 본받아 하나님의 성호를 모독했던 것입니다(왕상 18:13, 20).

하나님의 자리에 앉은 자로 여겼습니다(2절). 바다 중심, 즉 하늘 보좌의 중심에 앉았다고 자랑하였습니다. 바벨론은 B.C. 585-572년 까지 13년 동안 두로를 공격했으나 두로 만큼은 함락시키지 못했기에 교만해졌습니다. 우리 인간들에게는 누구나 두로 성이 있습니다. 물질이나 재능, 돈과 권력 같은 것들이 교만, 방자하도록 만들 수 있습니다.

· 함께 읽어요 : 에스겔 28장 17절
"네가 아름다우므로 마음이 교만하였으며 네가 영화로우므로 네 지혜를 더럽혔음 이여, 내가 너를 땅에 던져 왕들 앞에 두어 그들의 구경거리가 되게 하였도다."

2. 두로 왕의 어리석음을 지적합니다(겔 28:4~6)

두로 왕은 물질만 아는 어리석음입니다(4절). 하나님은 그의 지혜는 물질만 밝히는 어리석음이라고 지적하셨습니다. 두로 왕의 지혜는 '재물을 얻는 길'과 재물을 저축하는 방법만을 아는 '땅의 지혜'만을 소유했습니다. 우리 인생에게는 하나님을 아는 '하늘의 지혜'가 필요한 것입니다. 그는 물질을 우상화한 어리석음입니다. 하나님께서는 두로 왕이 '그 재물로 인하여 네 마음이 교만해진 것'(5절)을 지적하셨습니다. 하나님의 진리와 의가 결여된 '인생의 부'는 모래성에 불과하며 결국 독약과 같은 것입니다.

· 함께 읽어요 : 야고보서 5장 5절
"너희가 땅에서 사치하고 방종하여 살육의 날에 너희 마음을 살찌게 하였도다."

3. 두로 왕에게 임할 심판입니다(겔 28:7~10).

사랑하는 여러분! 두로 왕의 결말을 보면서 세상 지혜의 어리석음을 깨달아야 합니다. 본문에서 두로 왕의 어리석음과 하나님의 심판을 보면서 세상 지혜의 허무함을 깨달으시기 바랍니다.

첫째, 그의 어리석음이 들어났습니다(7-8절).

7절을 함께 읽겠습니다. "그런즉 내가 이방인 곧 여러 나라의 강포한 자를 거느리고 와서 너를 치리니 그들이 칼을 빼어 네 지혜의 아름다운 것을 치며 네 영화를 더럽히며", 느브갓네살이 13년 동안 에워싸고도 정복하지 못했기에 두로 왕이 자랑하던 난공불락의 요새지인 '두로 섬'도 결국 B. C. 333년 마케도니아의 알렉산더 대왕에게 함락되었습니다. 알렉산더는 바다에 약 300m의 제방을 쌓는 방법으로 두로 성을 함락시켰던 것입니다.

둘째, 그의 허식이 드러났습니다(9-10절). 하나님께서는 두로 왕으로 하여금 매우 수치스러운 죽음을 당하게 하심으로써 그가 신이 아니라 죄인 중의 하나라는 것을 드러내셨습니다. 두로 왕의 마음에 내재하던 죄악의 속성은 곧 사단의 세력과 다름이 없습니다.

두로 왕에게 건강과 재산 등을 주셨건만 불의한 죄가 그 속에 들어와 비참하게 되었다는 것입니다. 하나님께서는 에덴에 아주 아름다운 세상을 창조하셨습니다. 그러나 피조물들이 하나님보다는 '죄'를 더 사랑하기 때문에 세상의 질서는 파괴되고 다가오는 모든 세대가 죄의 영향 하에 놓이게 되었던 것입니다. 그래서 인간의 심성에 내재한 죄에 대한 부패성과 집착력 때문에 죄 성을 벗어나지 못하고 죄악의 사슬에 매이게 되는 것입니다.

죄악의 사슬은 인간의 자력으로 도저히 해결해 낼 수 없습니다. 인간의 선행으로 자신을 구원하지 못하는 것처럼 말입니다.

· 함께 읽어요 : 로마서 3장 23절, 로마서 1장 17절

"23 모든 사람이 죄를 범하였으매 하나님의 영광에 이르지 못하더니"

"17 복음에는 하나님의 의가 나타나서 믿음으로 믿음에 이르게 하나님 기록 된 바 오직 의인은 믿음으로 말미암아 살리라 함과 같으니라."

정리하는 말

오늘날 인생이 죄악의 사슬에서 벗어나려고 사력을 다해 애써도 안 된다는 한계성과 무력함에 봉착해 있습니다. 21세기 찬송가 544장 찬송가의 가사처럼 '울어도 못하네. 눈물 많이 흘려도, 힘써도, 참아도 못하는 것'이 죄의 문제입니다. 그러나 하나님의 아들이신 예수 그리스도께서 십자가에서 흘리신 보혈을 믿기만 하면, 그 은혜를 힘입고 영원한 삶을 얻는 줄 믿으시기 바랍니다. 여러분! 가슴이 답답하고, 열심히 해도 일은 풀려지지 않고, 고달프기만 합니까? 예수님의 보혈로 씻음 받고, 믿음으로 영적 소성함으로 고달픈 인생까지 회복 받으시기 바랍니다.

평가와 결심

1. 두로 왕에 대하여 첫째 무엇을 지적합니까?
   (겔 28:1~3, 두로 왕의 죄악을 지적함)
2. 두로 왕에 대하여 둘째 무엇을 지적합니까?
   (겔 28:4~5, 두로 왕의 어리석음을 지적함)
3. 두로 왕의 무엇을 지적하고 결과는 무엇입니까?
   (겔 28:7~10, 두로 왕의 ①어리석음 ②허식의 결과는 ③심판)

주간 경건의 시간 <17> · 날마다 말씀과 함께

요일 / 내용	주일/월(Mon)	화(Tue)	수(Wed)	목(Thu)	금(Fri)	토(Sat)
찬송	21동 /145동	216 / 356	215 / 354	212 / 347	209 / 247	204 / 379
성경	겔 22:/겔23:	겔 24:	겔 25:	겔 26:	겔 27:	겔 28:
적용	예루살렘의 벌/딸들을 심판	녹슨 가마 예루살렘	암몬이 받을 심판	두로가 받을 심판	두로에 대한 애가	두로 왕을 심판

* 무덤에서는 후회할 수 없다. <미상>

제18과

내가 목자가 되리라

찬송 / 93, 182, 251 / 통 93, 169, 137
성경 / **에스겔 34:1-31**
요절 / **에스겔 34:15**
"내가 친히 내 양의 목자가 되어 그것들을 누어있게 할지라. 주 여호와의 말씀이니라."
목표 / 가정의 모든 일원이 하나님을 목자로 삼고 살아가는 태도를 기른다.

시작하는 말

이번 단원에서는 에스겔서를 통하여 '가족사랑'에 대하여 공부하게 됩니다. 하나님께서 정부, 교회, 가정이란 기관을 두셨는데, 이중 가정은 가장 친밀하게 우리 가까이에 있습니다. 그러면서도 우리는 가족들에게 위로 받지 못하고 사랑의 굶주림으로 피폐해져 가고 있습니다.

본문에서 거짓 목자들을 징계하시고 심판하신다는 말씀을 하신 후에 친히 하나님께서 그 백성의 목자가 되시겠다고 하십니다. 주님은 가정의 목자가 되셔서 사랑과 위로를 주시는 분이심을 알아야 합니다.

오늘의 말씀

1. 흩어진 양을 찾으시는 목자 하나님이십니다(겔 34:11).

시편 23편 말씀은 우리 성도들이 늘 애송하며 암송하는 성경구절 중에 하나입니다. 목동이며 시인이었던 다윗은 "[1]여호와는 나의 목자 시니 내게 부족함이 없으리로다. [2]그가 나를 푸른 풀밭에 누이시며 쉴만한 물 가로 인도하시는 도다."라고 노래합니다. 본문에는 이스라엘의 목자 되신 여호와께서 자기 백성을 '모아 그 본토로 데리고 가서 이스라엘 산 위에와 시냇가에 와 그 땅 모든 거주지에서 먹이신다"고 하셨습니다. 바벨론 포로생활 가운데서 다시 고토로 이끌어내어 안아 주시고 위로해 주신다는 참으로 반가운 말씀입니다.

· 함께 읽어요 : 에스겔 34장 11절
"주 여호와께서 이같이 말씀하셨느니라. 나 곧 내가 곧 양을 찾되"

2. 구원해 주시는 목자이신 하나님이십니다(겔 34:12, 16).

12절을 함께 읽겠습니다. "목자가 양 가운데에 있는 날에 양이 흩어졌으면 그 떼를 찾는 것 같이 내가 내 양을 찾아서 흐리고 캄캄한 날에 그 흩어진 모든 곳에서 그것들을 건져낼지라." 흐리고 캄캄한 날은 고통과 환난의 날입니다. 이런 환난의 날에 하나님은 당신의 이름을 부르는 자들을 구원하실 것입니다. 하나님께서는 회개하는 자의 기도를 들어 주시고 믿는 자의 기도를 들어주심으로 구원해 주시는 것입니다.

여호와는 상한 자를 치료해 주시는 분이십니다(출 15:26). 영혼의 병과 육체의 병을 다 함께 치료하시는 사랑의 하나님이십니다.

가정에서 가장(家長)의 역할은 바로 사랑의 목자이신 하나님의 사랑과 용서의 모습을 보여주어야 하는 것입니다. 그럴 때 믿음의 계보가 흔들리지 않고 이어지는 것입니다. 하나님의 인자하심과 사랑을 보여주는 부모님을 만난 자녀들은 행복한 것입니다(요 10:14~15).

· 함께 읽어요 : 요한복음 10장 14~15절
"14 나는 선한 목자라 나는 내 양을 알고 양도 나를 아는 것이 15 아버지께서 나를 아시고 내가 아버지를 아는 것 같으니 나는 양을 위하여 목숨을 버리노라."

3. 인도해 주시는 목자로서의 하나님이십니다(겔 34:13~14).

첫째, 좋은 우리로 인도하시는 목자이십니다.

14절을 함께 읽겠습니다. "좋은 꼴을 먹이고 그 우리를 이스라엘 높은 시온 산에 두리니, 그것들이 그 곳에 있는 좋은 우리에 누워 있으며 이스라엘 산에서 살진 꼴을 먹으리라." 이스라엘 백성들에게 있어서 가장 좋은 곳은 고국인 유다일 것입니다. 자기 나라보다 살기 좋은 나라가 이 세상에 없습니다. 왜냐하면 거기에는 자유가 있기 때문입니다. 양들에게 있어서 가장 좋은 우리는 자기가 임무를 수행하는 장소이며, 나중에 주님께서 예비하신 보다 더 좋은 하늘의 집 천국으로 인도해 주시는 것입니다.

둘째, 좋은 초장으로 인도하시는 목자이십니다.

요한복음 10장 9절에는 예수님께서 "내가 문이니 누구든지 나로 말미암아 들어가면 구원을 받고 또는 들어가며 나오며 꼴을 얻으리라"고 하였습니다. 구약에서 여호와께서 그들의 목자가 되십니다. 신약에서 하나님의 아들이 오셔서 그 백성들의 목자가 되십니다. 이스라엘 백성들에게 있어서의 '좋은 꼴'은 율법입니다. 신약에서 좋은 꼴은 예수님의 말씀입니다. 곧 하나님의 말씀의 꼴인 것입니다. 모든 인간 세상에 '좋은 꼴'은 '복음'입니다. 예수 그리스도는 인생들에게 '복음 중의 복음'입니다. 결론적으로 성도들에게 있어서의 '좋은 꼴'은 신 · 구약 성경 말씀입니다. 행복한 가정에서 가장(家長) 들은 자녀들을 하나님의 말씀으로 가르치고, 위로하며 영적 양식을 식탁마다 공급해 주는 권위를 회복해야 합니다.

사랑하는 여러분! 하나님께서 에덴에서 창조해 주신 '가정'을 통하여 가정마다 행복을 창조하며 살아가시기를 바랍니다. 가족들을 사랑해 주세요. '가족사랑의 달' 뿐만 아니라 지구가 존재하는 그날까지 자녀들을 껴안아 주고 사랑해 주기를 바랍니다. 그러면 자녀가 탈선하지 않습니다.

· 함께 읽어요 : 에스겔 34장 16절

"그 잃어버린 자를 내가 찾으며 쫓기는 자를 내가 돌아오게 하며 상한 자를 내가 싸매 주며 병든 자를 내가 강하게 하려니와 살진 자와 강한 자는 내가 없애고 정의대로 그것들을 먹이리라."

정리하는 말

사랑하는 여러분! 가정은 사랑의 목자와 양의 행복한 관계가 회복되고 지속되어야 합니다. 하나님을 목자로 모신 가정은 정말 행복합니다. 날마다 우리에게 '선한 목자'가 되셔서 필요를 따라 모든 문제들을 해결해 주시는 하나님께 날마다 순간순간마다 감사하시기 바랍니다.

평가와 결심

1. 목자가 되신 하나님의 첫째 사역이 무엇입니까?
   (겔 34:11, 흩어진 자들을 모아 회복시키심)
2. 목자가 되신 하나님의 두 번째 사역이 무엇입니까?
   (겔 34:12, 16, 영육 간 치유하시고 구원하심)
3. 목자가 되신 하나님처럼 가장이 해야 될 일이 무엇입니까?
   (겔 34:13~14, 권위 회복하여 좋은 우리, 좋은 초장으로 인도해야 함)

주간 경건의 시간 <18> · 날마다 말씀과 함께

요일 / 내용	주일/월(Mon)	화(Tue)	수(Wed)	목(Thu)	금(Fri)	토(Sat)
찬송	91동/ 37동	374 / 423	375 / 421	407 / 465	408 / 466	447 / 448
성경	겔29:/겔30:	겔 31:	겔 32:	겔 33:	겔 34:	겔 35:
적용	한 뿔 /애굽의 파멸	백향목 같은 애굽	애굽의 죽음	파수꾼의 나팔	너의 목자 되리라	에돔에 대한 재앙

* 가정은 모든 다른 제도들의 중간 역할자이다.

<에드윈 헙벨 채핀, 1814~1867, 영국 목회자>

너희 위에 많게 하리니

찬송 / 457, 458, 459 / 통 510, 513, 514
성경 / **에스겔 36:6-15**
요절 / **에스겔 36:10**
"내가 또 사람을 너희 위에 많게 하리니 이들은 이스라엘 온 족속이라 그들을 성읍들에 거주하게 하며 빈 땅에 건축하게 하리라."
목표 / 온 가족이 하나님의 '많게 하리라'는 약속을 붙들고 살아가게 한다.

시작하는 말

분문에서는 이스라엘의 회복을 선포하십니다. 이스라엘이 비록 이방 족속에게 수치를 당하지만 이스라엘 본토를 회복하게 될 것이며, 황폐케 된 땅을 다시 재건하고 가나안 땅이 이전처럼 사람과 짐승으로 가득 차게 될 것입니다. 오늘날 가정은 국가적인 산아제한정책으로 인구가 줄어드는데다가 가정경제를 내세워 하나만 낳아 잘 기르자는 가정들 때문에 문제입니다. 인구가 줄어들어 문을 닫은 초등학교들이 많습니다. 많이 낳아 가정을 복음화 시켜 믿음의 가문을 이어가기를 바랍니다.

오늘의 말씀

1. 하나님께서는 첫째, 땅과 민족을 회복시키십니다(겔 36:6~11).

본문은 유다의 회복을 약속하시는 하나님의 말씀입니다. 그것은 축복과 은총의 선언이십니다. 이스라엘 백성들이 포로로 잡혀 열방으로 흩어졌던 기간(70년) 동안 유다 땅은 황폐해 있었습니다(대하 36:21). 이제 저주의 기간이 끝났습니다. 하나님께서는 창조 때처럼 땅이 먼저 복을 받아 식물이 자라고, 초목이 무성하도록 하실 것입니다.

사람이 하나님께로부터 복을 받으니 초목은 풍성한 과실을 맺게 되고, 사람이 은혜를 받게 되니 땅도 복을 받아 회복되는 것입니다.

창세기에서 약속하신 번성케 하시는 복이 임하니 초장에 짐승 떼가 천천만만을 이룹니다. 땅의 소산물이 풍성하매 인생들은 하나님께서 주시는 복으로 성마다 사람이 넘쳐나고, 민족이 회복되는 것입니다.

· 함께 읽어요 : 에스겔 36장 11절

"내가 너희 위에 사람과 짐승을 많게 하되 그들의 수가 많고 번성하게 할 것이라 너희 전 지위대로 사람이 거주하게 하여 너희를 처음보다 낫게 대우하리니 내가 여호와인 줄을 너희가 알리라.

2. 하나님께서는 둘째, 평안과 영광을 회복하십니다(겔 36:12~15).

12절 말씀을 함께 읽겠습니다. "내가 사람을 너희 위에 다니게 하리니 그들은 내 백성 이스라엘이라 그들은 너를 얻고 너는 그 기업이 되어 다시는 그들이 자식들을 잃어버리지 않게 하리라." 하나님께서 허락하신 약속의 땅을 되찾게 되리라는 것입니다. 그 기업의 땅으로 다시 돌아왔으며, 그리고 그 땅이 기업의 땅이 되기 위해서 평화와 안녕이 거기에 충만하게 될 것입니다. '백성을 삼킨 땅'(13, 14절)이 이제는 은혜와 축복의 땅으로 바뀔 것입니다.

15절 말씀을 보세요. 하나님께서는 그 백성 이스라엘을 회복시키시되 만민의 비방을 다시 받게 하지 않겠다고 하십니다. 옛날에 열국으로부터 침략을 당하여 약탈당하고 포로로 잡혀갔던 수욕을 다시는 당하지 않게 하실 것이라는 이 말씀은 유다 백성들이 그 실추되었던 명예와 영광을 다시 찾게 될 것을 약속하는 말씀입니다. 그들은 언약의 백성으로서 궁지를 되찾게 될 것을 약속하는 말씀입니다. 천하만국 중에 율법을 소유한 민족으로서의 자존심을 다시 찾게 될 것입니다. 유다의 명예와 영광은 회복 될 것이란 말씀입니다. 할렐루야!

· 함께 읽어요 : 에스겔 36장 15절

"내가 또 너를 여러 나라의 수치를 듣지 아니하게 하며 만민의 비방을 다시 받지 아니하게 하며 네 나라 백성을 다시 넘어뜨리지 아니하게 하리라 주 여호와의 말씀이니라."

3. 여호와 하나님에 대한 믿음을 회복시키십니다(겔 11:11).

성도가 세상을 살아가는 동안 가장 필요한 부분은 영적 회복입니다. 회개와 용서를 통한 하나님과의 관계 회복은 가족관계에서도 동일하게 적용되어야 합니다. 하나님과의 종적인 관계회복과 가족간의 횡적인 관계회복은 주님께서 완성하신 십자가의 능력에서 모든 것을 가능하게 합니다.

'가족사랑의 달'에 온 가족의 믿음을 회복시키는 계기를 만드시기 바랍니다. 11절 말씀을 함께 읽겠습니다. "내가 너희 위에 사람과 짐승을 많게 하되 그들의 수가 많고 번성하게 할 것이라 너희 전 지위대로 사람이 거주하게 하여 너희를 처음보다 낫게 대우하리니 내가 여호와인 줄을 너희가 알리라." 그렇습니다. 주님이 세상에 오신 목적은 영육간의 회복입니다.

예수께서는 "내가 온 것은 양으로 생명을 얻게 하고 더 풍성히 얻게 하려는 것이라"(요 10:10하)고 하셨습니다. 이스라엘 백성들을 본래의 지위대로 땅과 민족과 신분을 회복시키시는 것은, 그분 곧 여호와 하나님에 대한 믿음을 회복시키기 위해서입니다.

· 함께 읽어요 : 요한복음 10장 17절

"내가 내 목숨을 버리는 것은 그것을 내가 다시 얻기 위함이니 이로 말미암아 아버지께서 나를 사랑하시느니라."

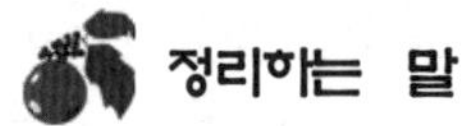

정리하는 말

사랑하는 여러분! 현대 우리가 사는 세상은 모든 가치와 위치가 뒤바뀌어 버려 본래의 의미와 가치들을 잃어버렸습니다. 강단에서 설교자의 권위와 교단에서 스승의 위치, 그리고 가정에서 가장의 권위를 되살려야 합니다. 오늘 여러분들이 전 지위대로 가치와 위치와 권위가 회복되어지기를 간절히 소망합니다. 가정이라는 공동체에서 가장(家長)이나 어머니(가모; 家母)의 역할이 회복되어 서로 믿고 존경하며 신뢰감을 쌓아가는 아름답고 복된 가족들이 되시기를 간절히 축복합니다.

평가와 결심

1. 하나님께서 회복시키시는 것이 첫째 무엇입니까?

   (겔 36:6~11, 땅과 민족을 회복시키심)

2. 하나님께서 회복시키시는 것이 둘째 무엇입니까?

   (겔 36:12~15, 평안의 회복과 영광의 회복임)

3. 하나님께서 종국적으로 회복시키시는 것이 무엇입니까?

   (겔 36:11, 신앙의 회복임)

주간 경건의 시간 <19> · 날마다 말씀과 함께

요일 / 내용	주일/월(Mon)	화(Tue)	수(Wed)	목(Thu)	금(Fri)	토(Sat)
찬송	39동/ 36동	338 / 364	420 / 212	419/ 478	457 / 510	459 / 514
성경	겔36:/겔37:	겔 38:	겔 39:	겔 40:	겔 41:	겔 42:
적용	사람을 많게/ 마른 뼈들	마곡의 곡왕	하몬곡 골짜기	세워질 성전	성소의 내부	성전 곁의 건물들

* 유일한 인생을 남을 위해 사는 것은 살 만한 가치가 있는 인생이다.

<앨버트 아인슈타인 1879~1955, 독일 태생 미국 물리학자>

여호와께 속하리라

찬송 / 364, 365, 390 / 통 482, 484, 444
성경 / 오바댜 1:1-2
요절 / 오바댜 1:21
"구원받은 자들이 시온 산에 올라와서 에서의 산을 심판하리니 나라가 여호와께 속하리라."
목표 / 가족 사랑의 길은 여호와께 속하여 형제를 사랑해야 함을 알게 한다.

시작하는 말

오바댜서의 저자는 본문 1:1절에 '오바댜의 묵시라'는 구절에서 밝히고 있습니다. 오바댜(오바댜야후; עֹבַדְיָהוּ)라는 이름의 뜻은 '여호와의 종', '여호와를 경배하는 자', '여호와를 섬기는 자'라는 뜻입니다. 본서의 저자인 오바댜는 본문에 나타난 신상 외에 알려진 것이 없습니다.

에돔은 에서의 후손으로 유다와는 형제 관계에 있으면서도 오랜 동안 유다를 대적하고 그들의 재난을 기뻐하고 교만하며 잔혹하게 행한데 대한 대가로 하나님께서 심판하시리라는 메시지인 것입니다.

오늘의 말씀

1. 에돔의 교만을 꺾고 심판하실 것입니다(옵 1:1~4).

하나님께서 에돔을 심판하실 것입니다(1절). 에돔은 야곱의 형 에서에 대한 다른 호칭으로서(창 36:1, 31, 43) 그의 후손들을 가리키기도 합니다. 오바댜 선지자를 통해 심판하시겠다고 하셨습니다. 하나님께서 사자를 열국 중에 보내셔서 에돔과 싸우도록 하시겠다는 것입니다. 이는 하나님께서 사자를 보내셨다는 그분이 특별한 목적을 가지고 역사 가운데 개입하시는 것을 의미합니다.

에돔의 교만을 꺾으실 것입니다(2~4). 하나님의 자리에 앉은 자로 여겼습니다(2절). 바다 중심 즉 하늘 보좌의 중심에 앉았다고 자랑하였습니다. 아름다움을 뽐냈습니다. 그러나 하나님은 네가 영화로우므로 네 지혜를 더럽혔다고 지적하셨습니다. 결국은 열국의 왕들 앞에서 구경거리로 만들겠다고 하셨습니다. 우리는 인생의 최고봉 일 때 더 조심해야 합니다. 세상일이 잘 된다고 교만해서는 안 됩니다. 오히려 더 어려운 계기가 될 수 있습니다. 모든 일에 항상 겸손하시기 바랍니다.

· 함께 읽어요 : 에스겔 28장 17절

"네가 아름다우므로 마음이 교만하였으며 네가 영화로우므로 네 지혜를 더럽혔음 이여, 내가 너를 땅에 던져 왕들 앞에 두어 그들의 구경거리가 되게 하였도다."

2. 에돔을 멸하실 것을 말씀합니다(옵 1:5~9).

하나님은 교만한 에돔을 멸하실 것입니다(4절). 강도가 들어와도 남길 것이 있고, 포도 따는 자가 그것을 얼마쯤 남겨두겠지만 에돔은 철저하게 약탈당하여 남은 것이 아무 것도 없으리라는 것입니다.

에돔은 동맹국들에게 철저하게 배신당할 것을 말씀합니다. 그들이 믿었던 동맹국들은 동맹협약을 지키지 않고 침략자들과 합세하여 약탈을 자행하겠다는 것입니다(7절).

위와 같이 동맹군에 의한 멸망, 역시 하나님의 주권적인 섭리로 인한 것이었습니다. "나 여호와가 말하노라"라는 말씀에서 에돔에 닥쳐올 파멸은 하나님의 주도적인 역사하심에 의해 일어나는 것임이 분명히 나타나 있습니다. 사랑하는 여러분! 형제와 자매가 아무리 밉더라도 에돔과 같은 비겁한 행위로 동족의 침략자들과 손잡고 그들의 행위에 가담하는 것은 있을 수 없는 일인 것입니다. 잘 되는 가정은 형제자매들이 사랑과 위로로 살아가는 것입니다. 주님도 그것을 원하십니다.

· 함께 읽어요 : 로마서 12장 9~11절

"9 사랑에는 거짓이 없나니 악을 미워하고 선에 속하라 10 형제를 사랑하여 서로 우애하고 존경하기를 서로 먼저하며 11 부지런하여 게으르지 말고 열심을 품고 주를 섬기라."

3. 에돔을 심판하시고 이스라엘을 구원하십니다(옵 1:10~21).

사랑하는 여러분! 에돔을 심판하시겠다는 하나님의 마음이 변함이 없었던 것은 그들의 잔혹한 행위 때문이었습니다. 본문에는 그 이유를 다섯 가지로 밝히고 있습니다.

① 형제에게 포학을 행했고(10절), ② 유다를 멸하는 자들과 뜻을 같이 했고(11절), ③ 유다의 멸망을 기뻐했고(12절), ④ 환난을 당한 유다를 약탈했고(13절), ⑤ 피난민들을 잡아 대적에게 붙였습니다(14절).

유다에게 포학을 행한 에돔의 멸망은 하나님께서 궁극적으로 그분의 백성 이스라엘을 구원하시기 위한 시작에 불과합니다. 이러한 이스라엘의 구원은 에돔에 대한 공의의 보응에 이어 하나님께서 세계 만민을 심판하심으로써 절정을 이룹니다. 온 세상에 대한 하나님의 심판과 함께 이스라엘의 회복을 통해 궁극적으로 하나님의 나라가 세워질 것을 예언한 내용은 '이스라엘의 구원'(1:15~21)입니다.

결론적으로, 첫째, 만국에 심판이 임하게 됩니다(15~16절). 둘째, 시온이 구원 받게 됩니다(17~18). 셋째, 하나님의 나라가 세워지게 됩니다(19~20).

· 함께 읽어요 : 오바댜 1장 15절

"여호와께서 만국을 벌할 날이 가까웠나니 네가 행한 대로 너도 받을 것인즉 네가 행한 것이 네 머리로 돌아갈 것이라."

정리하는 말

사랑하는 여러분! '가정사랑의 달' 5월에 주시는 오바댜서의 교훈은 무엇입니까? 본문은 하나님의 심판과 관련해 네 가지 사실을 강조해줍니다. 첫째, 악은 반드시 심판받는다는 것입니다. 둘째, 하나님께 신실한 자들은 장래 소망이 있다는 것입니다. 셋째, 인간역사의 주권자는 하나님이시라는 것입니다. 사랑하는 여러분! 여러분 가정의 모든 식구들이 여호와께 속함으로 모든 가족 영·육 간 복된 인생들 되시기를 바랍니다.

평가와 결심

1. 에돔은 누구이며 그들의 범죄가 무엇입니까?
   (옵 1:1~4, 야곱 형이며, 출애굽 시 적과 함께 이스라엘 공격함)
2. 하나님께서 에돔을 어떻게 하시겠다고 하셨습니까?
   (옵 1:5~9, 에돔의 교만을 꺾고, 동맹국의 배신당함, 심판하심)
3. 에돔을 심판하시는 궁극적인 이유는 무엇입니까?
   (옵 1:10~21, 에돔을 심판하신 후 이스라엘을 구원하심)

주간 경건의 시간 <20> · 날마다 말씀과 함께

요일 / 내용	주일/월(Mon)	화(Tue)	수(Wed)	목(Thu)	금(Fri)	토(Sat)
찬송	4동/ 36동	75 / 47	445 / 502	380 / 424	364 / 482	365 / 484
성경	겔43:/겔 44:	겔 45:	겔 46:	겔 47:	겔 48:	오바댜1:
적용	주의 영광/ 성전출입 규례	하나님의 차지	안식일과 월삭	성전문지방 솟는 샘	일곱 지파 땅 분배	에돔에 내린 심판

* 한 국가 특히 한 공화국의 힘은 지식인과 잘 정돈된 시민들의 가정에 달려 있다.
<리디아 H. 시고니, 1791~1865, 미국 작가>

5단원 가족 사랑의 달

말씀을 지키는 가정

찬송 / 200 374, 459 / 통 235, 423, 514
성경 / 요한일서 2:1-17
요절 / 요한일서 2:5
"누구든지 그의 말씀을 지키는 자는 하나님의 사랑이 참으로 그 속에서 온전하게 되었나니 이로써 우리가 그의 안에 있는 줄을 아노라."
목표 / 가정의 온 식구들이 말씀을 지키며 살아가는 태도를 기른다.

시작하는 말

가정은 하나님께서 우리에게 주신 가장 좋은 '사랑 공동체'입니다. 그러나 자녀들은 점점 이 좋은 '사랑 공동체'를 이탈해 가고 있습니다. 안타까운 일이지만 가정의 밥상공동체는 더 이상 사랑과 위로를 전달해 줄 수 없게 되어가고 있습니다. 본문에서 사도 요한은 하나님을 안다고 말하나 그분의 계명을 지키지 않고 신앙고백에 따라 행하지 않는 사람들에게 경고하고 있습니다. 여러분들 가족 모두가 하나님을 알고 말씀을 지키며 순종하는 신실한 가족들 되기를 간절히 소망합니다.

오늘의 말씀

1. 하나님을 아는 사람은 말씀을 지키고 사랑합니다(요일 2:1~6).

여러분과 가족들은 하나님을 얼마나 알고 있습니까? 우리가 참으로 하나님을 알고 있다는 사실을 어떻게 알 수 있습니까? 요즘 사람들은 하나님을 아는 일에 관심조차 기울이지 않는 시대 속에 살아갑니다. 그들은 하나님을 아는 일에 전혀 무관심합니다. 그들은 그들이 원하는 대로 살아가기를 좋아하고 세상 쾌락을 즐기기를 원합니다. 참으로 하나님을 안다는 것을 어떻게 알 수 있습니까? 하나님을 아는 자는?

첫째, 하나님을 안다고 고백하며 그의 계명을 지키는 것입니다(1~4절). 말로는 신앙을 고백하지만 하나님의 계명과는 동떨어진 생활, 하나님의 뜻과는 전혀 다른 삶을 살아간다면 하나님을 모르는 자입니다.

둘째, 순종하는 사람은 하나님의 말씀을 지키고 하나님을 알며 하나님을 사랑하는 것입니다(5절). 책임을 느끼며 신앙고백에 따라 실천하고 행하는 사람입니다(6절).

· 함께 읽어요 : 요한일서 2장 5절

"누구든지 그의 말씀을 지키는 자는 하나님의 사랑이 참으로 그 속에서 온전하게 되었나니 이로써 우리가 그의 안에 있는 줄을 아노라."

2. 하나님을 아는 사람은 이웃을 사랑합니다(요일 2:7~11).

우리가 참으로 하나님을 알고 있다는 것을 어떻게 알 수 있습니까?

첫째, 하나님을 알고 있다는 것은 그 사람이 이웃을 사랑하고 있다는 점입니다(7~8). 우리는 어떤 식으로든 이웃을 비판하거나, 불평하거나, 난처하게 하거나, 중상모략하거나, 무시하거나, 욕하거나 비난한다면 그 사람은 하나님을 알지 못하는 사람입니다(9절).

둘째, 순종하여 그 형제를 사랑하는 사람입니다(10절). 순종하는 사람은? ① 빛 가운데, 즉 그리스도 안에 거하며 그의 형제를 사랑합니다. 그는 예수 그리스도께서 사랑 안에 행하셨던 것처럼 사랑 안에 행합니다. ② 어두운 가운데 있으며 어두운 가운데 행하는 사람은 하나님을 알지 못하며 심지어 하나님을 안다고 고백하지도 않습니다(11절).

· 함께 읽어요 : 요한일서 2장 11절

"그의 형제를 미워하는 자는 어둠에 있고 또 어둠에 행하며 갈 곳을 알지 못하나니 이는 그 어둠이 그의 눈을 멀게 하였음이라."

3. 하나님을 아는 사람은 영적으로 바르게 성장합니다(요일 2:12~14).

본문에서 요한은 세 부류의 사람들, 즉 자녀들, 아비들, 그리고 청년들에게 각각 말하고 있습니다. 또한 각각의 부류 사람들에게 두 번씩 말하고 있습니다. 우리가 하나님을 모를 때는 그냥 지나갔지만, 하나님을 알고부터는 처음 믿기 시작한 때부터 그리스도 안에서 성장해 왔다는 사실을 알아야 합니다. 만약 신앙이 점점 성장되지 않았다면 철저하게 점검해 봐야 합니다. 신자가 일단 회심하게 되면 그는 그리스도 안에서 성장해 갑니다. 즉 회심(悔心)이라는 말은 마음을 돌이킨다는 것, 변화된다는 것, 새로운 사람이 된다는 것, 다시 태어난다는 것, 그리스도가 없던 옛 삶에서 그리스도와 함께하는 새 삶으로 바뀐다는 것을 의미합니다.

'가족 사랑의 달'이란 말로만 아니라 진정 가족의 영적 생활을 점검하면서 병든 나뭇가지를 베어내고, 새 순을 돋게 하듯이 가정 식구들의 영적 식사의 메뉴까지 바꿔가는 달이어야 합니다. 여러분들은 자녀들의 컴퓨터나 스마트 폰을 점검해 보았습니까? 그 자녀들의 문화 패턴을 이해할 수 있겠습니까? 살벌한 세속문화에 시달린 그들이 바르게 자라도록 사랑의 가슴으로 그들을 안아주시기 바랍니다. 사랑하는 영적 파수꾼 여러분들이여! 변화무상한 세상 향락문화를 거뜬히 극복하고 이길 진리의 말씀, 영혼의 생수로 그들의 영혼을 치유하고 위로해 주시기를 간절히 부탁드립니다.

· 함께 읽어요 : 요한일서 2장 15~16절

"15 이 세상이나 세상에 있는 것들을 사랑하지 말라 누구든지 세상을 사랑하면 아버지의 사랑이 그 안에 있지 아니하니 16 이는 세상에 있는 모든 것이 육신의 정욕과 안목의 정욕과 이생의 자랑이니 다 아버지께로부터 온 것이 아니요 세상으로부터 온 것이라."

정리하는 말

사랑하는 여러분! 여러분들의 자녀들이 가장 듣기 싫어하는 말이 무엇이라고 생각합니까? 부모들은 아이들의 입장은 전혀 고려하지 않은 채 '야 너 정신이 있느냐?', '공부하라 했더니 게임만 해!', '컴퓨터를 부숴버린다.', '스마트 폰 좀 그만 해라!', 또 '네 나이 때는 코피 나게 공부했다 …'는 말들일 것입니다. 그러나 그런다고 아이들의 태도에 변화가 왔습니까? 말씀으로 심령을 변화 시키는 부모가 되고, 가정 되시기를 바랍니다.

평가와 결심

1. 하나님을 아는 사람은 첫째 어떻게 행합니까?
(요일 2:1~6, 말씀을 지키고 사랑합니다)
2. 하나님을 아는 사람은 둘째 어떻게 행합니까?
(요일 2:7~11, 이웃을 사랑합니다)
3. 하나님을 아는 사람은 셋째 어떻게 행합니까?
(요일 2:12~14, 영적으로 바르게 성장합니다)

주간 경건의 시간 <21> · 날마다 말씀과 함께

요일 / 내용	주일/월(Mon)	화(Tue)	수(Wed)	목(Thu)	금(Fri)	토(Sat)
찬송	21동 / 25동	68/ 32	168/ 158	216 / 356	303 / 403	374/ 423
성경	요일 1:/요일 2:	요일 3:	요일 4:	요일 5:	요이 1:	요삼 1:
적용	생명의 말씀 / 대언자 그리스도	행함과 진실함으로	하나님과 적그리스도	세상이기는 믿음	진리와 사랑	영혼이 잘됨 같이

* 아담에게는 낙원이 가정이었으나, 그의 후예들 중 선한 사람들에게는 집이 낙원이다. <어거스트 W. 1792~1834, 영국 성직자, 목회자>

6단원 나라 사랑의 달

에벤에셀의 하나님

찬송 / 375, 380, 379 / 통 421, 424, 429
성경 / **사무엘상 7:1-17**
요절 / **사무엘상 7:12**
"사무엘이 돌을 취하여 미스바와 센 사이에 세워 이르되 여호와께서 여기까지 우리를 도우셨다하고 그 이름을 에벤에셀이라 하니라."
목표 / 국가의 미래를 도우시는 에벤에셀 하나님을 섬기는 태도를 기른다.

시작하는 말

이번 단원에서는 사무엘서를 통하여 '나라사랑 실천'에 대하여 공부하게 됩니다. 하나님께서 정부, 교회, 가정이란 기관을 두셨는데, 이중 국가는 큰 울타리로 가정과 사회를 지켜줍니다. 그렇지만 우리는 국가에 대하여 애국하지 못하고 불평불만으로 살아가고 있습니다.

본문 1~2절에서 그렇게 소중한 여호와 하나님의 임재의 상징인 법궤를 빼앗기고, 이방 블레셋 땅에 있는 동안 그들에게 저주가 내려졌고, 벧세메스에서 궤가 기랏여아림으로 옮겨져 20년 동안 머물게 됩니다.

오늘의 말씀

1. 모든 이스라엘은 미스바에 모여 회개기도를 합니다(삼상 7:3~6).

블레셋에 빼앗겼던 언약궤는 돌아왔지만 이스라엘 백성들의 마음은 여호와께로 돌아오기까지는 오랜 세월이 흘렀습니다. 언약궤의 귀환이 영적 회복으로나 블레셋으로부터의 완전한 자유를 의미하지 않았다는 것입니다. 오랜 기간 동안 블레셋의 압제에 시달리고 나서야 비로소 하나님을 향한 간절한 마음을 갖게 되었습니다. 하나님께로 돌아오게 하기 위해서 미스바에 모여 사무엘의 인도로 영적 각성 집회를 열었습니다. 사무엘은 ① 우상숭배를 버리라고 하였습니다(3절). ② 여호와 하나님만 섬기라고 하였습니다(3절). 사무엘이 주도한 미스바에서의 회개와 영적 각성으로 하나님과의 관계를 새롭게 하였던 것입니다.

· 함께 읽어요 : 사무엘상 7장 6절
"그들이 미스바에 모여 물을 길어 여호와 앞에 붓고 그 날 종일 금식하고 거기에서 이르되 우리가 여호와께 범죄 하였나이다하니라. 사무엘이 미스바에서 이스라엘 자손을 다스리니라."

2. 이스라엘이 블레셋과의 전투에서 이겨 물리쳤습니다(삼상 7:7~10).

이스라엘이 바알과 아스다롯을 제하고 여호와께로 향한 것은 블레셋에게는 도전과 반역을 의미했습니다. 바알과 아스다롯은 그들의 대표적인 신이었으므로 그것들을 제거하고 여호와만 섬겨야 했던 것입니다.

사무엘은 이스라엘의 마지막 사사로서 이스라엘이 하나님의 통치(神政)에서 왕의 통치(王政)로 전환되는 과도기적 상황에서 그는 백성들을 외부의 군사적 위협에서 보호하는 역할과 제사장과 선지자의 직분까지도 감당했습니다. 사무엘은 사심 없이 이러한 중책을 잘 감당했습니다. 사무엘 같은 위대한 지도자가 이 땅에 나오기를 기도해야 하겠습니다.

사무엘은 젖 먹는 어린 양 하나를 가져다가 온전한 번제로 하나님께 드리고, 이스라엘을 위하여 여호와께 부르짖으매 응답하셨습니다.

· 함께 읽어요 : 사무엘상 7장 10절
"사무엘이 번제를 드릴 때에 블레셋 사람이 이스라엘과 싸우려고 가까이 오매 그

날에 여호와께서 블레셋 사람에게 큰 우레를 발하여 그들을 어지럽게 하시니 그들이 이스라엘에게 패한지라."

3. 하나님의 섭리로 이스라엘에게 승리와 평안을 주셨습니다(삼상 7:11~17).

제물로 바쳐진 양은 불에 타고 사무엘을 비롯한 백성들이 쉬지 않고 부르짖었습니다. 그 때에 블레셋은 이스라엘과 싸우려고 다가왔지만, 하나님께서 직접 개입하셔서 큰 우레를 발하여 그들을 어지럽게 하셨습니다. 그들은 패할 수밖에 없었습니다. 전쟁의 승패는 칼과 창에 있지 아니합니다. 전쟁은 여호와께 속한 것이라고 말씀하였습니다(삼상 17:47절).

사랑하는 여러분! 지금 세상은 말세 마지막의 놀라운 현상들이 세계 곳곳에 나타나고 있습니다. 지구의 온난화로 북극의 빙하가 녹아내려 지구는 몸살을 앓고 있습니다. 물고기와 동식물들이 수난을 겪고 있습니다. 화산 폭발과 지진과 해일로 수많은 사람들이 목숨을 잃고 있습니다.

핵무기 개발 경쟁은 지구촌의 멸망의 시각을 앞당겨 가고 있습니다. 핵의 자원화 연구로 세계의 핵연료들로 많은 공장과 산업기계들이 돌아가고 있습니다. 밤을 낮처럼 밝히며 살아가는 인생들에게 죽음의 공포가 점점 가까이 다가오고 있는 것입니다. 지구상 그 누구도 막아낼 수 없는 핵무기와 살상 무기들이 지구를 수 십 번 불태우고도 남을 만큼 가득 차 있습니다. 이 죽음과 살상의 공포에서 누가 해방시켜 줄 수 있겠습니까?

십자가 대속의 보혈의 복음만이 지구촌의 전쟁을 잠재우고, 남북한 통일로 오직 평안과 기쁨을 가져다 줄 것입니다. 여러분! 여호와께서 블레셋과의 전쟁에 개입하셔서 이스라엘에게 승리를 주신 줄 믿으시기 바랍니다.

· 함께 읽어요 : 사무엘상 7장 12절

"사무엘이 돌을 취하여 미스바와 센 사이에 세워 이르되 여호와께서 여기까지 우리를 도우셨다하고 그 이름을 에벤에셀이라 하니라."

정리하는 말

사랑하는 여러분! 오늘 우리나라는 지형 상 주변국들의 침략으로 인하여 국가적인 위협을 받았었던 적이 많습니다. 그러나 한국 근대사 중에 동족상잔의 비극으로 불리는 6.25 전쟁, 그리고 1·4후퇴, 그리고 최후의 보루였던 낙동강 전투에서 이 민족이 금방이라도 패하여 사라질 듯한 상황에서 이 민족을 사랑하신 하나님의 보호하심으로 살려주신 '에벤에셀 하나님께 감사와 찬양' 하시기를 간절히 부탁드립니다.

평가와 결심

1. 미스바 회개 기도집회에서 사무엘의 메시지는 무엇입니까?
   (삼상 7:3, ① 우상숭배 척결 ② 여호와 하나님만 섬기라)
2. 블레셋 침공 시 이스라엘이 승리한 비결이 무엇입니까?
   (삼상 7:9, ① 젖 먹는 어린양으로 온전한 번제 ② 여호와께 부르짖음)
3. 이스라엘에 승리를 주신 분은 누구십니까?
   (삼상 7:12, 사무엘과 이스라엘의 기도를 들어주신 에베에셀 하나님!)

주간 경건의 시간 <22> · 날마다 말씀과 함께

내용 \ 요일	주일/월(Mon)	화(Tue)	수(Wed)	목(Thu)	금(Fri)	토(Sat)
찬송	74동/ 36동	338 / 280	323 / 355	320 / 350	413 / 470	415 / 471
성경	삼상1:/삼상2:	삼상 3:	삼상 4:	삼상 5:	삼상 6:	삼상 7:
적용	사무엘탄생 /한나의 찬송	소명 받은 사무엘	이가봇	불레셋과 언약궤	언약궤 돌아옴	아비나답 집 언약궤

* 나라는 죄가 있으면 주관자가 많아져도 명철과 지식 있는 사람으로 말미암아 장구하게 되느니라. <구약 성경 장언 28장 2절>

제23과

기도하는 지도자

찬송 / 286, 364, 365 / 통 218, 482, 484
성경 / **사무엘상** 12:6-25
요절 / **사무엘상** 12:23
"나는 너희를 위하여 기도하기를 쉬는 죄를 여호와 앞에 결단코 범하지 아니하고 선하고 의로운 길을 너희에게 가르칠 것인즉"
목표 / 나라가 하나님 은혜로 '평안'을 누리는것은 지도자의 기도임을 안다.

시작하는 말

본문에서 이스라엘의 지도자 사무엘은 자신의 정치 철학을 선포하고 있습니다. 사무엘은 통치권을 사울에게 넘기면서 이스라엘의 지도자로서 나라를 위해 백성들을 위해 '쉬지 않고 기도 하겠다'는 결심을 발표합니다. 자신의 통치기간 동안을 뒤돌아보면서 감회가 깊었을 것입니다. 위기 때마다 국가 최고 지도자로서의 올바른 결단으로 국가적인 위기에서도 하나님의 능력과 도우심의 손길을 이끌어 냈습니다. 그러나 사울이 왕으로 인정받자, 그는 서슴없이 통치권을 위임합니다.

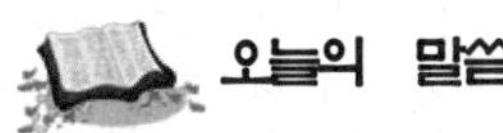

오늘의 말씀

1. 사무엘은 자신의 사역을 끝낼 것을 시사합니다(삼상 12:1~5).

사울이 암몬 족속을 물리침으로써 모든 백성들로부터 이스라엘의 왕으로 인정받게 되자, 사무엘은 사울에게 통치권을 넘겨주기 위해 백성들을 권면합니다. 이 사실을 두 가지로 나누어 전하고 있습니다.

첫째, 권면입니다. ① 백성의 요구대로 왕을 세웠으니 더 이상 지도자로 남아있을 필요가 없다고 하였습니다. ② 이제 이스라엘의 통치권이 사울에게 넘어갔다는 것입니다. ③ 사사로서의 임무를 수행하기에는 이제 나이가 너무 많다는 것입니다.

둘째, 재임기간 자신의 통치에 대해 물어봅니다(3~5절). ① 백성들의 재물을 억울하게 취하지 않았고, ② 백성을 기만하거나 억압하지 않았으며, ③ 뇌물을 취하여 판단을 굽게 한 적이 없다고 대답합니다.

· 함께 읽어요 : 사무엘상 12장 5절

"사무엘이 백성에게 이르되 너희가 내 손에서 아무 것도 찾아낸 것이 없음을 여호와께서 너희에게 대하여 증언하시며 그의 기름 부음을 받은 자도 오늘 증언하느니라하니 그들이 이르되 그가 증언하시나이다하니라."

2. 사무엘이 백성들을 책망하고 경고합니다(삼상 12:6~18).

사무엘은 자신의 사역에 대해 증인이 됨을 선포하고 이제 이스라엘 백성들의 잘못을 책망하며 경고합니다. 첫째, 그들의 조상에게 베푼 것은 전적인 은총과 구원이었던 데 반해 이스라엘 자손의 태도는 하나님께 향한 태도는 반역과 배도였다는 것입니다. 둘째, 이스라엘이 이방 국가의 압제에 신음하여 부르짖을 때마다 기도 응답하셨건만 백성들은 하나님의 통치를 거절하고 왕을 세워달라고 요구하였던 것입니다.

이제 통치권을 넘겨주는 자리에서 마지막으로 그들의 잘못을 책망하고, 여호와 하나님을 경외하며 섬기고 명령을 따르지 않을 경우 무서운 징벌을 경고하면서, 그날 우레와 비를 보내니 크게 두려워하였습니다.

· 함께 읽어요 : 사무엘상 12장 18절

"이에 사무엘이 여호와께 아뢰매 여호와께서 그 날에 우레와 비를 보내시니 모든 백성이 여호와와 사무엘을 크게 두려워 하니라."

3. 사무엘이 백성에게 마지막으로 권면을 합니다(삼상 12:19~25).

그 날에 초자연적인 방법으로 경고합니다. 우레와 비를 내리시매 모든 백성이 여호와와 사무엘을 두려워하면서 백성들은 사무엘에게 "당신의 하나님 여호와께 기도하여 죽지 않게 하소서"라고 간청하였습니다.

첫째, 사무엘은 여호와만 섬길 것을 권면하였습니다(20~22절). 사무엘은 백성들에게 오직 여호와만 섬길 것을 권면하면서 지난날의 행위보다 앞으로 하나님 앞에 어떻게 행하느냐 하는 것이 더 중요하다고 강조합니다.

둘째, 백성들에게 마지막으로 당부합니다(23~25절). 지금까지는 백성들의 잘못을 꾸짖었으나 이제는 자기 자신이 해야 할 역할을 밝힙니다.

23절을 제가 읽습니다. "[23] 나는 너희를 위하여 기도하기를 쉬는 죄를 여호와 앞에 결단코 범하지 아니하고 선하고 의로운 길을 너희에게 가르칠 것인즉" 24절을 함께 읽겠습니다. "[24] 너희는 여호와께서 너희를 위하여 행하신 그 큰일을 생각하여 오직 그를 경외하며 너희의 마음을 다하여 진실히 섬기라"고 하였습니다.

여기서 위대한 지도자의 신앙과 중요한 정치철학을 발견하게 됩니다. 비록 백성들이 자신과 하나님을 거부하고 왕을 세웠을지라도, 자신은 그들을 위해 기도하고 가르치는 일을 멈추지 않을 것을 다짐하였습니다.

사무엘의 이러한 단호한 결심은 왕이 통치하는 새로운 체제가 시작되더라도 이스라엘 백성의 성패는 오직 하나님께 달려 있음을 기억하라는 것입니다. 사랑하는 여러분! 나라를 위해 기도하시기 바랍니다. 최고 통치자와 정치, 사법, 행정을 맡으신 위정자들을 위해서 기도하시기 바랍니다.

· 함께 읽어요 : 사무엘상 12장 24절

"너희는 여호와께서 너희를 위하여 행하신 그 큰일을 생각하여 오직 그를 경외하며 너희의 마음을 다하여 진실히 섬기라."

정리하는 말

사랑하는 여러분! 위대한 정치학자들은 많습니다. 그러나 국가를 위한 진실한 통치자! 나라와 민족을 위해 기도하기를 쉬지 않는 지도자는 매우 귀합니다. 사무엘은 이스라엘의 마지막 사사요, 제사장이요, 선지자였습니다. 그의 진실하고 성실한 통치는 그의 마지막 백성들과의 문답에서 여실히 증언해 보이고 있습니다. 하나님께서 그의 기도에 우레와 비를 내려 증언해 주신 것처럼 그의 인격적이며 신실한 통치는 후대에 귀감이 됩니다. 이러한 통치자를 이 땅에 주시라고 간절히 기도하시기 바랍니다.

평가와 결심

1. 사무엘의 재임기간 중에 통치 내용이 어떠했습니까?
   (삼상 12:1~5, 재물관리나 인간관계에서 흠잡을 데 없었음)
2. 사무엘이 백성들을 꾸짖은 내용이 무엇입니까?
   (삼상 12:6~18, 은총과 구원대신 반역과 배도, 기도응답 대신 신정통치거부)
3. 사무엘이 백성들에게 마지막 권면과 결단내용이 무엇입니까?
   (삼상 12:20~25, ① 여호와만 섬겨라. ② 기도 쉬지 않겠다.)

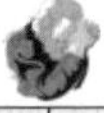

주간 경건의 시간 <23> · 날마다 말씀과 함께

요일 내용	주일/월(Mon)	화(Tue)	수(Wed)	목(Thu)	금(Fri)	토(Sat)
찬송	39동/ 36동	338 / 364	420 / 212	419/ 478	457 / 510	459 / 514
성경	삼상 8:/삼상9:	삼상 10:	삼상 11:	삼상 12:	삼상 13:	삼상 14:
적용	사무엘 아들들/ 사울과 사무엘	사울이 왕 뽑힘	암몬 족속 치다	사무엘의 가르침	이스라엘의 약함	요나단의 용맹

* 하나님을 사랑하는 자 나라를 사랑하고 이웃을 사랑한다.

<대한민국 초대 대통령 이승만, 1875~1965, 국부>

6단원 나라 사랑의 달

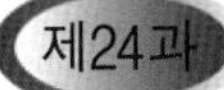

순종이 제사보다 낫다

찬송 / 364, 449, 390 / 통 482, 377, 444

성경 / **사무엘상 15:10-31**

요절 / **사무엘상 15:23상반절**

"이는 거역하는 것은 점치는 죄와 같고 완고한 것은 사신 우상에게 절하는 죄와 같음이라."

목표 / 나라 사랑의 길은 법을 잘 지키며 의무를 지켜야 함을 알도록 한다.

시작하는 말

본문에 나오는 사울(שָׁאוּל; 솨울: '묻다'의 과거 '물었다')은 이스라엘의 초대 왕으로서 부분적으로는 순종했지만, 불순종의 죄악을 짓게 됩니다. 사울은 '아말렉 족속을 남김없이 진멸하라'는 명령에 온전히 순종하지 않아 사무엘의 책망을 받습니다. 그러나 사울은 변명하며 그 책임을 백성에게 떠넘깁니다. 결국 끝까지 뉘우치지 않고 회개하지 않는 사울은 결국 '그가 저지른 죄가 얼마나 무서운 것이며 그로 인해 이제 하나님께서 그를 영원히 버리셨다'는 말을 사무엘로부터 듣게 됩니다. 참으로 충격적이고 불행한 일입니다.

오늘의 말씀

1. 하나님께서 사울을 왕으로 삼으신 것을 후회하셨습니다(삼상 15:10~11).

사울이 하나님의 명령에 불순종하자 하나님의 말씀이 사무엘에게 임합니다. 그 말씀은 사울을 왕 삼으신 것을 후회하심이, 여호와를 좇지 않음과 명령을 이루지 않음이라고 하였습니다. 사울을 버리셨다는 말씀을 듣고 그에게 기름을 부었던 사무엘은 밤새 근심하며 부르짖었습니다. 하나님께서 사울을 버리심과 이스라엘의 장래 때문에 온 밤을 새워 부르짖어 기도하지 않을 수 없었습니다.

· 함께 읽어요 : 사무엘상 15장 11절
"내가 사울을 왕으로 세운 것을 후회하노니 그가 돌이켜서 나를 따르지 아니하며 내 명령을 행하지 아니하였음이니라 하신지라 사무엘이 근심하여 온 밤을 여호와께 부르짖으니라."

2. 사울은 자신의 잘못에 대해 변명합니다(삼상 7:12~21).

사무엘은 다음날 사울이 갈멜에서 자기를 위해 기념비를 세웠다는 놀라운 소식을 듣습니다. 그 소식을 듣고 사무엘은 사울을 만나기 위해 갑니다. 그 이유 두 가지는 ① 첫째는 하나님께 불순종한 것을 책망하기 위해서요. ② 둘째는 이제라도 회개하고 하나님께 돌아올 것을 권면하기 위해서입니다. 그러나 사울은 "내가 여호와의 명령을 행하였나이다"(13절)라고 태연하게 덮으려합니다. 사무엘은 다시 "그러면 내 귀에 들려오는 이 양의 소리와 내게 들리는 소의 소리는 어찌 됨이니이까?"라고 반문하였습니다. 사울은 시치미를 떼고 오히려 사무엘과 하나님을 위해 한 일인 것처럼 둘러댑니다. "그것은 무리가 아말렉 사람에게서 끌어온 것인데, 백성이 당신의 하나님 여호와께 제사하려하여 양들과 소들 중에서 가장 좋은 것을 남김이요 그 외 것은 우리가 진멸하였나이다"(15절)라고 변명하고 사울은 책임을 회피합니다.

그때 사무엘은 "왕이 겸손히 행할 때에 왕으로 세웠는데 이제 왕 된 후 교만하여 말씀을 온전히 지키지 않았다"고 그의 잘못을 지적했습니다. 그리고 탈취하기에만 급하여 여호와께서 악하게 여기시는 것을 행하였다고 호되게 꾸짖었습니다.

· 함께 읽어요 : 사무엘상 15장 19절
"어찌하여 왕이 여호와의 목소리를 청종하지 아니하고 탈취하기에만 급하여 여호와께서 악하게 여기시는 일을 행하였나이까?"

3. 사무엘은 순종의 중요성을 강조합니다(삼상 15:22~23절).

사랑하는 여러분! 사무엘의 애정 어린 꾸짖음에도 불구하고 사울왕은 끝까지 자신을 변명하는데 힘을 쓰고 자기 합리화에 급급합니다.

사무엘은 사울을 향하여 말합니다. 22절 말씀을 함께 읽겠습니다.

"22 사무엘이 이르되 여호와께서 번제와 다른 제사를 그의 목소리를 청종하는 것을 좋아하는 것처럼 좋아하시겠나이까? 순종이 제사보다 낫고 듣는 것이 수양의 기름보다 나으니"(15장 22절). 그렇습니다.

하나님께서는 당신의 목소리를 순종하는 것을 가장 기뻐하십니다. 정성을 다하여 제사를 드리는 것도 기억하시겠지만 그것보다는 당신의 말씀하는 듣고 순종하는 것을 가장 좋아하신다는 말씀입니다.

사무엘이 꾸짖은 것은 바로 하나님께 대한 순종의 마음 없이 형식적으로 흉내만으로 속이려 한 사울의 태도였습니다. 여러분은 어떻습니까? 사무엘은 계속해서 그와 같은 태도가 얼마나 무섭고 큰 죄인가를 깨우쳐 줍니다. 사랑하는 여러분! 사소한 것이라도 여호와의 말씀을 거역하는 죄, 여호와의 말씀을 흘려버리는 죄가 참으로 얼마나 큰 줄을 깨들으시기 바랍니다. 오직 하나님의 말씀을 제일로 삼고, 순종하면서 애국 애족하며 가족들을 사랑하는 자들이 되시기를 바랍니다.

· 함께 읽어요 : 사무엘상 15장 23절
"이는 거역하는 것은 점치는 죄와 같고 완고한 것은 사신 우상에게 절하는 죄와 같음이라 왕이 여호와의 말씀을 버렸으므로 여호와께서도 왕을 버려 왕이 되지 못하게 하셨나이다하니"

정리하는 말

사랑하는 여러분! '나라 사랑의 달'에 주시는 본문의 교훈이 무엇입니까? 겉으로는 말씀을 순종하며, 국법을 지키는 체 하지만 속으로는 거역하는 불법의 사람들이 세상에 너무 많다는 것입니다. 신앙이라는 탈을 쓰고 이웃에게 평안을 주기보다는 불안과 고통을 안겨주면서 자기만 편한 대로 살아간다면 진실한 신앙인이 아닙니다. 위로 하나님께 순종하며, 세상의 국법도 잘 지키는 복된 성도가 되시기를 바랍니다.

평가와 결심

1. 사울을 왕 삼으심을 후회하신 이유가 무엇입니까?
   (삼상 15:11, ① 여호와를 좇지 않음 ② 명령을 이루지 않음)
2. 사무엘이 사울을 만나려는 이유가 무엇입니까?
   (삼상 15:12~21, ① 불순종을 책망 ② 회개하고 돌이키게 하려함)
3. 오늘 말씀의 핵심이 무엇입니까?
   (삼상 15:22, ① 하나님께 순종하며 ② 국민은 국법도 지켜 살라)

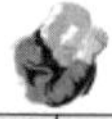

주간 경건의 시간 <24> · 날마다 말씀과 함께

요일 / 내용	주일/월(Mon)	화(Tue)	수(Wed)	목(Thu)	금(Fri)	토(Sat)
찬송	146동/ 145동	95 / 82	138 / 52	190 / 177	499 / 277	498 / 275
성경	삼상15:/삼상16:	삼상 17:	삼상 18:	삼상 19:	삼상 20:	삼상 21:
적용	순종 제사보다/ 기름 부음 받음	골리앗 도전	요나단과 다윗	다윗을 감쌈	요나단의 맹세	다윗이 놉으로

* 일터의 가장 훌륭한 광고는 최고의 솜씨이다. 기독교에 대한 가장 강한 매력은 잘 이룩된 그리스도인의 특성이다. <데오도 레드야드 카일러, 1822~1909, 미국 성직자>

기름 부음 받은 자

찬송 / 202 254, 270 / 통 241, 186, 214
성경 / **사무엘상 24:1-15**
요절 / **사무엘상 24:10절하**
"내가 왕을 아껴 말하기를 나는 내 손을 들어 내 주를 해하지 아니하리니 그는 여호와의 기름 부음을 받은 자이기 때문이라 하였나이다."
목표 / 하나님의 기름 부음을 받은 종들을 귀하게 여기는 태도를 기른다.

시작하는 말

국가에는 대통령이나 최고 지도자, 가정에는 가장, 회사에는 사장이 있습니다. 안타까운 일이지만 요즘에는 지도자들의 권위가 땅에 떨어져 아버지 학교나 어머니 학교를 열어서 조금이나마 그 권위를 회복하려고 안간 힘을 쓰고 있습니다. 문제는 국가나 회사, 가정의 최고 지도자들이 제자리를 지키지 못하는데 더 큰 문제가 있는 것입니다. 하나님께서는 '기름부음'이라는 과정을 통해서 권위를 부여하고 통치 질서를 통해 바로 잡아가고 있다는 사실을 기억하시기를 바랍니다.

오늘의 말씀

1. 하나님의 때를 기다리며 사울왕의 권위를 인정합니다(삼상 24:1~7).

블레셋의 침략을 막아낸 사울은 또 다시 다윗을 추격하여 엔게디 황무지까지 쫓아옵니다. 원수는 외나무다리에서 만난다고 그때 다윗은 동굴 깊은 속에서 사울을 만나 원수의 생명을 취할 절호의 기회가 왔을 때, 결코 놓치지 않을 것이 분명합니다. 그러나 다윗은 자기의 수중에 들어온 사울의 생명에 대해 순간적으로는 어떤 생각을 했는지 알 수 없지만, 결코 개인적인 복수의 행동을 취하지 않았습니다. 그의 부하들의 말처럼 다윗이 원수를 취하였다 해도 그것은 정당하다고 볼 수 있습니다. 그러나 다윗은 기름 부음 받은 자이기에 주님의 공의의 손에 맡김으로써 결국 승리합니다.

· 함께 읽어요 : 사무엘상 24장 6절
"자기 사람들에게 이르되 내가 손을 들어 여호와의 기름부음을 받은 내 주를 치는 것은 여호와께서 금하시는 것이니 그는 여호와의 기름 부음을 받은 자가 됨이니라하고"

2. 다윗은 추격하는 사울왕에 대해 자신의 입장을 변호합니다(삼상 24:8~15).

본문은 다윗을 추격하는 사울 왕에 대하여 다윗이 그 스스로 자신의 입장을 변호하는 내용입니다. 사울이 끊임없이 다윗을 죽이고자 했으나 그때마다 보여 준 다윗의 의연한 태도는 우리들에게 많은 감동과 교훈을 주고 있습니다. 사울의 생명을 살려주고 건너편으로 이동하여 큰 소리로 자신의 무죄함을 변명합니다.

다윗의 행위는 그가 하나님의 통치하에 있는 이스라엘에 종속되어져 있는 존재임을 보여주는 것이었습니다. 현명하고 올바른 자는 권세 잡은 자를 경멸하거나 반역을 꾀하지 않습니다. 그 이유는 권세의 근원이 어디로부터 오는 것인지를 잘 알고 있기 때문입니다. 어떠한 권력이든 어느 정도의 악한 요소와 불가항력적 횡포가 따르기 마련입니다. 다윗은 사울의 이성과 하나님의 공의에 호소하고 있습니다.

· 함께 읽어요 : 사무엘상 24장 10절
"오늘 여호와께서 굴에서 왕을 내 손에 넘기신 것을 왕이 아셨을 것이니이다. 어떤 사람이 나를 권하여 왕을 죽이라 하였으나 내가 왕을 아껴 말하기를 나는 내 손을 들어 내 주를 해하지 아니하리니 그는 여호와의 기름 부음을 받은 자이기 때문이라 하였나이다."

3. 다윗의 선한 행위는 진지한 고백을 유발시킵니다(삼상 24:16~22).

사울에게 베푼 선한 행동은 마침내 사울로 하여금 자신의 행위를 뉘우치게 하였습니다. 그리하여 사울로 하여금 '내 아들 다윗아! 이것이 네 목소리냐?'라고 말하며 다윗의 의로움을 인정하도록 하였습니다. 다윗은 자신을 죽이고자 하는 원수 같은 사울에게 끝까지 하나님의 말씀대로 순종하여 마침내는 사울 왕을 감동시키고 말았던 것입니다. 다윗의 이러한 처신 앞에서 감격한 사울 왕의 눈물을 통하여 우리는 다음과 같은 교훈을 찾아 볼 수 있습니다.

첫째, 선한 행위는 죄에 대한 진지한 고백과 의로운 감정을 유발시킵니다. 다윗의 원수 같은 사울에게 행한 너그러운 행동과 호감이 가는 말은 강팍한 사울의 얼어붙은 마음조차 녹일 수 있었습니다. 무디어진 양심을 감동시켜 깨울 수 있었습니다.

둘째, 진심으로부터 나오는 눈물만이 참된 자백으로 의로운 양심을 지켜가게 합니다. 하나님의 뜻을 생각하며 흘리는 눈물과 자기반성은 죄를 뉘우치게 하고 구원을 가져오므로 참된 회개가 될 수 있으나 세상의 감각적인 자기반성은 더 깊은 차원의 회개인 영혼의 회개를 유발시키지 못한 채 한때의 뉘우침으로 끝나고 만다는 사실입니다. 여기서 사울의 뉘우침의 눈물은 회개에까지 이르지 못하였다는데 안타까움이 있습니다. 그러므로 구원을 가져오는 진정한 눈물은 진리를 알고 그로부터 자신의 죄를 돌아보고 슬퍼할 뿐만 아니라, 죄로부터 돌아서게 하는 참된 회개가 동반되어야 합니다.

· 함께 읽어요 : 히브리서 12장 16~17절

"16 음행한 자와 혹 한 그릇 식물을 위하여 장자의 명분을 판 에서와 같이 망령된 자가 없도록 살피라 17 너희가 아는 바와 같이 그가 그 후에 축복을 이어받으려고 눈물을 흘리며 구하되 버린 바가 되어 회개할 기회를 얻지 못하였느니라."

정리하는 말

사랑하는 여러분! 지도자의 바른 선택과 양심적인 행동은 이 시대에 참으로 필요한 덕목입니다. '회개하라! '충성을 다하라!' 외치기 전에 목회자나 지도자가 먼저 바른 양심을 가지고 하나님의 정의를 바로 세우고 백성들을 사랑과 위로로 감싸주어야 합니다. 국가적인 통치자나 지도자들이 바로 설 때, 그 나라는 융성하고 풍요하여 국민은 행복한 법입니다.

평가와 결심

1. 다윗의 돋보이는 처신에서 첫째 어떻게 행합니까?
   (삼상 24:1~7, 하나님의 때를 기다리며, 원수 갚음을 하지 않음)
2. 다윗의 돋보이는 처신에서 둘째 어떻게 행합니까?
   (삼상 24:8~15, 추격하는 사울을 향해 자신의 입장을 변호함)
3. 다윗의 사울을 향한 선한 행위의 결과는 어떻게 되었습니까?
   (삼상 24:16~22, 사울은 감동 되어 뉘우치며 눈물로 고백함)

주간 경건의 시간 <25> · 날마다 말씀과 함께

요일 / 내용	주일/월(Mon)	화(Tue)	수(Wed)	목(Thu)	금(Fri)	토(Sat)
찬송	145동 / 249동	383/ 433	447/ 448	400 / 463	304 / 404	305/ 405
성경	삼상22:/삼상23:	삼상 24:	삼상 25:	삼상 26:	삼상 27:	삼상 28:
적용	아둘람 굴로 도망 / 그일라를 건짐	다윗이 사울 살려줌	사무엘의 죽음	사울을 또 살려줌	블레셋 멸망시킴	블레셋과 전쟁

* 그리스도인의 삶은 알고 들음에 있을 뿐만 아니라 그리스도의 뜻을 준행하는데 있다. <프레데릭 윌리엄 로버트슨, 1816~1853, 영국 신학자 성직자>

하나님의 흠 없는 자녀

찬송 / 529 502, 461 / 통 319 259, 519
성경 / **빌립보서 2:12-30**
요절 / **빌립보서 2:22**
"디모데의 연단을 너희가 아나니 자식이 아버지에게 함같이 나와 복음을 위하여 수고 하였느니라."
목표 / 하나님의 흠 없는 자녀로 환난 중에도 복음을 위해 살도록 한다.

시작하는 말

국가는 하나님께서 우리에게 주신 가장 좋은 울타리 공동체입니다. 그러나 오늘날 세계는 하나의 '공동체'를 이루기 위하여 성경에 명하고 있는 성도의 국가적인 윤리마저 파괴해 버리고 있는 안타까운 현실에 처해 있습니다. 바울과 디모데는 복음의 신실한 동역자로서 복음을 위해서라면 감옥에 갇힘을 부끄러워 아니하고 복음에 충성을 다하였습니다. 진실한 크리스천은 디모데와 바울처럼 하나님과 가족, 국가를 위해서도 하나님 앞에서 흠 없는 자녀로 살아가기를 소원해야 합니다.

오늘의 말씀

1. 무엇보다 먼저 자기 자신의 구원을 이루어야 합니다(빌 2:12).

여러분은 가족들을 먼저 생각하십니까? 아니면 자신의 구원을 먼저 생각하십니까? 가족들이라고 생각하겠지만 무엇보다 자기 자신의 구원이 더 중요하고 중대한 문제인 것을 알아야 합니다. 자신의 구원이 없이는 가족들의 구원도 불확실하기 때문입니다. 본문 12절에서 바울은 '자신의 구원을 항상 복종하여 두렵고 떨림으로 이루어야 한다'고 말합니다. 바울은 지금 감옥에 갇혀 있으면서 그는 곧 사형당할 수도 있습니다. 그러기에 신중한 태도로 자신의 말이 빌립보 교회에 마지막 말이 될 수도 있음을 알고, 자신들의 구원이 계속 완성될 때까지 계속 자라가라고 간곡히 부탁을 하고 있는 것입니다.

· 함께 읽어요 : 빌립보서 2장 12절
"그러므로 나의 사랑하는 자들아 너희가 나 있을 때뿐 아니라 더욱 지금 나 없을 때에도 항상 복종하여 두렵고 떨림으로 너희 구원을 이루라."

2. 하나님의 뜻을 위해 소원을 두고 행하라고 합니다(빌 2:13).

여러분! 본문에서 '행하다'(*ἐνεργῶν*, 에네르곤)라는 말은 '기운을 내어 일하다'라는 의미입니다. 우리가 참으로 하나님의 일을 할 때는 우리의 의지대로가 아니라 하나님께서 믿는 자의 마음을 움직여 기운을 내게 하여 하나님의 뜻을 행하도록 해야 한다는 말입니다. 억지로 마지못해 하는 일은 오래 가지 못합니다. 하나님께서 주시는 기쁜 마음을 가지고 적극적이고 긍정적인 태도로 일하고, 하나님의 감동과 역사하심으로 해야 일이 잘 되고 결과도 양호하게 나타나는 것입니다.

우리가 하나님께서 감동하심과 역사하심을 느낄 때, 우리는 그에 대하여 진지하게 반응하고 하나님께서 우리에게 주신 감동대로 행하는 것이 필요합니다. 여러분들이 어떤 일을 계획하고 시행할 때 성령께서 우리에게 주신 감동대로 하는 것이 필요합니다. 사실 얼마나 자주 그러한 감동이 거부되고 무시되고 소홀히 여겨지는지 모릅니다. 자주 하나님의 역사하심과 감동 대신 제자리에 주저앉거나 자신의 일에 분주하게 다닙니다. 그래서 바울은 빌립보 교인들에게 마지막 부탁처럼 간절하게 부탁하고 있는 것입니다.

· 함께 읽어요 : 빌립보서 2장 13절
"너희 안에서 행하시는 이는 하나님이시니 자기의 기쁘신 뜻을 위하여 너희에게 소원을 두고 행하게 하시나니"

3. 원망과 시비가 없이 이루라고 합니다(빌 2 : 14).

현대인의 똑똑 병! 현대인의 문명병이 무엇인지 아십니까? 자기가 스타요, 최고인줄 착각하고 살아간다는 것입니다. 자기의 주장과 의견이 최고이고 다른 사람들의 주장과 의도는 모두 무시해 버리는 것입니다.

그런 사람은 말끝마다 불평입니다. 자기가 해보면 되지 않는 일도 다른 사람이 하면 못마땅하여 불평불만만 쏟아 놓는 것입니다. 얼마나 불행한 사람인지 모릅니다. 이런 사람에게는 만족이 없습니다. 기쁨이 없습니다. 표정이 늘 우울해서 찌부러져 있습니다. 하루의 일과 중에 웃는 일이 거의 없습니다. 왜 그렇게 불행한 삶을 살아가십니까? 마음의 주름살을 펴고 다른 사람들의 의견도 인정해 주면서 마음 넓게 살아가시기 바랍니다.

신앙생활을 하면서 다음 몇 가지 사실들을 주목 하시기 바랍니다.

첫째, 원망과 시비가 교회에나 가정에 있어서는 안 된다는 것입니다. 원망이 그치지 않는다면 분쟁과 소란과 분열을 초래할 것입니다.

둘째, 원망과 시비는 결코 하나님께 속한 것이 아니라는 사실입니다.

셋째, 원망과 시비는 광야 이스라엘 백성들이 심판받았던 죄였습니다(민 20:2). 이런 사람들은 모두 모래무지에 묻혀버리고 말았습니다.

넷째, 원망하고 다투는 사람은 구원을 이루지 못합니다. 그는 평소 하나님의 심판을 가져오는 일만 하고 있기 때문인 것입니다.

· 함께 읽어요 : 빌립보서요한일서 2장 14절
"모든 일에 원망과 시비가 없이 하라."

정리하는 말

사랑하는 여러분! 여러분들의 가정이나 교회에서 항상 문제의 핵심에서 일하면서도 하는 일마다 이루지 못하는 사람을 유심히 지켜보시기 바랍니다. 구원은 기도나 찬송 성경공부에 열심만 있다고 이루는 것이 아닙니다. 나라 일에나, 가정 사나, 교회 봉사에서 꼭 유념해야 할 점이 있다면, 항상 복종하여 두렵고 떨림으로 자신의 구원을 이루어가야 한다는 것입니다. 원망과 시비가 없이 항상 성령의 감동으로 일하시기 바랍니다.

평가와 결심

1. 무엇보다 먼저 해야 할 일이 무엇입니까?
   (빌 2:12, 두렵고 떨림으로 자신의 구원을 이루어야 함)
2. 하나님의 뜻을 위해 어떻게 하라고 하셨습니까?
   (요일 2:7~11, 소원을 두고 행하라고 함)
3. 교회에서나 어느 곳에서든지 어떻게 해야 합니까?
   (요일 2:12~14, 원망과 시비가 없이 해야 함)

주간 경건의 시간 <26> · 날마다 말씀과 함께

내용 \ 요일	주일/월(Mon)	화(Tue)	수(Wed)	목(Thu)	금(Fri)	토(Sat)
찬송	144동 / 91동	323/ 355	386/ 439	388 / 441	426 / 215	425/ 216
성경	삼상29:/삼상30:	삼상 31:	빌 1:	빌 2:	빌 3:	빌 4:
적용	다윗과 블레셋/ 다윗과 아말렉	사울과 블레셋	바울의 매임과 복음	그리스도의 겸손	하나님께로 난 의	빌립보인 들의 선물

* 그리스도인들과 낙타들은 무릎을 꿇고 그들의 짐을 받는다.

<암브로스 비어스, 1842~1914, 소설가>

7단원 전도 실천의 달

내 영을 부어 주리니

찬송 / 375, 380, 379 / 통 421, 424, 429
성경 / **사도행전 2:14-36**
요절 / **사도행전 2:18**
"그 때에 내가 내 영을 내 남종과 여종들에게 부어 주리니 그들이 예언할 것이요."
목표 / 전도는 하나님의 영이신 성령이 도와주실 때 가능함을 알게 한다.

시작하는 말

이번 단원에서는 사도행전을 통하여 '전도 실천'에 대하여 공부하게 됩니다. 하나님께서는 죄악이 관영한 세상을 구원하시기 위하여 자신의 아들이신 예수 그리스도를 십자가에 내어주시기까지 하였습니다.

오늘날 교회마다 양적부흥을 위하여 갖은 수단과 방법을 다 동원하여 기존 신자 쟁탈전에 나섭니다. 그러나 말로는 **태신자**[1]를 전도한다고 하지만 다른 교회에 다니는 분들을 전도행사 때, 빌려오는 행태로 전락하고 있습니다. 그만큼 전도하기가 힘들어 졌다는 사실입니다.

오늘의 말씀

1. 예수를 믿는 자들은 모두 성령이 충만했습니다(행 2:14~16).

---

1) '태신자'(胎信者)란 엄마가 아기를 가지면 열 달 동안 조신조심하며 생활하듯, 새로운 하나님의 백성이 태어나기 위해서는 기다리며, 품고, 기도하고, 복음을 전하는 사람이 필요하다. 전도 받는 신자를 품고 기도하겠다는 의미로 쓰이는 말이다.

본문은 새로운 교회시대, 즉 예수님의 승천과 성령이 강림하신 오순절 이후에 처음으로 행해진 설교입니다. 성령이 교회에 임할 때 성령 충만하고, 하나님의 임재하심과 기쁨이 충만한 제자들은 매우 흥분된 채 행동했습니다. 하나님께서 하신 놀라운 일을 말하였습니다. 하나님의 임재와 영원한 구원에 대한 절대적인 확신을 나타냈습니다. 누구든지 듣고자 하는 모든 사람들에게 증거 했습니다.

· 함께 읽어요 : 요엘 2장 28~29절

"28 그 후에 내가 내 영을 만민에게 부어 주리니 너희 자녀들이 장래 일을 말할 것이며 너희 늙은이는 꿈을 꾸며 너희 젊은이는 이상을 볼 것이며 29 그 때에 내가 또 내 영을 남종과 여종에게 부어 줄 것이며"

2. 주의 날은 심판의 날입니다(빌 2:19~21).

20절 말씀을 함께 읽겠습니다. "주의 크고 영화로운 날이 이르기 전에 해가 변하여 어두워지고 달이 변하여 피가 되리라." 주의 날이란 그리스도께서 다시 오셔서 이 땅을 심판하시는 날이요, 지상에 임하시는 날입니다. 주님의 예언처럼 요즈음 지구촌은 난리와 난리의 소문, 기근과 지진, 불법이 성함, 사랑이 식어짐, 큰 환난, 거짓 그리스도와 거짓 선지자들의 출현과 미혹 등(마 24장)으로 **구원의 주님**께서 문밖에 임박해 오셨다는 사실을 보여주고 있습니다.

또한 세상 나라들은 민족이 민족을, 나라가 나라를 대적하여 일어난다는 것입니다. 천국 복음이 모든 민족에게 증언되기 위하여 온 세상에 전파되리니 그제야 끝이 오리라는 것입니다(마 24:7~14).

· 함께 읽어요 : 마태복음 24장 13~14절

"13 그러나 끝까지 견디는 자는 구원을 얻으리라 14 이 천국 복음이 모든 민족에게 증언되기 위하여 온 세상에 전파되리니 그제야 끝이 오리라."

3. 이 날은 하나님의 구세주 나사렛 예수의 날입니다(행 2:22~24).

베드로 사도의 설교는 그들의 정곡을 찔렀습니다. 22절을 함께 읽겠습니다. "이스라엘 사람들아 이 말을 들으라. 너희도 아는 바와 같이 하나님께서 나사렛 예수로 큰 권능과 기사와 표적을 너희 가운데 베푸사 너희 앞에서 그를 증언하셨느니라." 말세는 예수 그리스도로부터 시작되었습니다. 하나님께로부터 나사렛 예수 그리스도는 허락을 받고 온전한 승인을 받으셨습니다. 하나님께서 그분을 통하여 일하심을 만방에 나타내셨습니다.

하나님께서 예수님이 자신이 보낸 자라는 사실을 명백히 나타내 보이셨기 때문에 사람들은 이 사실을 알고 있었습니다. 그 증거가 수세기 동안 진정으로 그리스도를 통해 일하고 계심을 온 세상에 입증하시고 드러내 보이셨던 것입니다.

일부러 예수 그리스도의 나타내신 복음의 진실들을 부인하려는 자들, 곧 거짓 그리스도와 거짓 선지자들이 나타나 택한 백성들을 미혹하고 있는 것입니다. 예수 그리스도의 십자가의 죽으심은 사악한 자들 때문에 하나님께서 친히 계획하신 사건입니다.

① 예수님은 사악한 자들의 손에 의해 십자가에 못 박혀 죽임을 당하셨습니다. 타락한 인간은 죄의 본성을 가졌기 때문에 사악하고 타락하였으며, 이기적인 존재들일 수밖에 없습니다.

② 하나님의 정하신 뜻과 미리 아신 대로 그분을 십자가에 못 박기까지 하시면서 인간을 구원하셨습니다. 이 본문에서 예지(豫知) 예정(豫定)을 분명하게 말씀하고 있습니다. 죄의 결과는 엄청난 것이어서 하나님의 아들이 십자가의 대속의 피 값으로만 죄의 문제가 해결될 수 있었던 것입니다.

· 함께 읽어요 : 사도행전 2장 23절

"그가 하나님께서 정하신 뜻과 미리 아신 대로 내준 바 되었거늘 너희가 법 없는 자들의 손을 빌려 못 박아 죽였으나 24 하나님께서 그를 사망의 고통에서 풀어 살리셨으니 이는 그가 사망에 매여 있을 수 없었음이라."

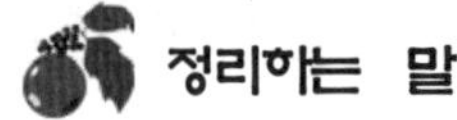

정리하는 말

사랑하는 여러분! 오늘 본문에서 베드로 사도는 선민이면서도 복음을 받아들이지 않고 머뭇거리는 이들을 향하여 외쳤습니다. 구체적인 예를 들어 구원의 문제를 속 시원하게 선포하고 있습니다. 하나님의 미리 아심(예지)과 미리 정하심(예정)에 대하여 가르쳐 주고 있습니다. 여러분! 여러분들 자신이 구원의 확신을 가지고 성령 충만함으로 담대하게 나아가 그리스도의 십자가와 복음을 전하시기 간절히 부탁드립니다.

평가와 결심

1. 예수를 믿는 전도자들이 첫째 필요한 것이 무엇입니까?
   (행 2:18, 하나님의 영, 그리스도의 영이신 성령 충만해야 함)
2. 주의 날이 과연 어떤 날입니까?
   (행 2:12, 16, 주의 크고 영화로운 날, 주의 심판의 날)
3. 이 날은 과연 누구의 날입니까?
   (행 2:22~24, 하나님의 구세주 나사렛 예수의 날임)

주간 경건의 시간 <27> · 날마다 말씀과 함께

요일 / 내용	주일/월(Mon)	화(Tue)	수(Wed)	목(Thu)	금(Fri)	토(Sat)
찬송	146동/ 144동	215 / 354	252 / 184	255/ 187	210 / 245	246 / 221
성경	행 1:/행 2:	행 3:	행 4:	행 5:	행 6:	헴 7:
적용	주님 승천 /성령 강림	앉은뱅이 고침	예수로만 구원	아나니아와 삽비라	일곱 집사	스데반 순교

* 내가 복음을 전하지 않으면 지옥에 가리라.

<윌리엄 A(빌리) 선데이, 1863-1935, 미국 전도자>

사마리아에 복음 전함

찬송 / 286, 364, 365 / 통 218, 482, 484
성경 / **사도행전 8:4-40**
요절 / **사도행전 8:17**
"이에 두 사도가 안수하매 성령을 받는지라."
목표 / 국내뿐 아니라 이방나라에도 복음을 전할 책임이 있음을 안다.

시작하는 말

본문에서 예루살렘 초대 교회가 극심한 핍박을 받게 되자 사도들을 제외한 모든 신자들이 사방으로 흩어지게 됩니다. 그 흩어진 사람들 때문에 복음은 더욱 더 멀리 전파되는 효과를 낳게 되었습니다.

평신도인 스데반 집사의 순교는 초대교회의 복음의 밀알이 되었던 것입니다. 그런가하면 사울이라는 청년이 스데반 순교 현장에 있었으며 이러한 사건이 사울의 회심과도 이어지게 됩니다. 오늘날 인구가 줄어들면서 복음 전파의 폭도 좁아졌지만 더 열정적으로 전도해야 하겠습니다.

오늘의 말씀

1. 흩어진 사람들은 두루 다니며 복음을 전파했습니다(행 8:4~5).

사울은 스데반의 죽음을 마땅하게 여겼습니다. 예루살렘 교회에 큰 핍박이 일어났습니다. 사도들 외에는 다 유대와 사마리아 모든 지방으로 흩어졌습니다(디아스포라). 이런 사람들 중에 일반 성도로서 최초의 집사 가운데 한 사람인 빌립은 사마리아 성으로 내려가 백성들에게 그리스도를 소개했습니다. 하나님의 나라에 대해서 전파했습니다. 무리가 빌립의 전도를 듣고 행하는 표적도 보고 한마음으로 그가 하는 말을 따르게 되었습니다.

· 함께 읽어요 : 사도행전 8장 1절
"사울은 그가 죽임을 당함을 마땅히 여기더라. 그 날에 예루살렘에 있는 교회에 큰 핍박이 있어 사도 외에는 다 유대와 사마리아 모든 땅으로 흩어지니라."

2. 전도운동을 위한 필수 요소가 있습니다(행 8:6~).

전도 운동을 위한 필수 요소는 두 가지가 있습니다.

첫째, '한 마음'이 되어야 합니다. 6절 말씀을 함께 읽겠습니다. "무리가 빌립의 말도 듣고 행하는 표적도 보고 한 마음으로 그가 하는 말을 따르더라."고 하였습니다. 즉 마음과 생각과 목적이 하나가 되어야 합니다. 전하는 복음의 메시지에 기꺼이 귀를 기울이고, 표적을 보고자하는 노력이 있어야 합니다. 사람들이 전도자를 배척하고 그의 말에 귀를 막고 눈을 가린다면, 전도운동은 절대 일어날 수 없습니다. 그러므로 전도자와 그가 전하는 복음의 말씀에 대해 열린 마음과 자발성과 일치된 마음이 있어야 합니다.

둘째, '따르더라'(프로세이콘; *προσείχόν*; 시중들다. 봉사하다의 3인칭 복수 미완료 형)는 말은 사람들이 빌립이 전하는 말을 순종하고 계속 따라다녔다는 것입니다. 베뢰아 사람들처럼 간절한 마음으로 말씀을 받았습니다. 전도와 부흥은 말씀을 적극적으로 상고하는 데서 이루어집니다.

· 함께 읽어요 : 사도행전 17장 11절
"베뢰아에 있는 사람들은 데살로니가에 있는 사람들보다 더 너그러워서 간절한 마음으로 말씀을 받고 이것이 그러한가하여 날마다 성경을 상고하므로"

3. 전도운동의 증거는 여덟 가지가 있습니다(행 8:7~25).

본문에 나타난 전도운동의 증거는 여덟 가지가 있습니다.

첫 번째 증거는, 삶이 기적적으로 변화됩니다. 인간의 힘으로는 치유가 불가능한 귀신들렸던 사람에게서 귀신이 나가고(마 3:11, 눅 4:41), 갖가지 병든 자들이 고침 받고, 앉은뱅이가 나았습니다.

두 번째 증거는, 큰 기쁨을 체험하게 됩니다(요 15:11).

세 번째 증거는, 죄의 큰 수렁, 거짓 선지자, 거짓 종교, 마술을 행하는 것으로부터 구원을 받게 됩니다(행 8:24).

네 번째 증거는, 하나님 나라와 예수 그리스도의 이름에 관한 것들을 믿고 세례를 받았습니다(행 8:12).

다섯 번째 증거는, 거짓 고백을 한 자가 참된 고백을 하게 됩니다.

여섯 번째 증거는, 성령 받음과 성령 나타남이 있었습니다(14~17절).

일곱 번째 증거는, 위선에 대해 책망을 했습니다(20~23절).

여덟 번째 증거는, 복음에 대해 마음이 열렸습니다. 사마리아인들은 복음에 마음 문을 열고 받아들였습니다(6절). 사도들도 사마리아인들이 하나님의 말씀을 받았다 함을 듣고 베드로와 요한을 보냈습니다(14절).

오순절에 강림하신 성령님이 주체가 되어 역사하셔서, 전도운동의 결과는 성공적입니다. 따라서 사람들은 전하는 복음을 마음 문을 열고 받아들였습니다. 대한민국 남북한도 지금은 서로가 이념문제로 갈등을 겪지만, 하나님의 아들 예수 그리스도의 십자가 복음이 살아 역사하셔서, 7천만 동포를 하나 되게 만들 것을 확신합니다.

이스라엘과 사마리아가 같은 동족이면서 적대시 했던 것처럼 남과 북이 적대하고 있지만, 십자가의 복음이 저 북쪽 땅을 덮을 때, 분명 능력의 주 하나님께서 한 마음 한 뜻으로 묶어주실 것입니다. 할렐루야!

· 함께 읽어요 : 에스겔 37장 16~17절

"16 인자야 너는 막대기 하나를 가져다가 그 위에 유다와 그 짝 이스라엘 자손이라 쓰고 또 다른 막대기 하나를 가지고 그 위에 에브라임의 막대기 곧 요셉과 그

짝 이스라엘이라 쓰고 17 그 막대기들을 서로 합하여 하나가 되게 하라 네 손에서 둘이 하나가 되리라."

사랑하는 형제자매 여러분! 같은 핏줄을 타고 났으면서도 적대시하며 살아가는 것은 사탄 마귀가 뿌려놓은 사악한 죄악의 뿌리 때문입니다. 그리스도의 복음이 마음을 열어 하나로 만들 듯이, 남과 북의 가로막힌 담도 무너뜨려 줄 것입니다. 사마리아에 복음전한 사도들처럼 복음의 깃발을 들고, 세계만방, 특히 북한 땅까지 십자가 복음으로 통일 될 그날까지 함께 기도하면서 한 마음 한 뜻으로 복음 전도의 사명을 잘 감당하시기 바랍니다.

 평가와 결심

1. 핍박으로 흩어진 사람들은 어디에서 무엇을 하였습니까?
   (행 8:4~6, 유다와 사마리아 땅으로 흩어져 복음의 말씀을 전함)
2. 복음전도운동의 필수 요소가 무엇입니까?
   (행 8:6, 한 마음으로 복음을 따라야 함)
3. 지구촌 유일한 분단국인 남북한이 회복되는 길은 무엇입니까?
   (겔 37:16~17, 십자가 복음으로 하나 되어야 함)

 주간 경건의 시간 <28> · 날마다 말씀과 함께

요일 / 내용	주일/월(Mon)	화(Tue)	수(Wed)	목(Thu)	금(Fri)	토(Sat)
찬송	39동/ 36동	338 / 364	420 / 212	419/ 478	457 / 510	459 / 514
성경	행 8:/행 9:	행 10:	행 11:	행 12:	행 13:	행 14:
적용	교회 박해/ 사울의 개종	고넬료 가정 구원	착함 성령 믿음	베드로 투옥	바나바와 바울 파송	이고니온 전도

* 유일한 인생을 남을 위해 사는 것은 살 만한 가치가 있는 인생이다.
<앨버트 아인슈타인 1879~1955, 독일 태생 미국 물리학자>

바울의 옥중 전도

찬송 / 305, 304, 268 / 통 405, 404, 202
성경 / **사도행전** 16:19-40
요절 / **사도행전** 16:31
"이르되 주 예수를 믿으라. 그리하면 너와 네 집이 구원을 얻으리라."
목표 / 바울 사도처럼 옥중이나 어디서든지 복음을 전해야 함을 알도록 한다.

시작하는 말

우리가 살고 있는 세상은 분명 우리가 영원히 살 곳은 아닙니다. 그러나 세상에 목숨을 부지하며 살고 있는 이상, 싫든 좋든, 나라의 행정부나 사법부나 국회는 우리와 밀접한 관계에 있습니다. 우리가 소속해 있는 교회의 상위 기관들도 분명 존재의 이유와 가치가 있는 것입니다. 바울은 복음을 전하다가 옥중에 갇혔지만, 마음과 생각은 온통 그리스도의 복음과 구원을 위해 무엇을 할 것인가를 염려하고 있습니다. 이것이 세상을 살아가는 성도들의 바른 신앙생활 태도입니다. 바울의 옥중생활은 당시 관리들을 전도할 수 있는 좋은 기회였습니다.

오늘의 말씀

1. 돈과 탐욕은 복음 전파를 가로막고 대적합니다(행 16:19~24).

본문에서 돈과 탐욕은 복음에 맞서 복음을 부인하고 대적하게 만들었습니다. 돈과 탐욕은 거짓 고소를 하게 만들었습니다. 복음을 전하는

데, ① 위험한 사람들이라고, ② 성을 소란케 하며, ③ 성의 질서를 문란케 하고, ④ 다른 풍속을 가르치고, ⑤ 불법적인 종교 활동을 한다고 고소당했습니다. 만일 여러분들이 이런 고소를 당했다면 어떻게 하겠습니까?

바울 사도와 실라는 믿는 자의 성실한 태도를 잃지 않았습니다.

· 함께 읽어요 : 사도행전 16장 25절
"한밤중에 바울과 실라가 기도하고 하나님을 찬송하매 죄수들이 듣더라."

2. 구원을 위한 준비는 4가지로 나타났습니다(행 16:25~28).

구원이라는 주제에 대한 준비는 4가지로 잘 설명해 주고 있습니다.

첫째, 극한 환난 중에도 그들은 강하게 증거 했습니다(25~28절) 상황이 어려울 때도 초심을 잃지 않고 흔들리지 않았습니다.

① 문제 해결을 위해 기도했습니다. ② 하나님을 찬송했습니다.

둘째, 하나님의 역사가 있었습니다. 본문에는 지진으로 역사하셔서 간수의 마음을 움직여 구원받기를 간절히 원하게 하셨습니다.

셋째, 간수는 지진으로 옥문이 열렸기에 죄수들이 도망한 줄 알고 자결하려 했습니다. 간수는 두려움, 무력함, 불안감이 엄습하여 바울의 증언을 받아들일 수밖에 없었을 것입니다.

넷째, 믿는 자들을 통한 소망의 부르심이 있었습니다. 바울은 자결하려는 간수를 향해 '네 몸을 상하지 말라, 우리가 다 여기 있노라.'고 외쳤습니다. 전도자는 복음과 함께 세상을 향한 희망과 소망을 주어야 합니다.

· 함께 읽어요 : 베드로전서 3장 15절
"너희 마음에 그리스도를 주로 삼아 거룩하게 하고 너희 속에 있는 소망에 관한 이유를 묻는 자에게는 대답할 것을 항상 준비하되 온유와 두려움으로 하고"

3. 구원에 대한 갈구함과 담대한 선포와 열매가 있었습니다(행 16:29~33).

여러분! 전도자를 통한 희망적이고 소망적인 메시지를 듣고 나아 갈 때, 첫째, **구원의 갈구함**이 있었습니다.

① 구원을 즉시, 그리고 겸손히 찾았습니다(29절). 등불을 들고 뛰어 들어가 무서워 떨며 바울 앞에 엎드렸습니다.

② 구원에 대한 절박한 요구를 하였습니다(30절). "선생들이여 내가 어떻게 하여야 구원을 받으리이까?"하며 구원을 위해 매달렸습니다.

둘째, 즉시 **구원의 선포**가 그들에게 뒤따랐습니다.

① 믿음의 필요성입니다. "주예수를 믿으라. 그리하면 구원을 얻으리라."

② 주의 말씀에 대한 이해의 필요성입니다. 바울은 지체하지 않고 주의 말씀을 그 사람과 그 집에 있는 모든 사람에게 전했습니다.

③ 회개와 세례의 필요성입니다. 자기와 온 가족이 다 세례를 받았습니다.

셋째, 그들에게 **구원의 열매**가 뒤따랐습니다.

① 봉사하는 특권이 있습니다. 자기 집에 가 음식을 차려주었습니다.

② 크게 기뻐하였습니다. 저와 온 집이 믿었으므로 기쁨이 충만했습니다.

③ 온 가족이 구원을 받았습니다. 온 집이 믿은 신앙의 결과입니다.

사도행전 사건 중에서 본문처럼 아름다운 전도의 완전한 모델이 없습니다. 구원이라는 주제를 알기 쉽게 자세하고도 구체적인 사례로 설명해 주고 있습니다. 말씀의 만찬이요, 꽃송이요, 전도의 아름다운 열매입니다.

· 함께 읽어요 : 사도행전 16장 33~34절

"33 그 밤 그 시각에 간수가 그들을 데려다가 그 맞은 자리를 씻어주고 자기와 온 가족이 다 세례를 받은 후 34 그들을 데리고 자기 집에 올라가서 음식을 차려 주고 그와 온 집안이 하나님을 믿으므로 크게 기뻐하니라."

정리하는 말

사랑하는 여러분! 전도는 이렇게 한 가족 단위로 회심하도록 하는 것이 가장 이상적입니다. 바울과 실라는 비록 복음을 위해 갇혔지만 성도의 본연의 모습으로 돌아가 매를 맞아 터지고 아픈 상처를 안고서라도 문제의 핵심을 껴안고 기도했을 것입니다. 결연함과 담대함으로 하나님을 소리 높여 찬송하였습니다. 이때 하나님의 이적이 나타났습니다. 지진이 나며, 매인 것이 다 풀려졌습니다. 여러분의 모든 가족들이 간수장의 가족처럼 구원을 얻고 기쁨을 누리며 살아가시기를 바랍니다.

평가와 결심

1. 본문에서 무엇이 복음 전도를 가로막고 있습니까?
   (행 16:19~24, 돈과 탐욕)
2. 구원을 위한 준비 첫 번째가 무엇입니까?
   (행 16:5~9, ①문제를 붙들고 기도하고, ②하나님을 찬송함)
3. 간수의 가정이 받은 구원의 열매는 무엇입니까?
   (행 16:34, ①봉사의 특권 ②기쁨 충만 ③온 가족 구원받음)

주간 경건의 시간 <29> · 날마다 말씀과 함께

요일 / 내용	주일/월(Mon)	화(Tue)	수(Wed)	목(Thu)	금(Fri)	토(Sat)
찬송	91동/ 145동	95 / 82	138 / 52	190 / 177	499 / 277	498 / 275
성경	행15:/ 행16:	행 17:	행 18:	행 19:	행 20:	행 21:
적용	성령과 우리/ 간수의 회심	베뢰아 전도	고린도 전도	두란노 서원	아가야 2차 방문	예루살렘 여행

* 고생을 많이 한 사람이 많은 것을 안다. <그리스 격언 >

7단원 전도 실천의 달

바울의 간증설교 전도

찬송 / 496, 495, 515 / 통 260, 271, 256
성경 / 사도행전 26:1-29
요절 / 사도행전 26:23
"곧 그리스도가 고난을 받으실 것과 죽은 자 가운데서 먼저 다시 살아나사 이스라엘과 이방인들에게 빛을 전하시리라 함이니이다 하니라."
목표 / 진실한 신앙간증이나 간증설교는 전도의 좋은 방법임을 알게 한다.

시작하는 말

바울은 복음을 전하다가 고소를 당해, 당시 유대의 최고 의결 기관이자 기독교의 박해 본부인 산헤드린 공회 앞에서, 부활교리를 내세워 바리새인과 사두개인의 분란을 유도해 벗어났습니다. 그리고 가이사에게 상소하여 로마행을 택하여 전도의 문을 열어가는 과정에서 아그립바 왕 앞에서 변론합니다. 그의 앞에서 한 간증설교 내용은 다메섹 도상에서 대낮에 나타나신 예수 그리스도를 전하였습니다. 곧 그리스도가 고난 받으실 것과 다시 살아나심과 생명과 빛의 복음을 전하였던 것입니다.

오늘의 말씀

1. 바울은 자신에 대하여 1차 변명을 합니다(행 26:1~3).

바울은 정중하게 아그립바 왕의 허락으로 증언합니다. 아그립바 왕은 실제로 유대인의 법률과 관습에 대해 정통하였습니다. 그는 실제로 대제사장 임명과 성전보호유지의 책임을 지고 있었습니다. 바울은 왕이 그에 대한 송사를 더 잘 이해할 것이며, 그가 무죄하다는 것을 알 수 있음을 알았습니다. 그리고 바울은 이 법정에서는 풀려날 수 없다는 것을 알았습니다. 그는 가이사에게 호소한 바 있어 가이사 앞에서 재판받아야 하고 자신의 변호에 상당한 시간이 걸릴 것을 이미 알았습니다.

· 함께 읽어요 : 사도행전 26장 3절
"특히 당신이 유대인의 모든 풍속과 문제를 아심이니이다. 그러므로 내 말을 너그러이 들으시기를 바라나이다."

2. 바울은 성장 배경을 설명하면서 자신의 입장을 변호합니다(행 26:4~15).

본문에서 바울은 자신의 성장 배경과 종교생활을 털어놓습니다.

① 다소에서 태어나 예루살렘에 보내져 유대율법 교육을 받았습니다.

② 유대인의 가장 엄한 계파인 바리새인, 즉 엄격한 종교인으로 길러졌습니다(5절).

바울의 생활과 삶은 아주 전통과 정통적인 것이었습니다(6~7절).

① 바울의 소망은 유대인들이 품었던 것과 똑같은 소망, 즉 메시야와 부활에 대한 소망이었습니다.

② 주된 오해는 메시야의 부활과 미래의 언젠가는 모든 사람들이 부활할 것이라는 사실이었습니다(8절).

바울의 이전 생활은 그리스도와 기독교 성도를 옥에 가두고 또 죽일 때에 찬성투표를 한 핍박 자였다고 진솔하게 고백합니다(10~11절).

그러나 바울은 이전 사울일 때의 자신이 180도 변화되었다고 서슴없이 말하고 복음의 증언자로서의 삶을 살아가고 있다고 주장했습니다.

· 함께 읽어요 : 사도행전 26장 10~11절
"10 예루살렘에서 이런 일을 행하여 대제사장들에게 권한을 받아 가지고 많은 성도를 옥에 가두며 또 죽일 때에 찬성투표를 하였고 11 또 모든 회당에서 여러 번 형벌하여 강제로 모독하는 말을 하게하고 그들에 대하여 심히 격분하여 외국 성에까지 가서 박해하였고"

3. 바울은 예수님의 부르심에 복종하였습니다(행 26:19~21).

본문은 사도 바울이 아그립바 왕 앞에서 큰소리로 선언한 그의 간증설교입니다. 바울은 그의 소명이 하늘로부터, 즉 주님으로부터 온 소명이라는 것을 강한 어조로 선언합니다. 그는 이 세상에서 하나님으로부터 소명을 받을 가능성이 없는 사람이었지만 극적으로 큰 소명을 받았습니다. 주님은 바울을 부르셨으며 주님은 그가 그의 소명을 수행하기를 기대하셨습니다. 바울은 하늘의 소명에 거역하지 않았었노라고 담대하게 선언합니다.

그에 대해 고소한 죄목들은 부당한 것이었습니다. 그는 하나님께 불복종한 것이 아니라, 그는 주님께 충성스러웠으며 주님이 원하시는 일들을 정확하게 수행하였습니다. 그는 죄인이었습니다. 그러나 주님이 자비로 그를 구원하시고 부르셨으며, 그는 이제 주님께 복종하고 헌신한 것입니다.

그러므로 모든 사람들은 통치자이든, 보통 사람이든 간에 하나님의 부르심에 주의를 기울여야 합니다.

주님은 사람을 부르실 때 진지하십니다. 그 소명은 하나님으로부터 허락되기 때문입니다. 성경을 바로 알고, 그 말씀으로부터 자신의 사명을 재확인하고, 하나님의 뜻에 복종하는 삶이야말로 사명을 발견하고 세상을 바로 살아가는 방법이기도 합니다. 여러분들이 하나님의 부르심에 순종하며 헌신의 결단으로 하나님이 기뻐하시는 삶을 살아가시기를 소원합니다.

· 함께 읽어요 : 사도행전 26장 17~18절

"17 이스라엘과 이방인들에게서 내가 너를 구원하여 그들에게 보내어 18 그 눈을 뜨게 하여 어둠에서 빛으로 사탄의 권세에서 하나님께로 돌아오게 하고 죄 사함과 나를 믿어 걸구하게 된 무리 가운데서 기업을 얻게 하리라 하더이다."

정리하는 말

사랑하는 여러분! 바울은 자신을 부르신 과정과 소명에 응답하여 기독교인들을 말살하려고 가다가, 오히려 다메섹 도상에서 대낮에 밝은 빛을 받고 거꾸러져 엎드러지면서 하늘로서 주님의 음성을 듣고 회심합니다. 사울이 전에는 '비방자요, 박해자요, 폭행자'였으나, 이제 주님의 기적적인 은혜로 변화되어 하나님의 사도로서 소아시아와 유럽 천지를 누비면서 복음의 대전도자가 되었던 것입니다. 여러분! 과거를 뒤돌아보지 마시고 주님이 원하신다면 복음전도자로 다시 태어나기를 바랍니다.

평가와 결심

1. 바울은 누구 앞에서 자신을 변명하게 됩니까?
   (행 26:1~7, 유대인 관할 책임자인 아그립바 왕 앞에서)
2. 바울은 자신이 이전에 어떠한 사람이라고 고백합니까?
   (딤전 1:13, 비방자요 박해자요 폭행자라고 고백함)
3. 바울은 이제 누구에게 그의 인생을 맡기고 복종하고 있습니까?
   (삼상 24:16~22, 다메섹 도상에서 만난 예수 그리스도)

주간 경건의 시간 <30> · 날마다 말씀과 함께

요일 / 내용	주일/월(Mon)	화(Tue)	수(Wed)	목(Thu)	금(Fri)	토(Sat)
찬송	91 동/ 145동	276/ 334	246/ 221	209 / 247	187/ 171	186/ 176
성경	행 22:/행 23:	행 24:	행 25:	행 26:	행 27:	행 28:
적용	바울의 간증 / 공회 앞 바울	벨릭스 총독 앞 바울	가이사에게 상소	아그립바 왕과 바울	바울의 로마 행	멜리데 섬에서

* 개인의 의견은 약하나 대중 의견은 거의 전능의 힘을 가지고 있다.
<헨리 워드 비쳐, 1813-1887, 미국 목사>

부르짖으매 고치셨도다

찬송 / 325, 425, 545 / 통 359, 217, 344
성경 / 시편 30:1-12
요절 / 시편 30:2
"여호와 내 하나님이여 내가 주께 부르짖으매 나를 고치셨나이다."
목표 / 연약 병을 비롯한 만병의 치료 제는 기도임을 알게 한다.

시작하는 말

이번 단원에서는 시편 성경을 읽어가면서 '건강 회복'에 대하여 공부하게 됩니다. 하나님께서는 에덴동산에 최초의 인간을 창조하시고 그들에게 건강하고 행복하게 살아가도록 하셨습니다. 그러나 사탄(שָׂטָן; SATAN)이 들어와 아담과 하와가 범죄 하게 되었고, 인류는 건강의 균형을 잃게 되었습니다. 죄악으로 병든 영혼에 질병이 찾아오게 되었습니다. 그러나 시인은 '하나님께 부르짖으매 고치셨다'고 고백합니다. 여러분! 주님 향한 간절한 부르짖음으로 영육 간 건강하시기를 바랍니다.

오늘의 말씀

1. 구원을 찬양함으로 건강을 되찾으시기 바랍니다(시 30:1~3).

하나님의 구원을 체험한 시인은 먼저 하나님을 찬양합니다. 이는 시인에게 베푸신 하나님의 구원의 능력을 통해 하나님을 새롭게 알게 되었기 때문입니다.

첫째, 죽음에서 건지셨습니다(1절). 시편 28:6절에 "여호와를 찬송함이여 내 간구하는 소리를 들으심이로다." 라고 고백합니다.

둘째, 간구하는 기도를 응답하셨습니다(2~3절).

어느 목사님은 30대에 영양실조와 과로로 결핵 3기에 접어들어 얼굴은 다 죽어가는 송장 같은 모습이었습니다. 밤새 기관지천식으로 기침이 멈추지 않아 잠들 수 없었습니다. 새벽에는 각혈로 목에서 넘어오는 피비린내를 삼키면서 새벽예배를 인도하면서 기도를 쉬지 않았습니다. 결국, 극적으로 고침을 받았습니다. 하나님의 능력을 믿고 찬송하며 기도하므로, 죽을 병 결핵에서 고쳐주신 줄 믿으시기 바랍니다. 할렐루야!

· 함께 읽어요 : 시편 50편 14~15절

"14 감사로 하나님께 제사를 드리며 지존하신 이에게 네 서원을 갚으며 15 환난 날에 나를 부르라 내가 너를 건지리니 네가 나를 영화롭게 하리로다."

2. 시인은 감격적인 찬양에 동참하도록 초청합니다(시 30:4~5).

하나님을 높이며 그 이유를 설명한 시인은 구원으로 인한 기쁨의 찬양에 성도들이 동참하도록 초청합니다.

첫째, 여호와를 찬송하며 감사하라고 권유합니다(4절).

4절을 함께 읽겠습니다. "주의 성도들아 여호와를 찬송하며 그의 거룩함을 기억하며 감사하라."

둘째, 찬송할 이유는 하나님의 은총입니다(5절).

5절을 함께 읽겠습니다. "그의 노염은 잠깐이요, 그의 은총은 평생이로다. 저녁에는 울음이 깃들일지라도 아침에는 기쁨이 오리라." 하나님의 은총의 영구성에 대한 확신은 신앙인이 누릴 수 있는 가장 복된 지식입니다. 이런 신앙인은 넘어질 지라도 은혜 안에서 다시 일어납니다.

· 함께 읽어요 : 잠언 24장 16절

"대저 의인은 일곱 번 넘어질지라도 다시 일어나려니와 악인은 재앙으로 말미암아 엎드러지느니라."

3. 시인은 회복된 후 철저한 자기 성찰과 함께 회상합니다(시 30:6~10).

하나님의 은혜 안에서 기적적으로 회복된 시인은 철저한 자기 성찰을 통해 회복의 과정을 회상하며 설명합니다.

첫째, 과거에 교만하였다고 고백합니다(6절). 하나님의 징계와 은혜로 회복되기 전, 그는 교만의 늪에 빠져 있었습니다. 형통한 날에 건강, 부요함, 평강, 그리고 번영 등이 자신의 능력과 자질 때문이라고 확신했던 것입니다. 지나친 성공은 그의 자만심을 부추겼습니다.

둘째, 형통의 진상을 깨달았습니다(7절). 시인은 '주의 은혜로 나를 산같이 굳게 세우셨더니'라고 하였습니다. 그러나 '주의 얼굴을 가리시매 내가 근심 하였나이다'라고 성공과 실패의 진상을 고백합니다.

셋째, 시인은 건져 주시기를 간청합니다(8~9절).

시인은 자신이 위기에 처했다고 깨닫게 되었던 그 순간에 필사적으로 하나님께 드렸던 탄식의 기도를 회상하고 있습니다. 8절을 함께 읽겠습니다. "여호와여 내가 주께 부르짖고 여호와께 간구하기를" 자신의 죄에 대한 하나님의 징계를 수용하면서 그는 혼신을 다한 '부르짖음'으로 자신을 건져주시기를 간청하였습니다. 절망적인 상황에서 그가 헤어날 수 있는 방도가 전혀 없었기 때문입니다.

자신의 무능함을 절감하면서 하나님의 구원의 손길에 유일한 소망을 걸었습니다. 그는 계속 반복하여 하나님께 부르짖고 매달렸습니다.

· 함께 읽어요 : 시편 30편 9절

"내가 무덤에 내려갈 때에 나의 피가 무슨 유익이 있으리요. 진토가 어떻게 주를 찬송하며 주의 진리를 선포하리이까?"

정리하는 말

사랑하는 여러분! 오늘 본문에서 시인은 자신의 무능함을 철저히 깨달았습니다. 10절에 "[10]여호와여 들으시고 내게 은혜를 베푸소서. 여호와여 나를 돕는 자가 되소서"라고 간구합니다. 그 결과는 11절로서, "[11]주께서 나의 슬픔이 변하여 내게 춤이 되게 하시며, 나의 베옷을 벗기고 기쁨으로 띠 띠우셨나이다"라는 말씀입니다. 여러분! 부르짖음의 기도는 그를 고치셨고, 그로 인하여 시인은 '영광 중에 찬송하며 주께 영원히 감사하리라' 결심했습니다. 여러분의 앞날에 믿음의 거룩한 결단이 있으시길 주님의 이름으로 부탁합니다.

평가와 결심

1. 신앙인의 건강 비결 첫째는 무엇입니까?
   (시 30:1~3, 구원을 찬양함으로 건강을 되찾음)
2. 시인은 회복 후에 어떻게 무엇을 하고 있습니까?
   (시 30:4~5, 찬양에 동참하도록 권유하고 있음)
3. 시인은 회복된 후에 철저하게 무엇을 하고 있습니까?
   (시 30:6~10, 철저한 자기 성찰과 함께 회상함)

주간 경건의 시간 <31> · 날마다 말씀과 함께

요일 / 내용	주일/월(Mon)	화(Tue)	수(Wed)	목(Thu)	금(Fri)	토(Sat)
찬송	25동/ 23동	370 / 455	369 / 487	368/ 486	364 / 482	365 / 484
성경	시 29:/시 30:	시 31:	시 32:	시 33:	시 34:	시 35:
적용	여호와 소리/ 슬픔이 변해	내 시대가 주의 손에	허물의 사함	찬송은 마땅함	고난에서 건지심	기도가 품으로

* 건전한 신앙은 몸을 건강하게 한다.

<윌리엄 E. 글래드스턴, 1809-1898, 영국 정치가>

8단원 건강 회복의 달

건강의 맥박 기도생활

찬송 / 286, 364, 365 / 통 218, 482, 484
성경 / **시편 35:1-17**
요절 / **시편 35:17**
"주여 어느 때까지 관망하시려 하나이까 내 영혼을 저 멸망자에게서 구원하시며 내 유일한 것을 사자들에게서 건지소서."
목표 / 건강생활의 기초체계는 기도생활임을 알게 한다.

시작하는 말

현대인들의 관심은 '건강'입니다. 그래서 건강에 대한 염려로 건강을 오히려 해치는 경우도 있습니다. 시인은 1절에서 "여호와여 나와 다투는 자와 다투시고 나와 싸우는 자와 싸우소서"라고 기도하고 있습니다. 이는 자신의 안전과 건강을 해치려는 자들 때문에 걱정과 염려로 살아감을 의식하고 하나님께 하소연하는 기도를 하고 있습니다. 여러분들은 개인의 건강문제를 위해 어떻게 대처해 나가고 있습니까? 대적들은 할 수만 있으면 우리를 육적인 건강 염려로 믿음을 파괴하려합니다.

오늘의 말씀

1. 시인은 자신의 구원을 요청합니다(시 35:1~3).

시인이 처해있는 환난의 성격이 무엇인지 구체적으로 분명히 알 수 없습니다. 시인은 자신의 환난을 두 가지 상징적인 용어로 표현함으로서 자신이 당하고 있는 어려움이 심각한 것임을 예시합니다. 잠언 17장 22절에는 "**마음의 즐거움**은 **양약**이라도 심령의 근심은 뼈를 마르게 하느니라"고 하였습니다. 실제로 뼈와 관절은 정신적인 영향을 많이 받는 대표적 질환입니다. 어떤 의학자는 불안 염려 때문에 암이 발병하며, "15초 웃으면 이틀 오래 산다"고 말했습니다. 다윗은 "내게 즐겁고 기쁜 소리를 들려 주시사 주께서 꺾으신 뼈들로 즐거워하게 하소서" (시 51:8)라고 노래하며 찬송으로 치유해 주실 것을 간구하고 있습니다.

· 함께 읽어요 : 히브리서 13장 15절
"그러므로 우리는 예수로 말미암아 항상 찬송의 제사를 하나님께 드리자 이는 그 이름을 증언하는 입술의 열매니라."

2. 대적 자들에 대한 저주를 요청합니다(시 35:4~8).

시인은 하나님께 구원을 간구하는 가운데 "나는 네 구원이라"(3절)는 구원의 확증을 얻었습니다. 이런 확신 속에서 한 걸음 더 나아가 대적 자들이 저주 받기를 간구합니다. 4절부터 읽겠습니다. "4내 생명을 찾는 자들이 부끄러워 수치를 당하게 하시며 나를 상해하려 하는 자들이 물러가 낭패를 당하게 하소서. 5그들을 바람 앞에 겨와 같게 하시고 여호와의 천사가 그들을 몰아내게 하소서." 모세 5경 중 신명기 28:22절에 보면 여호와의 말씀을 불순종하는 자들에게 임할 저주를 말하고 있습니다. "여호와께서 폐병과 열병과 염증과 학질과 한재와 풍재와 썩는 재앙들이 너를 따라서 너를 진멸할 것이라" 말씀합니다. 대적 자들이란 하나님의 말씀을 불신하는 거짓말쟁이요, 거짓의 아비인 마귀입니다. 하나님의 아들이 나타난 것은 마귀의 일을 멸하려 함입니다(요일 5:8).

· 함께 읽어요 : 신명기 28장 27~28절
"27 여호와께서 애굽의 종기와 치질과 괴혈병과 피부병으로 너를 치시리니 네가 치유 받지 못할 것이며 28 여호와께서 또 너를 미치는 것과 눈머는 것과 정신 병으로 치시리니"

3. 구원의 확신으로 찬양합니다(시 35:9~17).

시인은 자신의 구원과 악한 대적들의 패배를 확신하기 때문에 믿음 안에서 '찬양'을 드립니다. 다함께 9절 말씀을 읽겠습니다. "내 영혼이 여호와를 즐거워함이여 그의 구원을 기뻐하리로다." 10절입니다. "내 모든 뼈가 이르기를 여호와와 같은 이가 누구냐 그는 가난한 자를 그보다 강한 자에게서 건지시고 가난하고 궁핍한 자를 노략하는 자에게서 건지시는 이라 하리로다." 하나님은 가난하고 궁핍한 자를 긍휼히 여기사 건지십니다.

하나님께서 그를 건지시고 적들을 패배시켰다는 사실은 곧 시인이 무고하다는 사실을 입증하신 것과 마찬가지입니다.

세상에서 가난하고 궁핍한 자가 살아가기란 참으로 힘든 세상입니다. 그러나 성경에는 곳곳에 병들고 가난한 사람 편에 서서 사랑으로 위로해 주시는 분이 여호와 하나님이시라고 분명히 말씀합니다.

신약 성경에 보면, 특별히 누가복음에 예수님의 탄생과 관련된 3편의 노래가 수록되어 있는데, 이것은 대 송가(Greater Canticle)이라고 합니다. 여기에 마리아의 찬송(눅 1:46~55)을 '마그니피카트'(Magnificat)라고 하는데, 찬송 중에 "권세 있는 자를 그 위에서 내리치셨으며 비천한 자를 높이셨고"(눅 1:52)라고 노래하고 있습니다. 실제적으로 메시아의 강림과 함께 일차적으로 실현되었고, 이사야의 예언처럼 주님의 나라가 임할 때, 확실하게 성취될 것입니다. 이 사실을 명심하고 구원의 확신 속에서 사시기 바랍니다.

· 함께 읽어요 : 이사야 35장 5~6절

"5 그 때에 맹인 의 눈이 밝을 것이며 못 듣는 사람의 귀가 열릴 것이며 6 그 때에 저는 자는 사슴 같이 뛸 것이며 말 못하는 자의 혀는 노래하리니 이는 광야에서 물이 솟겠고 사막에서 시내가 흐를 것임이라."

정리하는 말

사랑하는 여러분! 요즘에는 신문이나 방송 모든 매스컴들이 건강문제, 그리고 먹을거리를 주로 다루고 있지만, 인생의 근본적인 문제는 해결할 수 없습니다. 그러나 하나님을 향한 기도와 찬송은 인생의 불안과 염려를 해소해 줄 뿐 아니라, 인생의 여정에서 놀라운 역사가 일어납니다. 우리의 영과 마음이 편해야 건강해진다는 것입니다. 우리의 상실된 건강 무엇으로 치유될 수 있습니까? 자연치유법으로 맑은 공기를 호흡하듯이, 새벽마다 사랑의 주님을 만나 부르짖는 기도의 호흡으로 구원의 생수를 얻고, 위로와 평안을 얻어 영·육간에 건강을 회복하시기를 소원합니다.

평가와 결심

1. 시인은 자신의 위협을 느끼며 무엇을 요청하고 있습니까?
   (시 35:1~3, 자신의 구원을 요청함)
2. 시인은 두 번째로 무엇을 요청하고 있습니까?
   (시 35:4~8, 대적 자들에 대한 저주를 요청함)
3. 여러분들은 시인이 얻은 결론이 무엇이라고 생각하십니까?
   (시 35:9~17, 기도와 찬송은 위로와 평안을 주어 건강하게 함)

주간 경건의 시간 <32> · 날마다 말씀과 함께

요일 / 내용	주일/월(Mon)	화(Tue)	수(Wed)	목(Thu)	금(Fri)	토(Sat)
찬송	25동/ 23동	197 / 178	198 / 284	329/ 267	304/ 404	356 / 396
성경	시36:/ 시37:	시 38:	시 39:	시 40:	시 41:	시 42:
적용	복락의 강수/ 불평하지 말라	죄를 슬퍼함	나의 기도	새 노래	영혼 고치소서!	찬송이 내게 있어

* 유일한 인생을 남을 위해 사는 것은 살 만한 가치가 있는 인생이다.
<앨버트 아인슈타인 1879~1955, 독일 태생 미국 물리학자>

도우시는 하나님

찬송 / 150, 161, 205 / 통 135, 159, 236
성경 / 시편 43:1-5
요절 / 시편 43:5
"내 영혼아 네가 어찌하여 낙심하며 어찌하여 내 속에서 불안 해 하는가? 너는 하나님께 소망을 두라 그가 나타나 도우심으로 말미암아 내 하나님을 여전히 찬송하리로다."
목표 / 실패와 좌절로 건강 잃은 자들이 하나님의 도우심을 알도록 한다.

시작하는 말

우리가 지금 살고 있는 지구촌은 무분별한 개발과 함께 기후의 온난화로 재앙을 자초하면서, 자연재해가 급증하고 사건사고로 불안과 절망에 떨고 있습니다. 문명과 문화가 발달될수록 지구는 몸살을 앓고 인류는 안정을 찾기가 힘들어만 갑니다. 왜 그렇습니까? 인간의 능력에 한계가 있어 의지할 곳도, 도움을 받을 곳도 없는 속수무책이기 때문입니다. 그러나 우리 성도들에게는 하나님이 계셔서 우리의 한계를 극복하게 하시고 우리를 도우시사, 우리의 방패가 되시며 구원자가 되셔서 최후 승리하도록 역사하십니다. 이 사실을 믿으시기 바랍니다.

오늘의 말씀

1. 시인은 하나님의 의로운 판단을 구하고 있습니다(1~2절).

우리의 배경은 든든합니다. 만유 주 하나님이 우리의 기도를 응답하시는 분이시기 때문입니다. 시인은 이제 하나님께 적극적인 기도로 나아갑니다. 1절을 함께 읽겠습니다. "하나님이여 나를 판단하시되 경건하지 아니한 나라에 대하여 내 송사를 변호하시며 간사하고 불의한 자에게서 건지소서." 이 기도에서 시인은 하나님을 자신의 무죄를 입증하실 의의 판단자로, 자신의 선함을 변호할 변호사로, 의인을 구원할 구원자로서 자신을 살리실 것을 간구하고 있습니다.

· 함께 읽어요 : 시편 43편 2절
"주는 나의 힘이 되신 하나님이시거늘 어찌하여 나를 버리셨나이까. 내가 어찌하여 원수의 억압으로 말미암아 슬프게 다니나이까."

2. 하나님의 손에 맡기고 평정을 되찾았습니다(시 43:3~4).

본문에서 시인은 그의 '힘이 되신 하나님'께서 자신을 버리신다거나 슬픔에 빠져 있을 아무런 이유가 없다고 스스로를 격려하며 용기를 되찾았습니다. 스스로 자신의 변호자가 되는 이유는 하나님께서 자신을 변호하실 것을 확신하기 때문입니다. 이제 모든 것을 하나님의 손에 맡겼고 하나님께 그의 구원이 달려있다는 사실을 확신하기 때문에 걱정이 사라져버렸습니다. 그러기에 이렇게 기도합니다. 3절에 "주의 빛과 주의 진리를 보내시어 나를 인도하시고 주의 거룩한 산과 주께서 계시는 곳에 이르게 하소서."

그가 바라는 '주의 빛'은 곤경의 어두움으로부터 건지시는 구원의 빛입니다. 여기에서 '진리'란 변하지 않는 하나님의 법을 뜻합니다.

'주의 빛'과 '주의 진리'는 여러분들을 곤경의 어두움에서 벗어나게 하고, 그를 인도하여 '주의 성산과 장막'에 이르게 하실 것입니다.

· 함께 읽어요 : 시편 43편 4절
"그런즉 내가 하나님의 제단에 나아가 나의 큰 기쁨의 하나님께 이르리이다. 하나님이여 나의 하나님이여 내가 수금으로 주를 찬양 하리이다."

3. 시인은 불안을 극복하고 하나님을 찬송합니다(시 35:4~5).

사랑하는 여러분! 세상이 아무리 어렵고 힘들더라도 하나님을 의지하고 살아가는 진실한 성도들은 결코 낙망이나 불안에 떨 필요가 없습니다. 시인의 경우처럼 불안을 박차고 일어나 하나님을 찬송하십시오.

시인을 보십시오. 그는 기대했던 소망이 현실화될 것이라는 확신에 차 있습니다. 그가 추구했던 하나님의 성소에 나아갈 기쁨의 감격이 그의 마음에 채워지기 시작합니다. 그는 하나님을 찬양하는 가운데 하나님의 은혜의 빛을 받으며 다시 예배의 처소에 나아갈 것입니다.

4절을 다시 한번 함께 읽겠습니다. "그런즉 내가 하나님의 제단에 나아가 나의 큰 기쁨의 하나님께 이르리이다. 하나님이여 나의 하나님이여! 내가 수금으로 주를 찬양 하리이다." 시인은 '하나님이여, 나의 하나님이여!'라고 간곡하게 거듭하고 있습니다. 오늘날 많은 사람들이 복을 받기 위해 교회에 나오고, 사람 사귀려고 구역회에 가입하고, 그렇지만 진실한 신앙인은 사업보다도, 어떤 복보다도 먼저 하나님 만나기를 소원해야 합니다. 하나님이 우리의 모든 것이 되시기 때문입니다. 사업의 주체도 하나님이시고, 모임의 주체도 하나님이신 것을 명심해야 합니다.

시인은 진정 구원의 하나님께 수금으로 큰 기쁨 가운데 찬양하기를 소원했습니다. 찬송가의 주제를 살펴보면 대부분 간증 시들로 된 '복음송가'(gospel song)가 많고, 하나님을 예배하고 경배하는 '찬송가'(Hymns)가 적습니다. 여러분은 하나님께 온전한 마음으로 자신을 드리며 경배하고 예배하는 찬송가로 더 많이, 더 깊이 찬양하시기 바랍니다. 하나님은 이런 하나님의 권위를 높이며 십자가의 보혈을 노래하는 찬송들을 더 기뻐하실 것입니다. 여러분도 복음송보다 예배 찬송과 십자가 보혈의 신앙고백적 찬송과 구원(보혈) 찬송을 부르시어 하나님께 큰 영광을 돌리시기 바랍니다.

· 함께 찬송해요 : ♬ 찬송가 268장(통일찬송가 202장) 1절과 후렴 ♬

"1절 : 죄에서 자유를 얻게 함은 보혈의 능력 주의 보혈/ 시험을 이기고 승리하니 참 놀라운 능력이로다./ 주의 보혈 능력 있도다! 주의 피 믿으오. 주의 보혈 그 어린양의 매우 귀중한 피로다." ♬

정리하는 말

사랑하는 여러분! 시편을 읽어가면서 아침저녁으로 묵상하고 개인적으로, 가정에서 말씀과 찬양과 경배로 예배하시기 바랍니다. 하나님은 이 예배를 기뻐 받으실 것입니다. 성부와 성자와 성령 하나님을 찬송하십시오. 세상의 걱정 근심 모두 던져버리고 온전히 도우시는 하나님을 앙망하십시오. 전지전능하신 하나님은 우주만물의 모든 것의 모든 것이 되십니다. 여러분의 모든 가족이 오늘도 예배 감격의 기쁨과 말씀의 확신으로 살아가시기를 간절히 소원합니다.

평가와 결심

1. 본문에서 시인은 먼저 무엇을 요구하고 있습니까?
   (시 43:1~3, 하나님의 의로운 판단)
2. 시인은 불안에서 어떻게 평정을 되찾았습니까?
   (시 43:4~5 힘이 되신 하나님의 손에 온전히 맡기고서)
3. 결국 시인은 어떤 경지에 이르게 됩니까?
   (시 43:4~5, 불안을 떨쳐버리고 구원의 하나님을 찬송함)

주간 경건의 시간 <33> · 날마다 말씀과 함께

요일 / 내용	주일/월(Mon)	화(Tue)	수(Wed)	목(Thu)	금(Fri)	토(Sat)
찬송	146동/ 145동	95 / 82	138 / 52	190 / 177	499 / 277	498 / 275
성경	시 43:/ 시 44:	시 45:	시 46:	시 47:	시 48:	시 49:
적용	힘 되신 하나님/ 하나님의 이름	현악의 즐거움	피난처 큰 도움	찬송하라	극진히 찬양	존귀한 깨달음

* 건전한 정신은 건강한 육체에 깃든다. < 영·미·독일 격언>

8단원 건강 회복의 달

내가 너를 건지리니

찬송 / 496, 495, 515 / 통 260, 271, 256
성경 / **시편 50:1-23**
요절 / **시편 50:23**
"감사로 제사를 드리는 자가 나를 영화롭게 하나니 그의 행위를 옳게 하는 자에게 내가 하나님의 구원을 보이리라."
목표 / 전능하신 하나님이 우리를 건지시는 분이심을 알게 한다.

시작하는 말

성도의 기본적인 삶은 '예배하는 삶'일 것입니다. 본문의 시는 외적 형식만 갖추고 진정한 감사와 찬송이 없는 예배, 즉 내면적 준비 없는 제물로 하나님께 예배하는 자들에 대해 책망하며 참된 예배가 무엇인지 교훈하고 있습니다. 현대 성도들의 폐부를 찌르는 말씀입니다. 신앙생활의 건강 없이는 영·육간의 온전한 건강도 없다는 것을 교훈합니다. 현대인들의 고질병은 감사와 찬송이 없는 생활일 것입니다. 기도의 심호흡과 찬송의 기쁨이 없는 증상에서 벗어나시기 바랍니다.

오늘의 말씀

1. 심판자이신 하나님께서 소집 명령을 내리십니다(시 50:1~6).

우리의 심판자이신 하나님께서 그의 백성들을 불러 모으시는 것입니다. 심판장이신 하나님은 '엘 엘로힘 여호와'라는 이름에 묘사됩니다.

첫째, '전능하신(אֵל; 엘) 자'입니다. 이는 '강한 자'라는 뜻입니다.

둘째, '하나님(אֱלֹהִים; 엘로힘)'입니다. 이 용어는 모든 피조물이 그 분께 경외심을 가져야 할 것을 강조합니다. 이 칭호를 '전능하신 자'라는 칭호와 합하여 '엘 엘로힘'(אֵל אֱלֹהִים)이라고 할 때 하나님을 최상의 경외심을 가지고 경배 드려야 할 분으로 묘사하고 있는 것입니다.

셋째, '여호와'(יְהוָה)입니다. 이 칭호는 언약에 신실하신 인격적인 존재이심을 보여줍니다. 본문 1절에서 삼중 적으로 연이어진 칭호를 사용하여 하나님의 심판주로서의 절대적인 위엄으로 부르시는 것입니다.

· 함께 읽어요 : 시편 50편 1절
"전능하신 이 여호와 하나님께서 말씀하사 해 돋는 데서부터 지는 데까지 세상을 부르셨도다."

2. 성도들을 하나님 앞에 모으라고 하십니다(시 50:4~5).

하나님의 이름이 위엄 있게 소개된 후, 그분의 위엄의 출현이 장엄한 자연 현상을 비유로 묘사됩니다. 2절입니다. "온전히 아름다운 시온에서 하나님의 빛을 비추셨도다." 시온에서 자기 백성에게 나타나셨습니다. 다윗 이후 시온은 하나님께서 그분을 만나시기 위하여 택하신 장소였습니다. 이스라엘 백성들에게 있어서 하나님의 출현의 경험 중 가장 극적인 것은 그분의 위엄 있는 말씀이었습니다. 하나님께서 그 백성을 판단하시기 전에 목격자요, 증인으로 '위 하늘과 아래 땅'을 부르십니다(4절).

'나의 성도들을 내 앞에 모으라 그들은 제사로 나와 언약한 이들'이라 하십니다. '성도'(חֲסִידִים; 하시딤)란 '신실하며 헌신 된 자'라는 뜻이며, '나와 언약한 자'란 하나님과 언약관계에 있는 자들로서 언약 적 책임을 가지고 있는 자들을 가리킵니다. 그들은 하나님과 특별한 관계에 있는 자들이며 하나님께 충성스럽게 헌신된 자들을 뜻합니다.

· 함께 읽어요 : 시편 50편 5절
"이르시되 나의 성도들을 내 앞에 모으라 그들은 제사로 나와 언약한 이들이니라."

3. 감사로 제사 드리고 환난 날에 부르라고 하십니다(시 50:6~15).

6절을 함께 읽겠습니다. "하늘이 그의 공의를 선포하리니 하나님 그는 심판장이심이로다"(셀라). 하나님의 판결의 성격이 제시됩니다. '하늘'은 하나님의 재판의 처소입니다. 재판의 성격은 '공의'입니다. '공의'는 위로부터 와서 땅의 모든 행사를 판결하는 척도입니다. 하나님을 '심판장'으로 선포할 수 있는 근거는 그분의 완전한 '공의' 때문이며, 만민은 그분의 판결에 귀를 기울일 수밖에 없습니다.

1) 예배에 대한 하나님의 책망입니다(7~13절).

하나님께서 자신의 백성을 소환하십니다. 7절을 함께 읽겠습니다. "내 백성아 들을지어다. 내가 말하리라 이스라엘아 내가 네게 증언하리라 나는 하나님 곧 네 하나님이로다." 언약 백성이기에 부르셔서 책망하십니다.

2) 거짓된 제사를 판단하시고 책망하십니다(8~13절).

하나님께서는 먼저 잘못된 예배에 대하여 책망하십니다. 이스라엘 백성의 예배는 절기나 예물드림에는 말씀 규정대로 잘 드렸기에 문제 삼지 않았습니다(8절). 우주만물을 창조하셔서 예물로 제공하신 하나님께서 그들의 제물에 지치셨습니다. 제물뿐 아니라 천산의 모든 짐승이 다 하나님 것인데, 다만 그것을 제단에 가지고 와서 드린다고 하나님께서 그것을 먹거나 마시겠느냐고 반문하시면서 거절의 뜻을 분명히 하십니다. 오늘날 물질의 풍요로 형식화되어 '감사가 사라진 강단!', '찬송의 강물이 말라버린 교회!'를 탄식하시면서 '감사로 제사 드리며, 환난 날에 나를 부르라'고 우리를 향해 꾸짖으시고 계십니다. 이 하나님의 음성을 경청하시기 바랍니다.

· 함께 읽어요 : 시편 50편 15절
"환난 날에 나를 부르라 내가 너를 건지리니 네가 나를 영화롭게 하리로다."

정리하는 말

사랑하는 여러분! 여러분들의 가슴에 처음 믿을 때, 그 감사와 감격이 남아있습니까? 회개기도의 눈물과 구원의 기쁨이 찬송으로 나옵니까? 그런 성도들은 행복한 분들입니다. 그렇지 않다면 '건강 회복의 달'을 맞아 십자가의 보혈의 강수로 씻으시고, 성령의 생수로 감사와 찬송의 꽃을 피우셔서 주의 향기로 하나님께 영광 돌리시기를 바랍니다.

평가와 결심

1. 우리의 심판자이신 하나님은 어떤 분이십니까?
   (시 50:1~6, 전능하신 하나님 여호와이십니다)
2. 심판 주이신 하나님의 관심은 누구에게 쏠리고 있습니까?
   (시 50:5, 성도 곧 신실하고 헌신된 자, 하나님과 언약 관계에 있는 자)
3. 심판 주 하나님께서 성도를 부르시는 목적이 무엇입니까?
   (시 50:5~15, 형식을 탈피하고 감사와 찬송의 산제사 촉구하기 위해)

주간 경건의 시간 <34> · 날마다 말씀과 함께

요일 / 내용	주일/월(Mon)	화(Tue)	수(Wed)	목(Thu)	금(Fri)	토(Sat)
찬송	37동/ 35동	266/ 200	279/ 337	280 / 338	336/ 383	267/ 201
성경	시 50:/시 51:	시 52:	시 53:	시 54:	시 55:	시 56:
적용	나의 성도/ 내 죄과	간사한 혀	어리석은 자	낙헌제	네 짐 여호와께	말씀을 찬송함

* 인생의 예지도 학식도 미덕도 건강이 아니면 빛을 잃고 사라져버릴 것이다.
< 미상 >

8단원 건강 회복의 달

제35과

구원이 그에게서 나옴

찬송 / 289, 365, 380 / 통 208, 484, 424
성경 / **시편 62:1-12**
요절 / **시편 62:1**
"나의 영혼이 잠잠히 하나님을 바람이여 나의 구원이 그에게서 나오는 도다."
목표 / 하나님에게서만 구원이 나오는 것을 알고 섬기는 태도를 기른다.

시작하는 말

오늘날 세계교회협의회(W.C.C) 때문에 한국교계가 혼란스럽습니다. 왜냐하면 이 단체는 ① 성경의 절대권위를 부인하고, ② 예수님만이 구세주 되심과 그리스도의 신성을 부인하며, ③ 세계평화만을 내세워 모든 종교에 구원이 있다는 '종교다원주의'이며, ④ 하나님, 부처님, 산신령님, 각종 우상 신의 이름을 다 부르며 예배하는 단체입니다. 여러분! '예수 그리스도' 이름 외에 구원 얻을 다른 이름이 없으며, 하나님께서만 구원해 주신다는 것을 믿고 복음을 전파하시기 바랍니다.

오늘의 말씀

1. 구원의 하나님! 구원을 이루어 가시는 하나님이십니다(시 62:1~4).

시인 다윗은 잇따른 원수들의 공격에 시달리면서 자기의 인간적인 방법을 취하기보다는 잠잠히 하나님의 구원을 기다리겠다는 신앙으로 노래하고 있습니다.

첫째, 구원을 잘 이해해야 합니다. ① 인간은 자신을 구원할 수 없습니다. 인간은 자기 자신이 지은 죄를 해결할 방법이 없기 때문입니다.

② 구원은 하나님의 은혜로 받는 것입니다. 하나님의 구원하심은 그의 방법대로 실현됩니다. 즉 죄악에 빠진 인간이 구원을 얻는 길은 **오직 예수 그리스도**에게로 나아가는 길 뿐입니다. **오직 하나님의 은혜**의 길밖에 구원 얻을 방법이 없는 것입니다.

둘째, 구원의 하나님을 찬송합니다. 다윗은 구원해 주시는 하나님을 신뢰하는 까닭에 고난 속에서도 찬송할 수 있었습니다.

① 구원의 반석이신 하나님을 노래합니다. 기초가 흔들리지 않습니다.

② 산성이 되시는 하나님을 찬송합니다. 산성은 높은 탑이요, 바위에 세운 난공불락의 도성, 가장 안전한 요새가 곧 하나님이십니다.

③ 구원의 하나님을 찬송합니다. 고통과 시련과 원수의 위협으로부터 벗어나게 하시기 때문입니다.

셋째, 하나님은 구원을 이루어 가시는 분이십니다.

① 구원을 받은 자들도 시험을 받습니다. 그러나 구원 받은 성도들은 악의 세력에 크게 흔들리지 않습니다(2절).

② 구원 받은 자는 궁극적인 승리를 얻습니다. 바로 이것이 본문에서 다윗이 말하고 있는 결론입니다. 그는 구원받은 성도였지만 하나님 앞에서 간음과 살인과 거짓말의 죄악을 행했습니다. 그러나 그 죄악에서 돌이켜 회개함으로 자신을 이기고, 하나님의 거룩한 나라의 왕으로서 소임을 잘 감당했습니다. 이런 의미로 볼 때, 바울이 빌립보 교인들에게 부탁한 말씀은 '항상 두렵고 떨림으로 구원을 이루라'고 한 말씀은 우리가 잊어서는 안 될 매우 소중한 말씀인 것입니다.

· 함께 읽어요 : 빌립보서 2장 12절

"그러므로 나의 사랑하는 자들아 너희가 나 있을 때뿐 아니라 더욱 지금 나 없을 때에도 항상 복종하여 두렵고 떨림으로 너희 구원을 이루라."

2. 건강한 신앙인의 삶의 올바른 태도입니다(시 62:5~8).

다윗은 비록 많은 대적들의 공격을 받고 있지만 자기의 소망이 오직 하나님께 있음을 고백합니다. 그 이유는 자기의 구원과 영광이 하나님께 있기 때문이라는 것입니다. 바울은 자기가 그러한 것처럼 백성들도 언제나 하나님을 의지할 것을 권고합니다.

다윗이 자기 자신을 위한 삶의 태도를 두 가지로 말합니다(5절).

첫째는 다윗은 철저하게 영적인 삶을 추구했습니다. 자기 영혼을 위해 하나님만을 바라보고자 했던 것입니다.

둘째는 다윗은 철저하게 하나님 중심적인 삶을 추구했습니다. 세상적인 종교도 그러하지만 하나님을 통하지 않은 영혼의 만족이란 있을 수 없습니다. 그러므로 다윗은 '하나님만 바라라'고 권하고 있습니다.

그리고 다윗은 자기 백성을 향하여 하나님을 의지해야 할 두 가지 이유를 들어 권면하고 있습니다(8절). 위대한 지도자는 자기 자신의 권위와 위엄을 내세우기보다는 하나님의 위엄과 권위 앞에 순복하도록 하는 것입니다. 다윗은 왜 '하나님만 바라라'고 하십니까?

첫째는 자비로우신 하나님이시기 때문입니다. 그러기에 하나님께 마음을 토하라고 합니다.

둘째는 보호해 주시는 하나님이시기 때문입니다. 하나님은 우리의 피난처가 되셔서 우리들을 안전하게 보호해 주시는 것입니다.

사랑하는 여러분! 그분 앞에 여러분들의 마음과 생각을 솔직하게 털어 놓으십시오. 사랑과 위로의 하나님께서 여러분들의 간구를 들으시고 사랑으로 위로해 주실 것입니다.

· 함께 읽어요 : 시편 62편 8절
"백성들아 시시로 그를 의지하고 그의 앞에 마음을 토하라 하나님은 우리의 피난처 시로다(셀라)."1)

---

1) * 셀라(שֶׁלָה; 셀라)는 시편에서 73회 나오는데, '소리를 높여라', '막간의 주악', '노래를 쉰다'는 의미가 있다.

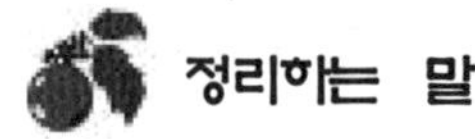

정리하는 말

사랑하는 여러분! 인생의 선배로서 다윗은 권고합니다. 인생은 가장 소중하고 존귀한 존재인데, 죄는 인생을 무가치하게 만듭니다. 다윗은 헛되고 거짓된 인간 사회에서 ① 권력을 의지하지 말며, ② 재물을 의지하지 말라는 것입니다. 결론적으로 ① 하나님의 말씀을 청종하고, ② 하나님의 권능만 의지하라는 것입니다. 여러분! 구원은 하나님께서 허락하신 예수 그리스도를 믿음으로만 이루어지는 유일한 법칙이라는 사실을 명심하시기 바랍니다. 온전한 믿음으로 확실한 구원을 누리시기 바랍니다.

평가와 결심

1. 하나님을 찬송해야 할 이유가 무엇입니까?
   (시 62:1~4, 구원의 하나님, 구원을 이뤄 가시는 분이시기 때문에)
2. 하나님을 의지해야 할 이유가 무엇입니까?
   (시 62:7~11, 자비로우시고 보호해 주시는 하나님이기 때문에)
3. 인생사에 어렵고 힘들 때 해결의 방법은 무엇입니까?
   (시 62:5~8, 하나님의 말씀을 청종하고 그분 권능만을 의지해야 함)

주간 경건의 시간 <35> · 날마다 말씀과 함께

요일 / 내용	주일/월(Mon)	화(Tue)	수(Wed)	목(Thu)	금(Fri)	토(Sat)
찬송	91동 / 86동	259/ 193	531/ 321	423 / 213	302 / 408	303/ 403
성경	시 57:/시 58:	시 59:	시 60:	시 61:	시 62:	시 63:
적용	비파야 수금아/ 악인은	환난 날의 피난처	오른손으로 구원	서원을 들으심	하나님만 바라라	평생 주를 송축

* 인생은 사는 것이 아니라 건강을 유지하는 데 있는 것이다.

< 마르 티알, 40~120, 로마 시인>

자신의 위로를 받으라

찬송 / 305, 329, 348 / 통 405, 267, 388
성경 / 욥기 1:1-22
요절 / 욥기 1:21
"이르되 내가 모태에서 알몸으로 나왔사온즉 또한 알몸이 그리로 돌아 가올지라. 주신이도 여호와시오 거두신 이도 여호와시오니 여호와의 이름이 찬송을 받으실지니이다 하고"
목표 / 연약할 때 가장 먼저 자신이 자신을 위로해야 함을 알게 한다.

시작하는 말

이번 단원에서는 욥기를 읽어가면서 '사랑과 위로'에 대하여 공부하게 됩니다. 욥기에는 성경 역사적으로 아브라함 같은 족장시대에 '온전하고 정직하여 하나님을 경외하며 악에서 떠난 자' 욥을 소개하고 있습니다. 그는 우스[1] 땅에 사는 부자였으며 그의 헌신된 신앙은 사탄의 공격 대상이 되었습니다. 그가 자녀와 재산을 다 잃고 온 몸에 종기(악질)로 고생한다는 소식을 듣고 찾아 온 친구들의 위로도 소용없었습니다.

오늘의 말씀

1. 욥의 성품을 이해하셔야 합니다(욥 1:1~5).

욥은 대농장주로서 온전하고 정직하여 하나님을 경외하며 악에서 떠난 자였습니다. 요즘에는 재벌이 온전한 신앙을 가진다는 것은 매우 힘

1) 우스(עוּץ; 우츠) 땅은 욥의 고향인데, 에돔 근처인 사해 남쪽 광야지역에 위치했을 것이라고 함(애 4:21, 렘 25;20).

든 일이라고 생각되지만 욥에게 있어서는 가능했습니다. 욥은 하나님께서 자랑할 만큼 인정받은 온전하고 정직한 사람이었습니다. 그러면서 하나님을 잘 경외하였습니다. 소유물은 양이 7천 마리요, 낙타가 3천 마리, 소가 5백 겨리, 암나귀가 5백 마리이며 종도 많았습니다(2절). 이 사람은 동방사람 중에 가장 훌륭한 자였습니다. 신앙이나 인격이나 성품에서 흠잡을 데 없었고, 악에서 떠난 자였습니다.

· 함께 읽어요 : 욥기 1장 1절

"우스 땅에 욥이라 불리는 사람이 있었는데 그 사람은 온전하고 정직하여 하나님을 경외하며 악에서 떠난 자더라."

2. 욥은 '예배'를 통해 시험을 이길 준비를 하였습니다(욥 1:6~11).

하루는 하나님의 아들들이 여호와 앞에 모였는데, 사탄도 같이 참석하였습니다. 여호와께서는 사탄에게 욥이 온전하고 정직하여 하나님을 경외하며 악에서 떠난 자라고 자랑 하셨습니다. 그러자 사탄은 욥에게 무한히 많은 복을 주셨기에 그처럼 하나님을 경외한다고 주장하면서 그의 소유물을 거둬 가시면 하나님님을 욕하게 될 것이라고 말합니다.

욥은 신앙의 순수성을 입증시키기 위하여 시험을 당했습니다. 성도가 세상에서 당하는 시험에는 물질적인 시험, 명예나 이성적인 시험 외에도 인간이 상상할 수 없는 이러한 영적시험도 있다는 것을 알아야 합니다. 시험은 그 유형에 따라서 대처하는 방법도 달라야 합니다.

물질적인 시험은 눈을 감고 황금을 보기를 돌같이 해야 합니다. 이성적인 시험은 그 장소를 빨리 벗어나야 합니다. 오늘날 청소년들이 컴퓨터나 스마트 폰으로 익명의 사람들과 채팅을 하면서 일어나는 불륜은 참으로 교육하기 어려운 부분입니다. 부모나 형제가 사랑과 인내를 가지고 그들과 소통의 통로를 만들어 그들을 사랑과 인내로 교육해야 합니다. 욥은 자녀들과의 잔치를 통해 자연스럽게 예배(제사)와 연결시켜 교육으로 해결하는 모습을 봅니다.

· 함께 읽어요 : 욥기 1장 5절

"그들이 차례대로 잔치를 끝내면 욥이 그들을 불러다가 성결하게 하되 아침에 일어나서 그들의 명수대로 번제를 드렸으니 이는 욥이 말하기를 혹시 내 아들들이 죄를 범하여 마음으로 하나님을 욕되게 하였을까 함이라 욥의 행위가 항상 이러하였더라."

3. 욥은 닥쳐오는 시험을 이기기 위해 정면 승부를 겁니다(욥 1:12~22).

사탄의 주장은 일반 세상 사람들이 하는 대로 '복을 부어주시니 잘 믿고 잘 섬긴다'는 **기복주의 신앙**이라는 것입니다. 복을 치워버리면 하나님을 욕하고 저주하고 세상으로 돌아선다는 것입니다. 여호와께서는 그의 1단계 제안을 허락하셨습니다, 사탄에게 욥의 소유물을 그의 뜻대로 처리하되 욥의 몸은 건드리지 말라고 하셨습니다. 1차 시험에 실패한 사탄은 2단계로 욥의 건강을 박탈했고, 3단계는 우정을 박탈(친구들이 정죄자로 돌변) 했지만 결국은 실패했습니다. 욥은 하나님이 자랑하신 것처럼 아내를 통한 시험까지도 이겨냈습니다. 그가 시험에서 승리한 비결은 무엇입니까?

하나님조차 욥을 철저하게 절망하도록 압력을 가함으로써 지상에서의 삶을 포기하도록 만들었습니다. 욥은 철저하게 고립될 때, 스스로 자기가 자신을 위로하는 처방을 통해 하나님께로 나아가는 길(방법)을 찾아냅니다.

사랑하는 여러분! 밥으로 못 고치는 질병은 약으로도 고칠 수 없는 격언처럼, 성도 스스로 하나님을 찾아 사랑과 자비의 문을 두드리지 못한다면 그 인생의 위로와 구원의 길은 묘연한 것입니다.

· 함께 읽어요 : 욥기 1장 21절

"이르되 내가 모태에서 알몸으로 나왔사온즉 또한 알몸이 그리로 돌아가올지라 주신 이도 여호와시요 거두신 이도 여호와시오니 여호와의 이름이 찬송을 받으실지니 이다."

정리하는 말

사랑하는 여러분! 오늘 본문 욥기서는 인생의 여정에서 "하나님께서 사랑하는 자녀들에게 왜 고난을 주시는가?", "사탄의 사역 한계는 어디까지 인가?" 대답하기 어렵고 힘든 철학적인 논제를 주인공 욥을 통해 명쾌하게 답해 주고 있는 것입니다. 여러분들에게 고난과 역경, 시험과 시련이 닥쳐올 때 불평만 하지 마시고 욥기를 읽으면서 스스로 '위로'를 충전하면서 이겨내는 지혜를 터득하시기를 간절히 부탁드립니다.

평가와 결심

1. 욥은 그의 삶이나 신앙 면에서 어떤 사람이었습니까?
   (욥 1:1~3, 온전하고 정직하여 하나님을 경외하고 악에서 떠난 자였음)
2. 욥은 세상사 시험을 이겨내기 위해 어떤 준비를 하였습니까?
   (욥 1:6~11, 가정에서 절기 예배, 생활예배를 통해 미리 준비하였음)
3. 욥은 가정에 불어 닥친 시험을 이기기 위해 어떤 대처하였습니까?
   (욥 1:12~22, 시험을 이기기 위해 정면승부를 걸고, 스스로 위로하였음)

주간 경건의 시간 <36> · 날마다 말씀과 함께

요일 내용	주일/월(Mon)	화(Tue)	수(Wed)	목(Thu)	금(Fri)	토(Sat)
찬송	93동/ 39동	511 / 263	529 / 319	532/ 329	545 / 344	546 / 399
성경	욥 1:/욥 2:	욥 3:	욥 4:	욥 5:	욥 6:	욥 7:
적용	알몸으로/ 하나님 욕하고	생일을 저주함	순전한 사람을	전능자의 징계	실망한 자의 말	침 삼킬 동안

* 다른 사람을 위로할 때는 어느 누구의 머리도 아프지 않다. < 인도 격언 >

9단원 위로 실천의 달

위로는 전능 자에게서

찬송 / 277, 279, 280 / 통 335, 337, 338
성경 / 욥기 8:1-22
요절 / 욥기 8:5
"네가 만일 하나님을 찾으며 전능하신 이에게 간구하고"
목표 / 살벌한 세상이지만 전능 자에게서 위로가 임함을 안다.

시작하는 말

현대인들의 고질병은 아무도 접근하지 못하도록 자신을 자아의 통속에 가두어 놓고 자신을 위로할 사람도 없고, 자기편이 없다고 하는 '고독'이라는 병입니다. 홀로 느끼는 외로움과 고독 속에서 극도의 불안을 날마다 느끼며 살아갑니다. '아무도 날 찾는 이 없다'는 고백은 자신을 더욱 고독하게 만듭니다. 사랑하는 여러분! 전능 자(אֵל ; 엘)이신 하나님 앞에 그 누구도 알몸 아닌 사람이 없습니다. 창조주 하나님! 사랑과 위로의 하나님께 여러분들 자신의 외로움도 그리움도 내 맡기십시오. 그분께서 여러분들의 위로와 치료자가 되실 것입니다.

오늘의 말씀

1. 하나님의 공의에 대한 상호 변론입니다(욥 8:1~7).

본문에 등장하는 욥의 친구 빌닷도 앞서 애기한 엘리바스와 같이 '인간의 고난은 범죄의 결과라'는 것입니다. 욥에게 설득하는 것이 자신들의 사명인 것처럼 욥을 계속 공박하면서 회개를 촉구하고 있습니다. 빌닷의 말은 욥이 재난을 당한 것은 그의 죄가 있기 때문이며 하나님은 공의하시기 때문에(3~4절), 자녀들도 그들 죄 값으로 당한 것이고, 욥도 죄의 결과로 벌을 받는 것이라 주장했습니다. 그러므로 회복하기 위해서는 하나님께 회개하라는 것입니다(5~7절). 욥은 그들의 주장을 수용할 수 없었습니다. 그런 상황을 여러분이 당했다면 어찌 하시겠습니까?

· 함께 읽어요 : 욥기 8장 5~6절

"[5] 네가 만일 하나님을 찾으며 전능하신 이에게 간구하고 [6] 또 청결하고 정직하며 반드시 너를 돌보시고 네 의로운 처소를 평안하게 하실 것이라."

2. 빌닷은 과거의 선인들의 지혜에 근거해 충고합니다(욥 8:8~10).

엘리바스가 자신의 체험에 근거하여 욥을 설득하고자 했다면(4:12~21), 빌닷은 지혜에 근거해서 욥에게 충고합니다.

첫째, 인생은 매우 짧고 아는 것이 미미하다는 것입니다(9절). 세상의 지식은 유한한 것이고, 세상의 날은 그림자와 같다는 것입니다.

둘째, 열조의 터득한 일을 배워야 한다는 것입니다(8, 10절). 빌닷은 자신의 말이 먹혀들지 않자 선인들의 전통적인 지혜에 근거하여 장구한 세월 동안 쌓여진 보편적인 진리로 입증하려고 이야기를 전개합니다.

사랑하는 여러분! 여러분들이 고통 받는 자 위로해 주러 갔다가 오히려 욥의 친구들처럼 자신의 주장만을 내세우기 위해 고통 받는 사람에게 더 큰 상처를 남겨주지는 않았습니까? 사랑과 위로가 필요한 자에게 참된 위로의 메시지가 무엇인지 찾아 전해주시기 바랍니다(롬 13:8).

· 함께 읽어요 : 로마서 13장 8절

"피차 사랑의 빚 외에는 아무에게든지 아무 빚도 지지 말라. 남을 사랑하는 자는 율법을 다 이루었느니라."

3. 빌닷의 인과응보(因果應報)에 관한 예증들입니다(욥 8:11~19).

지금도 세상에 만연하고 있는 진리는 '인과응보'라는 원리입니다. 불교는 이를 전생까지 들먹이면서 인간들을 위축시킵니다. 기독교를 '사랑의 종교', '종교 중의 종교', '신의 선물'이라고 하는 이유는 불교의 자비나 유교의 삼강오륜이나 효(孝)를 뛰어넘는 '십자가의 사랑'이 있기 때문입니다.

예수 그리스도가 지신 십자가에 종적인 하나님 사랑과 횡적인 인간 사랑을 십자가에서 이루셨기 때문입니다. 구약의 모세 5경이 하나님의 피조물에게 주신 최고의 율례와 법이라면 신약의 4복음은 예수 그리스도께서 '말씀이 육신이 되셔서 하나님의 공의와 사랑을 만족시킨 최고의 신의 복음'이기 때문입니다. 여기에 진실로 사랑과 위로가 넘칩니다.

종교개혁자 루터는 '이신 칭의'의 위대한 진리를 성경을 통해 정리해 주었고, 존 칼빈은 '예정 교리'를 통해 ① '전적 부패', ② '무조건적 선택', ③ '제한된 속죄', ④ '불가항력적 은혜', ⑤ '성도의 견인'을 강조하여 하나님의 만세 전부터 계획하신 사랑과 위로를 가르쳐 주신 것입니다. 이러한 성경의 위대하신 하나님 사랑의 진리는 보수적이고 정통적인 교회를 통해 지금도 전해지고 있습니다. 그래서 교회선택은 매우 중요합니다.

인간 중심주의에 근간을 이룬 알미니안 주의자들은 개혁주의 5대 교리를 부정하고, 알미니안 주의 5대 교리인 ① 자유의지, 인간의 능력, ② 조건적 선택, ③ 보편적 구속, 일반적 구속, ④ 성령은 실제로 거슬러질 수 있다. ⑤ 은총으로부터 타락을 내세워, 이러한 반격 때문에 교회의 하나 됨은 방해를 받을 수밖에 없습니다.

반면에 세계교회협의회를 통하여 종교나 교파나 이념을 초월하여 하나된 교회를 만들자고 주장하는 자들의 허실을 깨달아야 할 것입니다.

· 함께 읽어요 : 로마서 3장 10~12절

"10 기록된바 의인은 없나니 하나도 없으며 11 깨닫는 자도 없고 하나님을 찾는 자도 없고 12 다 치우쳐 함께 무익하게 되고 선을 행하는 자는 없나니 하나도 없도다."

정리하는 말

여러분! 요즘에 가정이나 직장이나 사회단체에서 가장 심각한 문제는 '관계의 단절'입니다. 그 대안으로 떠오른 소통의 매체로 인터넷이나 스마트 폰을 들고 나왔지만, 더 큰 관계의 단절을 만들고 있다는 사실을 모르고 있습니다. 인간의 마음과 심령의 치유는 세상의 그 어떤 수단과 방법으로 해결되지 않습니다. 이제 심리학도, 상담학도 우리에게 희망일 수 없습니다. 디지털 문명세대의 고민은 방법론으로 해결될 수 없습니다. 막혀 불통된 관계, 사랑과 위로로 치유하는 방법인 하나님 말씀과 예수님의 십자가뿐입니다.

평가와 결심

1. 엘리바스 다음에 등장한 빌닷의 주장은 무엇입니까?
   (욥 8:1~7, 인간의 고난은 죄의 결과이라고 주장함)
2. 빌닷은 무엇에 근거하여 두 번째 주장을 펼칩니까?
   (욥 8:8~10, 선인들의 지혜나 보편화된 진리로 욥을 설득시키려고 함)
3. 세상 진리 인과응보론 보다 기독교가 우월한 점이 무엇입니까?
   (욥 8:11~22, 하나님 사랑과 인간을 사랑을 합한 십자가 사랑임)

주간 경건의 시간 <37> · 날마다 말씀과 함께

요일 / 내용	주일/월(Mon)	화(Tue)	수(Wed)	목(Thu)	금(Fri)	토(Sat)
찬송	28동/ 27동	519 / 251	529 / 319	540/ 219	549 / 431	569 / 442
성경	욥 8:/ 욥 9:	욥 10:	욥 11:	욥 12:	욥 13:	욥 14:
적용	창대하리라 / 북두성과 삼성	생명과 은혜 주심	악한 일 다 보신다	여호와의 손	나의 허물과 죄	나를 기억하소서

* 비록 악마의 수효가 가옥들의 지붕에 있는 기왓장처럼 많을지라도 나는 두렵지 않다. < 마르틴 루터, 1483~1546, 독일 종교 학자>

내 증인이 하늘에 계시고

찬송 / 333, 331, 429 / 통 381, 375, 489
성경 / **욥기 16:1-22**
요절 / **욥기 16:19**
"지금 나의 증인이 하늘에 계시고 나의 중보자가 높은 데 계시니라."
목표 / 우리의 증인과 중보자가 하늘에 계심을 알도록 한다.

시작하는 말

엘리바스의 두 번째 발언(15장)에 대한 욥의 답변이 두 장(16~17장)에 걸쳐서 다루어지고 있습니다. 욥의 어조는 매우 절망적입니다. 위로와 격려를 기대했던 친구들에게서 오히려 비난과 정죄를 당한 욥은 그들에 대한 큰 실망과 조금도 나아질 기미가 보이지 않는 상황에서 자신의 억울함을 변호해 줄 누군가를 더욱 갈망했습니다. 본문은 엘리바스에 대한 욥의 두 번째 답변입니다. 사랑하는 여러분! 이웃과 친구들에게 진정한 사랑과 위로를 베풀어 주시기를 간절히 부탁합니다.

오늘의 말씀

1. 첫 번째는 욥이 당한 실망입니다(16 : 1~5절).

재난을 당한 후에 욥은 모든 사람들로부터 외면을 당했습니다. 세상 사람들은 다 그런 것입니다. 입에 물고 있다가 달면 빨고 단물이 빠지면 뱉어버리는 것입니다.

첫째, 친구들은 번뇌케 하는 자들일 뿐입니다(1~3절).

욥은 두 번째 친구들의 발언에서도 전연 새로운 내용을 발견할 수 없었으며, 첫 번째 발언의 반복이었습니다. 바로 인간은 누구나 보편적인 죄의 근성을 가지고 있다는 것이고, 하나님은 절대 능력을 가지신 분이시다는 것, 그래서 인간은 하나님께 벌을 받는다는 것입니다.

둘째, 욥은 자신이 친구들의 입장이었더라면 위로해 주었을 것이라는 것입니다. 사람의 행위는 하나님을 기쁘시게 해야 합니다.

· 함께 읽어요 : 욥기 16장 7절

"사람의 행위가 여호와를 기쁘시게 하면 그 사람의 원수라도 그와 더불어 화목하느니라."

2. 욥은 자신이 하나님의 과녁이 되고 있다는 것입니다(욥 16:9~14).

욥은 하나님께서 자신을 다루실 때, 극악한 원수를 다루듯 가혹하게 자신을 다루신다는 것입니다. 9절을 함께 읽겠습니다. "그는 진노하사 나를 찢고 적대시하시며 나를 향하여 이를 갈고 원수가 되어 날카로운 눈초리로 나를 보시고"라고 합니다. 그뿐입니까 대적들은 입을 크게 벌리며 모욕하며 뺨을 치고 함께 모여 대적한다고 했습니다.

욥이 지금 당하고 있는 형편 중에 가장 견디기 힘들었던 것은, 자신이 하나님께 철저하게 버림받고 외면당하고 있다는 것입니다.

그가 왜 지금 하나님으로부터 혹독한 고통과 외면을 당해야 하는지, 그 이유를 알 수 없었기 때문에 더 큰 고통과 절망이 밀려왔을 것입니다.

· 함께 읽어요 : 욥기 16장 11절

"[11] 하나님이 나를 악인에게 넘기시며 행악자의 손에 던지셨구나 [12] 내가 평안 하더니 그가 나를 꺾으시며 내 목을 잡아 나를 부서뜨리시며 나를 세워 과녁을 삼으시고"

3. 욥은 자신의 무죄함을 입증해 주기를 바라고 있습니다(욥 16:18~22).

사랑하는 여러분! 욥은 자신이 무죄함을 강조한 후, 힘을 다해 하나님을 향하여 자신의 소원을 아뢰었습니다. 그것은 자신의 기도가 하나님께 받아들여져서 하늘에 있는 누군가가 자신의 증인이 되어 주기를 바랐기 때문이었습니다. 이런 면에서 신약 성도들은 참으로 복된 사람들입니다.

주님은 "[26] 보혜사 곧 아버지께서 내 이름으로 보낼 성령 그가 너희에게 모든 것을 가르치고 내가 너희에게 말한 모든 것을 생각나게 하리라. [27] 평안을 너희에게 끼치노니 곧 나의 평안을 너희에게 주노라 내가 너희에게 주는 것은 세상이 주는 것과 같지 아니 하니라. 너희는 마음에 근심하지도 말고 두려워하지도 말라"(요 14:26~27)고 하였습니다. 성도들에겐 언제 어디서나 위로의 영이신 성령께서 여러분들의 보혜사[2])이십니다.

오늘날 성도들이 신앙을 가지고 있다고 하면서도 사랑과 위로를 늘 체험하지 못하는 이유는 무엇 때문이겠습니까? 바로 보혜사이신 성령님께서 우리 심령에 늘 임재 해 계심을 체험하지 못하기 때문일 것입니다.

욥은 왜 이렇게 갈급한 심령으로 이야기하고 있습니까? 그의 고백은 이렇습니다. 19절을 함께 읽겠습니다.

"[19]지금 나의 증인이 하늘에 계시고 나의 중보자가 높은 데 계시니라."그렇습니다. 구약성도들은 이런 고백밖에 할 수 없었습니다. 그러나 지금 신약성도들은 오순절 성령강림 이후, 성령님께서 늘 우리들 심령에 오셔서 임재 해 계시기 때문에 행복한 것입니다. 여러분의 인생길에 성령께서 항상 동행 하셔서 상처를 치유 받으시고 위로 받으시기를 바랍니다.

· 함께 찬송해요 : ♬ 찬송가 407 (통일찬송가 465장) 4절과 후렴 ♬

♬ 4절 : 내 몸의 약함을 아시는 주/ 못 고칠 질병이 아주 없네./ 괴로운 일이나 슬플 때나 언제나 나와 함께 계시네./ 언제나 주는 날 사랑하사 언제나 새 생명 주시나니/ 영광의 그날에 이르도록 / 언제나 주만 바라봅니다." ♬

---

2) 보혜사(paraclete, *παράκλητος*; 파라클레토스)란 다른 사람을 인도·교육·변호하는 사람을 일컫는 말로 변호자, 중재자, 협조자라는 뜻이 있음.

정리하는 말

사랑하는 여러분! 여러분들은 욥기를 읽어가면서 개인적으로나 가정에서 묵상하시면서 그 고통을 인내로서 슬기롭게 극복하는 지혜를 간구하시기 바랍니다. 그러면 치료의 하나님! 사랑과 위로의 하나님께서 여러분들의 가정과 직장과 사업에 항상 함께해 주실 것입니다. 결국 욥을 축복하신 삼위 하나님을 찬양하시기 바랍니다. 세상의 걱정 근심 불안을 모두 떨쳐버리고 여러분들을 온전히 도우실 수 있는 하나님께 겸손히 기도하십시오. 오늘도 기도의 즐거움, 말씀의 확신 속에서 깊은 감동을 갖고 찬송하며 살아가시기를 간절히 소원합니다.

평가와 결심

1. 본문에서 욥의 실망 첫째가 무엇입니까?
   (욥 16:1~3, 욥의 고통의 본질을 모르는 친구들의 질책과 무지함)
2. 본문에서 욥의 실망 둘째가 무엇입니까?
   (욥 16:4~14, 하나님조차 자신을 과녁으로 삼으신다는 것)
3. 본문에서 욥이 자신의 무죄함을 증언해 줄이 누구라고 합니까?
   (욥 16:4~5, 하늘에 계신 사랑과 능력, 위로의 하나님)

주간 경건의 시간 <38> · 날마다 말씀과 함께

요일 / 내용	주일/월(Mon)	화(Tue)	수(Wed)	목(Thu)	금(Fri)	토(Sat)
찬송	29동/ 28동	461/ 519	528 / 318	529 / 319	569 / 442	570 / 453
성경	욥 15:/ 욥 16:	욥 17:	욥 18:	욥 19:	욥 20:	욥 21:
적용	여인이 난 자 / 증인이 하늘에	나의 희망이	불의한 자의 집	나의 대속자	악인의 이김 잠시	재난의 날 위하여

* 비범한 용기는 공동의 미덕이 있다. < C. W. 니미츠 >

단련 하신 후 순금 같이

찬송 / 408, 407, 550 / 통 466, 465, 248
성경 / **욥기 23:1-17**
요절 / **욥기 23:10**
"그러나 내가 가는 길을 그가 아시나니 그가 나를 단련하신 후에는 순금이 되어 나오리라."
목표 / 성도는 하나님이 단련하신 후 순금 되어 나오게 됨을 알게 한다.

시작하는 말

본문에서 욥은 구체적인 죄악까지 열거하면서 회개를 촉구하는 엘리바스의 충고에는 아랑곳 하지 않습니다. 여전히 자신의 억울한 사정과 하나님께 직접 변론하고 싶다는 소망을 토로합니다. 욥은 자신이 무죄하다고 할지라도 하나님께서 자신을 처벌하시기로 작정하셨다면 그에 대해서는 어쩔 수 없다는 사실을 잘 알고 있었습니다. 그래도 친구 엘리바스의 발언에 대해 세 번째 답변으로 변론합니다. 욥은 못 말리는 친구들의 송사에도 여전히 하나님을 만나려는 열망이 강렬했습니다.

오늘의 말씀

1. 하나님을 찾으려는 욥의 열망입니다(욥 23:1~9).

욥의 심정은 타들어 갑니다. 그러나 그는 구체적인 죄악까지 열거하며 공격해 오는 친구에 대해 직접적인 대답을 하지 않고, 하나님을 만나고자 하는 자신의 열망을 강변합니다. 친구는 이제 제처 두고 오직 하나님을 만나려는 욥의 열망이 돋보입니다.

첫째, 욥은 고통이 탄식보다 무겁다고 억울한 심정을 얘기합니다. 욥도 그럴 것이 아무런 이유도 없이 고통을 겪고 있다고 생각한 욥은 이제 자신의 억울한 심정을 토로합니다. 2절 함께 읽겠습니다. "오늘도 내게 반항하는 마음과 근심이 있나니 내가 받는 재앙이 탄식보다 무거움이라." 억울함은 욥에게 가장 견딜 수 없는 고통이었습니다.

둘째, 욥은 동서남북으로 억울함의 대답을 찾기 위해 뛰어다녔습니다. 그 해법은 어느 곳에서도 발견할 수 없었습니다. 억울함의 요인은 눈으로 보이는 밖에 있을지라도 그 진원지는 심령 깊은 곳이기 때문입니다.

욥은 하나님께서 자신의 변론을 들어주실 것이라고 확신합니다(6~7절). 그러나 어디에서도 하나님을 만날 수 없다고 탄식합니다(8~9절).

· 함께 읽어요 : 욥기 23장 3~4절
"3 내가 어찌하면 하나님을 발견하고 그의 처소에 나아가랴. 4 어찌하면 그 앞에서 내가 호소하며 변론할 말을 내 입에 채우고"

2. 욥은 하나님 앞에서 변론하고자 했습니다(욥 23:10~14).

욥은 자신의 무죄를 의심치 않고 하나님 앞에서 변론하기를 원했습니다. 그러나 욥은 하나님의 존재와 그분의 주권을 철저히 인정합니다.

첫째, 자신의 정직함을 선언합니다(10~12절, 시 12:6).

10절 말씀을 함께 읽겠습니다. "그러나 내가 가는 길을 그가 아시나니 그가 나를 단련하신 후에는 내가 순금 같이 되어 나오리라." 욥은 불순물들을 순금 같이 단련하기 위해 용광로의 불로 자신을 단련시키기 위한 것으로 믿었습니다. 시편 기자는 "여호와의 말씀은 순결함이여 흙 도가니에 일곱 번 단련한 은 같도다"(시 12편 6절)라고 하였습니다.

둘째, 작정된 하나님의 뜻은 돌이킬 수 없다고 믿었습니다(13~14절).

자신이 하나님의 말씀에 따라 살기를 힘써왔다는 사실을 밝힌 욥은 인간에 대한 하나님의 절대 주권에 대해 말하고 인정합니다.

· 함께 읽어요 : 욥기 23장 14절
"그런즉 내게 작정하신 것을 이루실 것이라 이런 일이 그에게 많이 있느니라."

3. 하나님의 주권을 두려워합니다(욥 23:15~17).

여러분! 사랑과 위로의 하나님이시지만 그분의 위엄과 행사, 그리고 불변성과 절대성 앞에 그 누구도 두려워하지 않을 자 없을 것입니다. 욥은 자신의 정직을 내세워 하나님과 변론하기를 원했고, 심판자에게서 영원히 벗어나기를 기도했지만, 그에게 엄습해 오는 두려움은 제지시킬 수 없었을 것입니다. 15절을 함께 읽겠습니다. "그러므로 내가 그 앞에서 떨며 지각을 얻어 그를 두려워하리라." 하나님의 사랑의 이면에는 그분의 공의가 버티고 있습니다. 재판장이신 하나님 그분의 판결에 만물은 떨 수밖에 없습니다. 그러나 두려움을 가지고 욥은 자신의 처지를 생각합니다.

16절을 함께 읽겠습니다. "하나님이 나의 마음을 약하게 하시며 전능 자가 나를 두렵게 하셨나니", 욥은 자신의 처지가 결코 변할 수 없는 하나님의 주권적 계획안에서 이루어진 것을 생각하자 두려움에 빠집니다. 그래서 17절에 '어둠', '흑암'은 그에게 닥친 큰 재난을 의미합니다. 즉 욥은 극심한 재난을 당했으나 아직 생명이 끊어지지 아니하였습니다. 그러나 그의 고통은 차라리 죽는 것이 더 나을 만큼 견디기 힘들었습니다. 그는 사는 것이 두려울 만큼 고통스러운 흑암 중에 있었던 것입니다. 그러나 욥은 그를 단련하신 후에는 정금 같이 나오리라는 희망을 가지고 이겨냅니다.

· 함께 읽어요 : 시편 50편 15절
"환난 날에 나를 부르라 내가 너를 건지리니 네가 나를 영화롭게 하리로다."

정리하는 말

사랑하는 여러분! 세상에서 똑똑한 체하며 살아간다는 것은 힘들고 어려운 일일 뿐입니다. 하나님 앞에서 겸손히 그분의 포근한 날개 아래 쉬며, 그분의 사랑의 고동소리를 들으면서 살아간다는 것이 곧 행복입니다. 세상의 환란과 핍박과 고통은 잠간 지나갈 뿐입니다. 욥처럼 두려움을 떨쳐버리고, 단련 하신 후에는 순금 같이 나오리라는 희망을 가지십시오. 결국, 승리는 우리의 것입니다. 항상 영원한 천국을 바라보며 어떤 역경도 떨쳐버리고 복된 예배의 사람으로 살아가시기를 소망합니다.

평가와 결심

1. 욥은 첫째 어떤 열망을 가지고 있었습니까?
   (욥 23:1~9, 하나님을 만나고자 하는 열망)
2. 욥은 둘째 어떤 열망을 가지고 있었습니까?
   (욥 23:10~14, 하나님께 자신의 무죄함을 변론하고 싶었음)
3. 욥은 하나님께 어떤 희망을 가지고 있었습니까?
   (욥 23:15~17, 불변성을 믿고 단련 하신 후 순금같이 나오리라는 것)

주간 경건의 시간 <39> · 날마다 말씀과 함께

요일 / 내용	주일/월(Mon)	화(Tue)	수(Wed)	목(Thu)	금(Fri)	토(Sat)
찬송	36동/ 144동	415/ 471	433/ 490	311 / 185	339/ 365	338/ 364
성경	욥 22:/욥 23:	욥 24:	욥 25:	욥 26:	욥 27:	욥 28:
적용	하나님과 화목/ 순금 같이 나옴	불의가 나무처럼	벌레 같은 인간	죽은 자의 영들	하나님의 솜씨	우레의 법칙

* 용기가 없는 자일수록 나쁜 지혜가 많다.

< 윌리엄 블레이크, 1757~1827, 영국 시인, 예술가 >

10단원 선교 지원의 달

귀를 여시고 경고하심

찬송 / 598, 488, 255 / 통 244, 539, 187
성경 / 욥기 33:1-33
요절 / 욥기 33:16
"그가 사람의 귀를 여시고 경고로써 두렵게 하시나니"
목표 / 귀를 여시고 경고하시는 말씀을 세상에 전해야 함을 알게 한다.

시작하는 말

이번 단원에서는 욥기를 통해서 '선교 지원'에 대하여 공부하게 됩니다. 욥기는 지혜문학에 속하는 시가서입니다. 욥기의 특징은 대화의 소통을 통해 여호와 하나님을 찾아 만나 인생의 무지함을 깨우치고 지혜의 길을 배우게 됩니다. 욥기에 나오는 동식물학, 해로(海路), 인문학, 천문지리학, 변론술 등 다양한 지식들을 선교에 활용할 수 있을 것입니다. 하나님께서 인간들에게 침상에서 졸며, 깊은 잠 속에서 꿈에나 환상을 통해 사람의 귀를 여시고, 경고로써 두렵게 하시는 것은 악행을 버리고 교만을 꺾으려 하시는 하나님의 깊은 뜻임을 아셔야 합니다.

오늘의 말씀

1. 엘리후는 욥의 경청을 요구합니다(욥 33:1~11).

전도나 선교에 있어서 중요한 것은 전파한 내용을 상대방이 경청하느냐 하는 점입니다. 경청은 상담학에서도 내담자의 이야기를 잘만 들어주어도 그 상담은 반은 성공한 것입니다. 사람들은 대부분 너무 성급합니다. 상담에서 실패하는 이유 중의 대부분은 아침에 씨를 뿌리고 저녁에 열매를 거두려고 하는 데 문제가 있는 것입니다. 세상만사를 이제는 '**기다림의 미학**'을 생각하면서 풀어야 할 때입니다. '빨리 빨리'라고 하는 강박관념에서 벗어날 수 있는 마음의 여유를 가지시기 바랍니다. 꿈의 성취는 항상 오래 참고 기다리는 자의 몫으로 남는 것입니다.

· 함께 읽어요 : 다니엘 12장 12~13절

"12 기다려서 천삼백삼십오 일까지 이르는 그 사람은 복이 있으리라. 13 너는 가서 마지막을 기다리라 이는 네가 평안히 쉬다가 끝 날에는 네 몫을 누릴 것임이라."

2. 욥의 주장에 답변을 합니다(욥 33:12~28).

욥은 끝까지 '자신은 깨끗하고 죄가 없는데 하나님이 칠 틈을 찾으시고 대적으로 여긴다'고 말합니다. 연소한 엘리후는 세 친구가 욥의 이야기에 답하지 못하면서 정죄하는 친구들을 꾸짖고, 욥이 하나님보다 자기가 의롭다함을 보고 의견들을 종합하여 이야기의 포문을 엽니다.

첫째, 사람은 하나님보다 의롭지 못하다는 것입니다. 세상에 의인이 어디 있습니까? 세상 모든 사람이 다 죄인입니다(롬 3:10).

둘째, 하나님께서 말씀하시는 세 가지 방편이 있습니다(13~28절).

① 꿈이나 이상을 통해 말씀하십니다(13~18절). ② 질병을 통해 말씀하십니다(19~22절). ③ 중재자를 통해 말씀하십니다(23~28절).

그렇다면 여러분들에게 나타나신 하나님께서 어떤 방법으로 말씀하십니까? 한 분씩 개인적인 신앙체험을 이야기해 보시기 바랍니다. 아무런 영적 감각 없이 살아가는 분들도 있을 것입니다. 꿈으로 깨닫게 하려하시나 그런 것을 부인하며 살아가는 분들도 있을 것입니다. 여러분! 하나님께서 은밀한 중에 귀를 여시고 경고하시는 말씀을 들으시기 바랍니다. 사울처럼 거역하지 말고 성경을 읽으시며 맑고 깨끗한 밝은 영성으로 하나님의 말씀하심에 귀 기울이며 살아가시기 바랍니다.

· 함께 읽어요 : 사무엘상 28장 6~7절

"6 사울이 여호와께 묻자오되 여호와께서 꿈으로도, 우림으로도, 선지자로도 그에게 대답하지 아니하시므로 7 사울이 그의 신하들에게 이르되 나를 위하여 신접한 여인을 찾으라……."

3. 하나님의 모든 섭리의 목적은 구원입니다(욥 33:29~33).

선교지에서는 특별히 우상을 섬기고 귀신들을 위하기 때문에 악한 영들의 역사가 강하게 일어나는 곳이 많습니다. 이런 때에 자칫 잘못하면 사신 우상과의 전쟁에 휘말려 제대로 전도와 선교를 펼치지도 못합니다. 사랑하는 동역자 여러분! 하나님의 섭리의 궁극적인 목적이 '선하다'는 것을 확신하시기 바랍니다.

연소자인 엘리후는 하나님의 일, 곧 그분께서 행하시는 모든 섭리의 목적에 대해 말합니다. 하나님께서 꿈이나 이상을 통하여, 질병을 통하여, 혹은 천사를 통하여 사람에게 말씀하시고 깨닫게 하는 것은 그 생명을 구원하기 위해서라는 것입니다. 앞에서 욥이 하나님께 대하여 대적 삼고 멸망의 구덩이에 빠뜨리실 것이라고 불평한 데 대해서, 엘리후는 반론합니다. 사실은 그렇지 않고 모든 하나님의 섭리의 목적은 사람으로 깨닫게 하여, 마침내 생명을 주시려고 하는 것이라고 주장합니다. 그러면서 잠잠히 자신의 말에 귀 기울일 것을 권고합니다. 그러나 욥은 여전히 침묵을 지킵니다. 엘리후보다 나이도 많고 신앙의 연륜도 깊은 욥으로서는 젊은 엘리후의 주장에 대해 변론의 필요성조차 느끼지 않았을 지도 모릅니다.

· 함께 읽어요 : 욥기 33장 32~33절

"32 만일 할 말이 있거든 대답하라 내가 기쁜 마음으로 그대를 의롭다 하리니 그대는 말하라 33 만일 없으면 내 말을 들으라. 잠잠 하라 내가 지혜로 그대를 가르치리라."

정리하는 말

사랑하는 여러분! 오늘 본문에서 오랫동안 침묵을 지키면서 이야기를 듣던 젊은 엘리후는 명쾌한 변론으로 욥을 꾸짖고, 친구들이 욥의 주장을 꺾지 못함을 비판합니다. 엘리후의 변론은 명품입니다. 그가 말한 하나님의 섭리의 목적은 사람으로 깨닫게 하여 마침내 생명을 주시려고 한다는 것입니다. 누가 들어도 정곡을 찌른 연설입니다. 모든 것을 헤아리시는 성령의 감동과 가르치심에 순복하시기를 부탁드립니다.

평가와 결심

1. 전도와 선교에서 가장 중요한 것은 무엇입니까?
   (욥 33:1~7, 피전도자나 피선교인들의 이야기를 잘 경청해 주어야 함)
2. 하나님께서 말씀하시는 방편은 무엇이 있습니까?
   (욥 33:12~28, ① 꿈이나 이상 ② 질병이나 ③ 중재자를 통해서 말씀하심)
3. 엘리후가 주장하는 하나님께서 왜 징계나 경책을 주시는 것입니까?
   (욥 33:29~33, 사람으로 깨닫게 하여 구원과 생명을 주시기 위함)

주간 경건의 시간 <40> · 날마다 말씀과 함께

요일 / 내용	주일/월(Mon)	화(Tue)	수(Wed)	목(Thu)	금(Fri)	토(Sat)
찬송	144동/ 93동	511 / 263	529 / 319	532/ 329	545 / 344	546 / 399
성경	욥 29:/욥 30:	욥 31:	욥 32:	욥 33:	욥 34:	욥 35:
적용	의로 옷을/ 복화 광명 어둠	내 눈과 약속	전능자의 숨결	귀를 여시고	일을 따라 보응	가르치시는 하나님

* 내가 복음을 전하지 않으면 지옥에 가리라.

< 빌리 선데이, 1862~1935, 전 야구선수, 미국 목사>

찬송하기를 잊지 말라

찬송 / 277, 279, 280 / 통 335, 337, 338
성경 / 욥기 36:5-33
요절 / 욥기 36:24
"그대는 하나님께서 하신 일을 기억하고 높이라 잊지 말지니라 인생이 그의 일을 찬송하였느니라."
목표 / 하나님을 찬송함으로 그분이 세상에 전해짐을 알게 한다.

시작하는 말

욥에 대한 엘리후의 변론이 37장까지 길게 전개됩니다. 엘리후는 하나님의 위엄과 권능을 부각시키고 있습니다. 그것은 인간이 전능자이신 하나님을 경외하고 그분께 전적으로 복종해야 함을 강조하기 위해서입니다. 엘리후의 발언이 부드러워짐과 그의 깊은 통찰력이 돋보입니다. 하나님의 공의와 심판보다는 하나님의 긍휼로 인한 회복에 초점을 맞추고 있습니다. 이는 욥에게 하나님의 능력과 지혜를 깨닫고 회개하고 복종함으로써 고난을 극복할 것을 권고하기 위해서입니다.

오늘의 말씀

1. 하나님이 인생길에서 고난을 주시는 이유를 알아야 합니다(욥 36:5~16).

본문에서 엘리후는 마지막 네 번째 발언을 시작하면서 하나님을 비난하고 그분의 공의에 불평을 터뜨리고 있는 욥에게 하나님을 변호하기 위해 주의를 환기시킵니다. 우리는 선교지에서 극단적으로 신의 존재를 부정하고 자신들의 주장을 강하게 펼치는 분들을 위하여 남다른 준비가 필요합니다. 자신의 일방적인 주장보다 무신론자들 앞에서 난도질당하고 있는 하나님을 변호하기 위한 부드러운 말을 준비해 두어야 합니다. '고난'이라는 공통된 주제로 부드럽게 **동병상련**1)의 고민을 털어놓을 때에 그들과 대화의 문이 열려질 수 있음을 알아야 합니다.

· 함께 읽어요 : 베드로전서 3장 15절

"너희 마음에 그리스도를 주로 삼아 거룩하게 하고 너희 속에 잇는 소망에 관한 이유를 묻는 자에게는 대합할 것을 항상 준비하되 온유와 두려움으로 하고"

2. 하나님께서는 고난을 통해 사람에게 교훈을 주십니다(욥 36:5~16).

엘리후의 대화법을 자세히 보세요. 그는 '자신의 의로움을 인정치 않으면서 악인과 같이 불공평하게 대하신다'는 욥의 불평에 대해 '고난의 목적'에 초점을 맞추고 있습니다. '불평하면 죄다. 죄의 결과는 사망이다'라는 직설적인 것보다는 아래와 같이 원론적인 주장을 펼칩니다.

첫째, 하나님은 전능하신 분으로서 의인과 악인을 구별하신다(5~7절).

둘째, 고난은 허물을 깨우쳐 회개토록 함이다(8~12절).

셋째, 고난 중에 하나님의 교훈을 깨닫지 못하면 망하고, 깨달으면 구원받는다(13~16절)는 것입니다.

그래서 선교사님들은 먼 나라에서 한국 땅까지 와서 교육기관들을 세우고 의료기관들을 세워서 복음을 깨닫도록 하였던 것입니다. 전도와 선교는 말로만 되는 것이 아닙니다. 많은 투자가 우선 되어야 합니다.

· 함께 읽어요 : 고린도후서 9장 11절

"너희가 모든 일에 넉넉하여 너그럽게 연보함은 그들이 우리로 말미암아 하나님께 감사하게 하는 것이라."

---

1) 동병상련(同病相憐)이란 '같은 병의 환자끼리 서로 가엾게 여김'을 뜻한다.

3. 고난을 통한 하나님의 교육원리를 배워야 합니다(욥 36:17~23).

누구나 고난을 당하면 좋을 리가 없습니다. 고통스럽습니다. 고통을 똑같이 당하지만 어떤 마음을 가지고, 어떻게 이겨 가느냐하는 고난을 대하는 태도에 따라 약이 되기도 하고 해가 되기도 합니다.

바울은 로마서 5장 3~4절에서 "3 다만 이뿐 아니라 우리가 환난 중에도 즐거워하나니 이는 환난은 인내를, 4 인내는 연단을, 연단은 소망을 이루는 줄 앎이로다"라고 하였습니다. 자신이 당하는 환난을 미화시킬 필요는 없지만, 자신에게 당하는 고난과 환난 때문에 힘든 상황에서 죽어가면서도 감추려고 하는 것은 지혜로운 처사는 아닙니다.

① 하나님의 징계의 채찍에 분노로써 대적하지 말아야 합니다(17~18절).

② 자신의 부르짖음이나 세력을 의지하지 말아야 합니다(19~21절).

고난의 교육적 목적을 강조했던 엘리후는 욥이 고난을 당하면서 악으로 빠져 악에 치우쳤다고 질책했습니다.

사랑하는 전도와 선교의 동역 자들이여! 자신이 즐겁게 택했던 헌신의 길이라면 처음 소명을 받았을 때처럼 초심을 잃지 마시기를 바랍니다. 하나님께서 "악한 일은 상관하지 않으시는 듯 하나 다 보시느니라"(욥 11:11)고 하셨는데, 하물며 하나님의 전령사로서 하늘 복음을 전하는 귀하신 분들의 형편을 모르실리 없습니다. 보상을 받기 위해서 하나님의 일을 한다면 한낱 하루 벌어 하루를 살아가는 노동자나 무엇이 다르겠습니까? 하나님의 복음을 전하시는 일은 대가가 있건, 없건 간에 맡겨주신 일에 충성을 다하시기 바랍니다.

· 함께 읽어요 : 요한계시록 2장 10절

"너는 장차 받을 고난을 두려워하지 말라 볼지어다. 마귀가 장차 너희 가운데에서 몇 사람을 옥에 던져 시험을 받게 하리니 너희가 십일 동안 환난을 받으리라 **네가 죽도록 충성하라 그리하면 생명의 면류관을 네게 주리라.**"

정리하는 말

여러분! 세상에서 성도가 이름의 의미처럼 바르고 진실하게 신앙생활 한다는 것은 그리 쉽지만은 않습니다. 주님 다시 오실 날을 기다리면서 복음이 땅 끝까지 전해지기 위하여 여러분들은 무엇을 하면서 살아가고 있습니까? 날마다 만나는 여러 사람들을 대하면서 어떤 생각을 가지십니까?

본문에서 엘리후는 인생 선배인 욥에게와 친구들에게 '하나님의 하신 일을 기억하고 높이라. 잊지 말고 그의 일을 찬송하라'고 강조하여 전합니다. 하나님의 일, 곧 구속사역과 복음 선교의 사역을 힘껏 지원하시기 바랍니다.

평가와 결심

1. 하나님께서 인생에게 고난을 주시는 이유가 무엇입니까?
   (욥 36:1~4, 고난을 통해 깨닫고 돌아오라는 것입니다)
2. 고난 중에 하나님의 교훈을 깨달으면 그 결과가 무엇입니까?
   (욥 36:13~16, 못 깨달으면 망하고, 깨달으면 구원받습니다)
3. 본문에서 결론적으로 무엇을 강조하며 부탁하고 있습니까?
   (욥 36:11~22, 하나님의 하신 일을 기억하고 높이고 찬송하라)

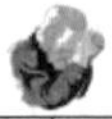

주간 경건의 시간 <41> · 날마다 말씀과 함께

요일 / 내용	주일/월(Mon)	화(Tue)	수(Wed)	목(Thu)	금(Fri)	토(Sat)
찬송	87동/ 85동	195 / 175	529 / 319	540/ 219	549 / 431	569 / 442
성경	욥 36:/ 욥 37:	욥 38:	욥 39:	욥 40:	욥 41:	욥 42:
적용	창대하리라 / 불평하지 말라	북두성과 삼성	생명과 은혜 주심	악한 일 다 보신다	여호와의 손	나의 허물과 죄

* 나의 교구는 전 세계이다. 세계 어느 곳이든 전도하는 것이 나의 의무다.
< 요한 웨슬리, 1703~1791, 영국 목사, 감리교 창시자>

명철하고 슬기로운 말로

찬송 / 304, 532, 519 / 통 404, 323, 251
성경 / **다니엘 2:14-35**
요절 / **다니엘 2:20**
"다니엘이 말하여 이르되 영원부터 영원까지 하나님의 이름을 찬송할 것은 지혜와 능력이 그에게 있음이로다."
목표 / 명철하고 슬기로운 말로 선교의 문을 여는 방법을 실천한다.

시작하는 말

남 왕국 유다를 바벨론에 붙이신 하나님께서는 바벨론 왕 느부갓네살 통치 2년에 그에게 세상 장래에 관한 꿈을 주셨습니다. 당시 지혜자로 칭하던 박수(마술사), 술객(점성가), 점쟁이(점치는 자), 갈대아 술사(마법사)를 불러 꿈을 해석하라 했습니다. 그러나 못하므로 그때 다니엘과 술사들과 함께 처형하려고 합니다. 그때 다니엘은 당황하지 않고 왕에게 슬기로운 말로 답하고 하나님을 의지하여 문제핵심을 해결해가고 있었습니다. 긴급한 문제일수록 기도하면서 지혜로 풀어가야 합니다.

오늘의 말씀

1. 다니엘은 시간을 주시면 해석을 보이겠다고 했습니다(단 2:14~16)

꿈과 해석을 하지 못하는 바벨론의 모든 술사들을 처형하라는 왕의 명령에 다니엘과 그의 친구들도 목숨을 잃을 신세가 되었습니다. 그러나 다니엘은 이런 상황에서 당황하지 않고, 하나님을 의지면서 왕께 유연한 말로서 대답하므로 문제를 풀어갑니다.

① 다니엘은 담대하게 왕의 명령의 수행자인 아리옥에게 상황을 물었습니다. 문제의 핵심을 먼저 파악해야 하기 위해서입니다. ② 슬기로운 말로 아리옥의 관심을 문제 해결 방향으로 돌립니다. 자신을 죽이러 온 아리옥에게 더 침착하게 행함으로써 주의를 끌어냅니다. ③ 다니엘은 왕에게 시간을 주시면 꿈의 해석을 보이겠다고 제안합니다.

· 함께 읽어요 : 다니엘 2장 16절

"다니엘이 들어가서 왕께 구하기를 시간을 주시면 왕에게 그 해석을 알려 드리리이다 하니라."

2. 발등의 불을 끈 다니엘과 친구들은 하나님께 기도합니다(단 2:17~18).

왕에게 시간을 주시면 꿈을 해석해 보이겠다고 한 다니엘은 집으로 돌아와서 제일 먼저 한 것은 기도였습니다. 다니엘은 기도의 동지요, 정치입문 동기들인 세 친구 하나냐, 미사엘, 아사랴에게 그 일을 알리고, 하늘에 계신 하나님이 이 은밀한 일에 대하여 불쌍히 여기사, 다니엘과 친구들이 바벨론 지혜 자들과 함께 죽임을 당하지 않게 하기를 기도하게 하였습니다.

① 다니엘은 혼자 기도하지 않고 공동운명인 세 친구들에게 그 일을 설명하고 기도의 지원을 받았습니다. ② 기도의 근거는 하나님의 긍휼하심이었습니다. ③ 기도의 목적은 하나님의 구원이었습니다. 다니엘과 세 친구들 뿐 아니라 바벨론 술사들까지라도 무고히 죽는 것을 원치 않았습니다. 선교의 목적은 세상 모든 민족이 구원을 얻는 것입니다.

· 함께 읽어요 : 다니엘 2장 18절

"하늘에 계신 하나님이 이 은밀한 일에 대하여 불쌍히 여기사 다니엘과 친구들이 바벨론의 다른 지혜자들과 함께 죽임을 당하지 않게 하시기를 그들로 하여금 구하게 하니라."

3. 다니엘은 기도의 응답을 받고 찬양 드립니다(단 2:19~23).

사랑하는 여러분! 세상은 악해져서 망할 테면 너도 죽고 나도 죽자고 외치는 악한 세상이 되었습니다. 신 불신 간(信 不信 間)을 막론하고 생명을 경시하는 풍조가 만연해져 있는 것입니다.

다니엘과 세 친구의 기도는 응답을 받았습니다. 19절을 함께 읽겠습니다. "이에 은밀한 것이 밤에 환상으로 다니엘에게 나타나 보이매 다니엘이 하늘에 계신 하나님을 찬송 하니라."

다니엘과 세 친구의 기도는 바벨론의 지혜 자들은 물론 다니엘과 세 친구들의 생명을 구했습니다. 여러분들은 전도와 선교에 얼마나 관심이 있습니까? 전도와 선교는 바로 생명의 구원과 직결되어 있습니다. "전도하러 나가면 있고, 안 나가면 없습니다." 전하면 생명을 건질 수 있고, 전하지 않으면 멸망으로 떨어질 수밖에 없는 것입니다.

다니엘의 기도는 이런 의미에서 오늘날 공무원이란 직장을 가지고서 전도와 선교는 이렇게 하는 구나라는 깨달음을 줍니다. 필자는 중·고등학교 음악교사를 오래 하면서 점심시간에 음악실에서 채플을 인도하면서 학원 전도를 실천하였습니다. 때로는 교장 선생님께 불려가서 음악시간에 부르는 노래들이 찬송가가 아니냐고 반문 받았습니다. "그래요, 음악교과서의 서양음악 대부분이 기독교문화의 영향으로 그렇다"고 하였습니다. 서양음악의 아버지인 바흐가 교회 오르간이스트요, 교향곡의 왕 하이든 곡이 찬송가에 여러 편이 있습니다. 사랑하는 여러분! 전도와 선교를 해야 할 때, 두려워하지 마십시오. 바울 사도에게 함께 하신 능력의 하나님께서 여러분 곁에서 항상 지켜주셔서 전도의 열매를 맺게 하십니다.

· 함께 찬송해요 : ♬ 찬송가 505장 (통일찬송가 268장) 1절과 후렴 ♬
"1절 : 온 세상 위하여 나 복음 전하리./ 만 백성 모두 나와서 주 말씀 들으라./ 죄 중에 빠져서 헤매는 자들아!/ 주님의 음성 듣고서 너 구원받으라./ <후렴> 전하고 기도해 매일 증인 되리라/ 세상 모든 사람 다 듣고 그 사랑 알도록" ♬

정리하는 말

사랑하는 여러분! 세상에는 의외로 외로움과 괴로움을 당하는 자들이 많습니다. 정신적으로 너무 견디기 힘들어 미쳐 버리는 경우도 없지 않습니다. 오늘날 정보가 흘러넘치는 세상에서 복음을 듣지 못하고 죽어갔다면 얼마나 불쌍하겠습니까? 여러분! 다니엘과 세 친구는 고국을 떠난 이국에서 정부의 고위 관리로 발탁되어 근무하면서 세상 지혜자들 곧 박수, 술객, 점쟁이나 술사들 틈에서 어려운 꿈 해석을 기도로 응답받아 그들의 생명까지도 구원시켜 하나님을 찬송하였습니다. 이 찬송이 여러분의 찬송이 되고, 세상에서의 승전가가 되시기 바랍니다.

평가와 결심

1. 다니엘은 어려운 문제를 만나 첫째 어떻게 대처하였습니까?
   (단 2:14, 명철하고 슬기로운 말로 왕에게 시간을 얻어냄)
2. 다니엘은 어려운 문제를 만나 둘째 어떻게 처리하였습니까?
   (단 2:17~18, 친구들에게 알려 문제해결을 위해 함께 기도함)
3. 다니엘이 문제해결을 위해서 기도한 결과는 어떠하였습니까?
   (단 2:19, 밤에 환상으로 나타나 보여주셔서 하나님을 찬송함)

주간 경건의 시간 <42> · 날마다 말씀과 함께

요일 / 내용	주일/월(Mon)	화(Tue)	수(Wed)	목(Thu)	금(Fri)	토(Sat)
찬송	91동/ 93동	252/ 184	521 / 253	545 / 344	536 / 326	515/ 256
성경	단 1:/ 단 2:	단 3:	단 4:	단 5:	단 6:	단 7:
적용	채식을 구함 / 꿈과 그 해석	신들의 아들	짐승의 마음	신들의 영이 있는 자	하루 세 번씩	한 때 두 때 반 때

* 평양에 '예수! 천당!' 소리가 없어지면, 이곳이 소돔과 고모라성과 같이 된다. <길선주 목사>

돌아오게 한 자의 복

찬송 / 525, 515, 508 / 통 315, 256, 270
성경 / **다니엘** 12:1-13
요절 / **다니엘** 12:3
"지혜 있는 자는 궁창의 빛과 같이 빛날 것이요 많은 사람을 옳은 데로 돌아오게 한 자는 별과 같이 빛나리라."
목표 / 성도는 지위나 직책 고하를 막론하고 선교하는 태도를 기른다.

시작하는 말

본문에서 하나님께서는 마지막 때에 되어질 일들을 보여주시며 세상이 빠르게 오가고 문명의 이기들 때문에 살기 좋아진 형편에서 우리가 무엇을 해야 될 일들을 보여주심으로 준비하도록 하십니다.

성경의 예언 중에 다니엘은 세상 끝 날에 되어질 일들을 정확하게 보여 줌으로써 말세를 당한 성도들이 무엇을 어떻게 해야 할 지를 보여주고 있는 내용입니다. 무엇보다 먼저 '많은 사람을 옳은 대로 돌아오게' 해야 합니다. 그런 열정으로 전도와 선교를 지원하시기를 바랍니다.

오늘의 말씀

1. 마지막 날에 일어날 일들을 알아야 합니다(단 12:1~4).

지금까지 다니엘에게 보여준 계시의 내용은 역사에 대한 하나님의 주권과 섭리를 보여주는 것이었습니다. 이제 그 계시의 결론으로서 마지막 때에 하나님께서 그분의 구속 역사를 어떻게 완성하여 가실 것인가를 보여주고 있습니다.

① 유례없는 큰 환난이 있을 것입니다(1절). 이 환난이 너무 엄청나기 때문에 백성들을 위해 미가엘 천사가 일어날 것입니다. 그것은 먼저 유대인들이 안티오커스 에피파네스(B.C. 175~164)에 의해 큰 환난을 겪고 주후 70년에 로마 티도 장군에 의해 예루살렘이 파괴되고 고난을 당한 것으로 성취되었습니다. 그러나 본문에서 말하는 환난은 세상종말에 있을 전무후무한 일입니다.

② 구원 얻을 자와 멸망할 자가 드러날 것입니다(2절). ③ 지혜로운 자는 영원토록 빛 날 것입니다(3절). ④ 문명이 발전하고 지식이 증가할 것입니다(4절). 많은 사람이 빨리 왕래하게 될 것입니다.

· 함께 읽어요 : 다니엘 12장 3절
"지혜 있는 자는 궁창의 빛과 같이 빛날 것이요 많은 사람을 옳은 데로 돌아오게 한 자는 별과 같이 영원토록 빛나리라."

2. 마지막 때에 관한 질문입니다(단 12:5~9).

다니엘은 마지막 때에 일어날 일들에 관해서 듣고 난 후, 또 하나의 환상을 보게 됩니다. 다니엘이 본 것은 강 양쪽 편에 선 두 사람이었습니다. 10장에서도 다루었듯이 이들은 천사로 보이는데, 그 중 한 천사가 세마포 입은 천사에게 "이 놀라운 일의 끝이 어느 때 까지냐?"라고 물을 때에 마지막 날에 관한 계시를 더 소상히 밝혀주십니다.

① 다니엘이 마지막 때에 관한 천사들의 이야기를 듣습니다(5~7절).

한 천사의 물음에 하늘을 향해 두 손 들고 영원히 살아계시는 이를 가리켜 맹세하여 이르되 '한 때, 두 때, 반 때를 지나서 성도의 권세가 다 깨어질 때까지라.' 곧 3년 반 길지 않은 기간일 것입니다.

② 모든 일의 결국을 묻는 다니엘에게 말하기를 마지막 때까지 간수

하고 봉함할 것이라고 말합니다(8~9절).

· 함께 읽어요 : 다니엘 12장 8~9절
"8 내가 듣고도 깨닫지 못한지라 내가 이르되 내 주여 이 모든 일의 결국이 어떠하겠나이까하니 9 그가 이르되 다니엘아 갈지어다. 이 말은 마지막 때까지 간수하고 봉함할 것이니라."

3. 말씀을 묵상하며 기다리는 자가 복이 있습니다(단 12:10~13).

사랑하는 여러분! 세상에 가장 불쌍한 사람은 하나님을 인정하지 않고 일부러 없다고 하는 악한 사람입니다. 지혜 있는 자가 누구입니까? 바로 하나님의 말씀을 읽으며 믿고 순종하는 자입니다. 시편은 '여호와의 율법을 읽는 자'가 복 있는 사람이라고 합니다.

시편의 시작과 결론인 시편 1편 말씀의 요점은 뿌리를 '하나님의 율법'에 두고 있는 사람은 반드시 좋은 열매를 맺을 수밖에 없다는 근본적인 원리를 가르쳐 주고 있습니다. 왜냐하면 주님의 율법에 대한 바른 태도야 말로 올바른 영적생활의 든든한 기초와 토대가 되기 때문입니다.

이러한 시인의 단순명료한 주장에는 힘이 있으며 논리적 비약이 없는 매우 명쾌한 논증으로 결론 내립니다. 악인의 결국은 멸망이요, 복 있는 자, 즉 말씀을 읽으며 기다리는 자의 종국은 하나님의 인정을 받으며 형통케 된다는 것입니다.

요한계시록 1:3절에는 "이 예언의 말씀을 읽는 자와 듣는 자와 그 가운데에 기록한 것을 지키는 자는 복이 있나니 때가 가까움이라"라고 하였습니다. 사랑하는 여러분! 날마다 말씀을 읽고 묵상하면서 복된 인생을 살아가시기를 간절히 소원합니다.

· 함께 읽어요 : 시편 1편 2절
"오직 여호와의 율법을 즐거워하여 그의 율법을 주야로 묵상하는 자로다."

정리하는 말

사랑하는 여러분! 마지막 날에 악한 자들이 '예배를 폐한다'고 하였습니다. 하나님께 기도하며 찬송하는 일조차 차단당하는 극한 상황 하에서라도 여러분들은 기도하고 찬송하며 말씀을 묵상하십시오. 마지막 그날까지 구원과 생명의 복음을 전파하면서 두렵고 떨림으로 구원을 이루어가시기 바랍니다.

평가와 결심

1. 마지막 날에 어떤 일이 일어날 것입니까?
   (단 12:1~4, 큰 환난이 일어날 것과, 구원받은 자 멸망자가 들어남)
2. 이 일이 어느 때 까지냐? 묻는 이에게 대답은 무엇이었습니까?
   (단 12:5~9, 3년 반 길지 않은 때이며 마지막 때까지 간수하라고 함)
3. 결론 적으로 어떤 자가 복이 있다는 말씀입니까?
   (단 12:10~13, 기도와 찬송하며, 말씀을 읽고 기다리며 전하는 자)

주간 경건의 시간 <43> · 날마다 말씀과 함께

요일 / 내용	주일/월(Mon)	화(Tue)	수(Wed)	목(Thu)	금(Fri)	토(Sat)
찬송	73동/ 36동	138/ 52	151/ 138	182 / 169	205/ 236	219/ 279
성경	단 8:/단 9:	단 10:	단 11:	단 12:	호 1:	호 2:
적용	매일 제사 제함/ 기도 시작할 즈음	은총을 크게 받은 자	제사를 폐함	별과 같이 비취리라	로암미	소망의 문

* 너희는 말세에 나타내기로 예비하신 구원을 얻기 위하여 믿음으로 말미암아 하나님의 능력으로 보호하심을 받았느니라. < 신약성경 벧전 1:5 >

음녀 된 여자를 사랑하라

찬송 / 387, 365, 540 / 통 440, 484, 219
성경 / 호세아 2:14-35
요절 / 호세아 3:1절하
"너는 또 가서 타인의 사랑을 받아 음녀가 된 그 여자를 사랑하라 하시기로"
목표 / 복음 전파와 선교를 위해 음녀 된 여자를 사랑하라는 뜻을 이해한다.

시작하는 말

이 단원에서는 소선지서를 통해서 '감사 생활'에 대하여 공부하게 됩니다. 호세아(הוֹשֵׁעַ; 호쉐아)란 이름은 '여호와는 구원이시다'란 뜻입니다. 그의 사역은 아모스 사역 직후에 시작되었으며, 이스라엘 왕 여로보암 2세(779~747) 말기로부터 유다의 히스기야가 왕위에 오를 때까지(715년경) 약 40년에 이르고 있습니다. 일반적인 사실로 인정된 고멜과의 결혼은 인간이 이해할 수 없는 골치 아픈 결혼입니다. 이는 하나님과 이스라엘 사이의 관계와 유사합니다. 하나님의 메시지는 이렇게 실제적인 상황으로 연결시켜 제시되기도 한다는 사실을 이해해야 합니다.

오늘의 말씀

1. 백성을 향한 하나님의 관계 회복을 원하십니다(호 2:14~17).

당시 이스라엘은 바알이란 우상을 숭배하면서 떡과 물과 양털과 삼과 기름과 술들을 우상이 준 것이라 믿고 섬겼습니다(5절). 하나님은 여태까지 베풀었던 물질적인 복들을 다 박탈하시겠다고 하시면서 이스라엘과의 관계를 옛 부부관계처럼 회복하시겠다고 하셨습니다.

① 구약에서는 이스라엘 백성들이 우상을 섬기는 예를 들어 음행이라고 표현하고(사 54:5, 렘 3:20), 이런 행위를 음부 같이 미워하셨습니다.

② 신약에서는 예수 그리스도를 남편으로 또는 신랑으로, 교회 즉 성도를 신부로 묘사하고(고후 11:1, 2), 관계회복을 원하셨습니다.

· 함께 읽어요 : 호세아 2장 16절

"여호와께서 이르시되 그 날에 네가 나를 내 남편이라 일컫고 다시는 내 바알이라 일컫지 아니하리라."

2. 하나님의 관계회복의 방법을 제시하고 시행하십니다(호 2:14~15).

하나님께서는 우상 숭배와 불순종으로 말미암아 이스라엘과의 깨어진 사랑의 틈을 메워주십니다. 그 방법은 '그를 타일러 거친 들로 데리고 가서 말로 위로 한다'고 합니다. 그러시면서 하나님의 품으로 돌아왔을 때, 하나님께서는 돌아오기 전에 행하였던 모든 우상 숭배의 죄악들을 생각하지 아니하시고, 오히려 위로해 주시며 애굽 땅에서 인도해 내셨을 때와 같이 남편으로서 사랑해 주시겠다고 약속하시는 것입니다.

인간들의 사랑은 조건적인 사랑입니다. 상대가 무엇을 해주기 때문에, 어떤 좋은 조건을 제시해 주기 때문에, 내게 유익이 되기 때문에, 가까이하고 사랑하고 친해지는 것입니다. 그러나 하나님의 사랑은 무조건적입니다. 독생자 예수 그리스도를 거저 보내 주셔서 십자가에서 대신 죽어 주심으로 우리를 대속해 주신 것입니다.

· 함께 읽어요 : 요한일서 4장 10절

"사랑은 여기 있으니 우리가 하나님을 사랑한 것이 아니요 하나님이 우리를 사랑하사 우리 죄를 속하기 위하여 화목 제물로 그 아들을 보내셨음이라."

3. 하나님과의 온전한 관계회복의 결과입니다(호 2:16~23).

16절을 함께 읽겠습니다. "여호와께서 이르시되 그 날에 네가 나를 내 남편이라 일컫고 다시는 내 바알이라 일컫지 아니하리라." 여기서 '바알'이라고 하는 것은 우상의 이름인 '바알'을 말하는 것이 아니라 '내 주인' 또는 '내 남편'이라는 의미를 가진 히브리어를 음역한 것입니다.

본문에서 '남편'이란 사랑과 감미로움, 그리고 친밀성을 가진 명칭입니다. 즉 하나님은 이스라엘을 설득시켜서 부부 관계를 맺으실 때 결코 주인과 종으로서의 관계를 원하신 것이 아니라 아내를 사랑하는 남편으로서, 남편에게 순종하는 아내로서 관계를 맺기를 원하신다는 의미입니다.

또한 신약에서도 하나님을 '아바 아버지'로서, 그리고 성도는 '하나님의 자녀'로서 묘사되고 있는데, 이것은 주인과 종과 같이 명령과 복종을 요구하는 관계로서가 아니라 사랑과 순종의 관계인 남편과 아내, 아버지와 자녀로서 관계를 맺으시기 원함을 보여 주는 것입니다.

오늘날 사회나 교회의 근본적인 문제는 하나님과의 수직적인 관계와 이웃과의 수평적인 관계가 하나님의 창조 질서와 같이 정상적인 관계로 회복되는 것이 시급한 문제입니다. 선교나 전도의 목적도 하나님의 말씀대로 하나님과의 수직적인 관계와 이웃과의 수평적인 관계가 회복되어야 함을 가르쳐야 합니다. 에덴동산에 찾아온 사탄은 상하의 관계를 뒤집어 버리려고 술책을 꾸몄습니다. 우리는 교회봉사나 총회의 일을 실행할 때에 관계가 정상적인 상태에서 일들을 수행해야 합니다.

하나님께서 하늘에 응답하고 하늘은 땅에 응답해, 땅은 곡식과 포도주와 기름에 응답하고 이것들은 이스라엘에 응답하리라는 것입니다.

· 함께 읽어요 : 호세아 2장 21~22절

"21 여호와께서 이르시되 그 날에 내가 응답하리라 나는 하늘에 응답하고 하늘은 땅에 응답하고 22 땅은 곡식과 포도주와 기름에 응답하고 또 이것들은 이스르엘에 응답하리라."

정리하는 말

여러분! 오늘 본문에서 하늘과 땅이 응답하도록 이스라엘 백성들을 다시 이 땅에 심겠다고 하십니다. 긍휼히 여김을 받지 못하였던 자를 긍휼히 여기며, 내 백성 아니었던 자에게 말하여 이르기를 '너는 내 백성이라.' 하리니, 그들은 이르기를 '주는 내 하나님이시라.' 하리라는 것입니다. 하나님의 긍휼과 자비, 사랑의 위로하심에 감사하시기 바랍니다.

평가와 결심

1. 하나님께서 이스라엘과의 무엇을 원하시고 있습니까?
(호 2:14~15, 부부관계 또는 부모와 자녀 관계를 회복을 원함)
2. 하나님께서 주신 관계회복의 방법이 무엇이 있습니까?
(호 2:14, 19, 21~22, ① 말로 타이르심 ② 긍휼히 여기심)
3. 하나님과의 관계회복은 구체적으로 무엇입니까?
(호 2:19~23, ① 결혼으로 부부관계 회복 ② 기도를 응답하심)

주간 경건의 시간 <44> · 날마다 말씀과 함께

요일 / 내용	주일/월(Mon)	화(Tue)	수(Wed)	목(Thu)	금(Fri)	토(Sat)
찬송	74동/ 21동	143 / 141	188 / 180	251/ 137	252 / 184	273 / 331
성경	호 3:/호 4:	호 5:	호 6:	호 7:	호 8:	호 9:
적용	아내 되찾음/ 이스라엘의 죄	지도자들 의 죄	여호와께 돌아가자	이스라엘의 교만	우상숭배로 망하리라	호세아의 경고

* 감사하는 마음은 가장 위대한 미덕일 뿐 아니라 다른 모든 덕의 어버이다.
< 마르쿠스 툴리우스 키케로, B.C. 106~43, 로마 웅변가, 정치가, 철학자 >

11단원 감사 생활의 달

제45과

공의를 비처럼 내리시리라

찬송 / 362, 500, 304 / 통 481, 258, 404
성경 / **호세아 10:1-15**
요절 / **호세아 10:12절하**
"너희 묵은 땅을 기경하라 지금이 곧 여호와를 찾을 때니 마침내 여호와께서 오사 공의를 비처럼 너희에게 내리시리라."
목표 / 공의의 하나님을 찬송함으로 그분이 세상에 전하는 태도를 가진다.

시작하는 말

물질주의가 만연한 현시대를 살아가면서 본문이 시사하는바가 큽니다. 이스라엘의 모든 소출은 하나님의 것입니다. 그러나 소출이 늘어갈수록 그들은 이방 신을 섬기려 제단과 돌기둥을 세우는데 급급합니다. 이와 같은 이스라엘의 신실하지 못한 행위로 인하여 여호와께서는 제단을 깨뜨려버리고 돌기둥을 무너뜨릴 것이라고 하십니다. 사랑하는 여러분! 현실에서 여러분들은 어떻습니까? 부요함으로 인하여 더욱 하나님께 충성 봉사하는데 물질과 재능을 사용하여야 할 것입니다.

오늘의 말씀

1. 이스라엘의 어리석음과 당할 심판이 다가옵니다(호 10:1~8).

이스라엘은 외적으로는 상당히 번영했습니다. 동맹관계에서도 외국으로 그 세력을 뻗어나가고 있음을 봅니다. 그러나 근본적인 문제는 하나님을 섬긴다고 섬기고, 이방신인 우상도 섬기는 두 마음, 즉 이중적인 태도에서 죄악 된 인간의 보편성을 봅니다. 백성들이나 왕은 하나님보다 물질이나 권력을 의지했습니다. 그 결과 이스라엘은 하나님의 징계와 심판을 받아 신당들은 파멸되고, 백성들은 고통을 받게 된 것입니다.

· 함께 읽어요 : 호세아 10장 8절

"이스라엘의 죄 곧 아웬의 산당은 파괴되어 가시와 찔레가 그 제단 위에 날 것이니 그 때에 그들이 산더러 우리를 가리라 할 것이요 작은 산더러 우리 위에 무너지라 하리라."

2. 이스라엘의 범죄는 다양했습니다(호 10:9~16).

하나님은 이스라엘을 그의 백성으로 삼으시고 축복하시며 이방의 빛으로 삼으셨습니다(사 42:6). 그러나 하나님의 영광을 드러내야 할 이스라엘은 오히려 하나님을 떠나 행악하며 영광을 가리었습니다. 하나님은 그의 계명을 따르는 자를 사랑하십니다(출 16:28). 그러나 이와 반대로 고의적으로 계명을 어기는 자는 미워하십니다. 그래서 본문을 보면 하나님께서 순종치 않은 이스라엘을 심판하시기로 작정하셨습니다.

먼저는 기브아의 범죄입니다. 사사기 19장에 나오는 범죄로, 여행 중 베냐민 지파의 영역인 기브아에 첩을 데리고 유숙한 레위 청년을 베냐민 주민들이 첩을 욕보이고 마침내 죽게 만들었습니다. 격분한 이스라엘은 베냐민 족속을 멸족 상태에 이르게 하였습니다. 그런데 지금 동일한 죄를 짓고 있었던 것입니다(호 9:9절)

또한 범죄의 구체적인 사례입니다. ① 성적인 타락입니다. 나그네의 첩을 밤새도록 욕보여 죽게 만들었습니다. ② 형제의 핍박입니다. 기브아는 베냐민 지파였고, 나그네는 레위 지파로 한 형제였는데 핍박하였습니다. ③ 나그네를 핍박하였습니다. 과거 나그네 출애굽 시절에 당했는데, 또 다시 당시 동일한 죄를 범하고 있었습니다.

· 함께 읽어요 : 호세아 10장 9절

"이스라엘아 네가 기브아 시대로부터 범죄 하더니 지금까지 죄를 짓는구나. 그러니 범죄 한 자손들에 대한 전쟁이 어찌 기브아에서 일어나지 않겠느냐"

3. 하나님의 사랑과 심판이 펼쳐집니다(호 10:17~23).

기브아의 범죄로 말미암아 베냐민과 11지파 간의 전쟁이 벌어져 베냐민 족속은 멸족 상태에 까지 이르는 심판을 받았습니다(사사기 20장).

그러니 이제는 하나님께서 미리 경고하심으로 전쟁의 심판을 면하도록 하신 것입니다(9절). 이와 같이 오늘날도 심판을 미루시면서 회개하고 돌아오시기를 기다리시고 계시는 것입니다. 심판하실 능력이 없어서가 아니라 '상한 갈대도 꺾지 않으시는 하나님의 사랑'이신 것입니다(사 42:3).

사랑의 하나님이지만 하나님의 공의는 심판을 불러옵니다. 이스라엘의 회개를 기다리신 하나님은 결국 회개치 않는 이스라엘을 앗수르와 바벨론의 손에 붙이셨습니다. 그 날에는 하나님께서 사람의 행한 대로 심판하실 것이라는 사실도 깨달아야 합니다(겔 7:8). 하나님의 주권은 전능하셔서 반드시 정확한 심판을 이행하실 것입니다. 이스라엘뿐 아니라 오늘을 살아가는 성도들에게도 하나님의 심판은 커다란 경고가 되는 것입니다.

사랑의 하나님임과 동시에 공의로 심판하시는 하나님이심을 명심하시기 바랍니다. 하나님의 공의는 만방에 전해진 복음을 받아드리지 않는 자들을 심판하십니다. 우리가 전도하고 선교할 이유가 여기 있는 것입니다. 복음을 받은 성도들이여! 감격에 넘쳐 감사 찬송을 드리시기 바랍니다.

· 함께 읽어요 : 호세아 10장 12절

"너희가 자기를 위하여 공의를 심고 인애를 거두라 너희 묵은 땅을 기경하라 지금이 곧 여호와를 찾을 때니 마침내 여호와께서 오사 공의를 비처럼 너희에게 내리시리라."

정리하는 말

사랑하는 여러분! 여러분들은 하나님께서 주신 복음으로 인하여 구원받았음을 얼마나 감사드리고 있습니까? 사랑의 하나님께서 공의로 심판을 하시겠지만 복음을 받은 선택된 우리들에게는 조금도 걱정이 없습니다.

이스라엘은 과거에 지은 죄들을 반복하여 하나님의 심판의 경고를 받고 있었던 것입니다. 찬란한 아침의 태양이 솟아오르지만 죄악의 구름에 휩싸인 자들에게는 칠흑 같은 어둠이 지배 할 것입니다. 복음으로 무장하고 구원받았음을 감사하여 공의의 하나님께 영광과 찬양을 돌리시기 바랍니다.

평가와 결심

1. 이스라엘이 왜 심판을 자초하고 있다고 하였습니까?
   (호 10:1~8, 과거에 지은 죄들을 반복해 짓고 있었기 때문)
2. 심판을 자초한 이스라엘의 범죄가 구체적으로 무엇입니까?
   (호 10:9~16, ① 성적 타락 ② 형제 핍박 ③ 나그네 핍박)
3. 본문에서 우리에게 주시는 구체적인 교훈이 무엇입니까?
   (호 10:17~23, 하나님의 사랑과 공의를 깨닫고, 복음을 전하라)

주간 경건의 시간 <45> · 날마다 말씀과 함께

요일 / 내용	주일/월(Mon)	화(Tue)	수(Wed)	목(Thu)	금(Fri)	토(Sat)
찬송	144동/ 145동	215 / 354	216 / 356	365/ 484	421 / 210	423 / 213
성경	호 10:/ 호 11:	호 12:	호 13:	호 14:	욜 1:	욜 2:
적용	번영 속의 죄 / 사랑의 줄	야곱과 에서	교만이란 죄	다시 꽃피리라	깨어 울지어다	돌아오라

* 몸에 한 가닥 실오라기라도 감았거든 항상 베 짜는 여인의 수고를 생각하고, 하루 세 끼 밥을 먹거든 매양 농부의 노고를 생각하고 감사하라. <고종>

11단원 감사 생활의 달

여호와를 찾으라

찬송 / 386, 387, 266 / 통 439, 440, 200

성경 / **아모스 5:1-15**

요절 / **아모스 5:4**

"여호와께서 이스라엘 족속에게 이와 같이 말씀하시기를 너희는 나를 찾으라. 그리하면 살리라."

목표 / 여호와를 찾으며 전보다 더 감사할 수 있는 삶의 태도를 기른다.

시작하는 말

아모스(עָמוֹס; 짐을 진 자)는 목축, 뽕나무 재배 등을 하던 농부였으나, 문체로 보아 학식 있는 은둔 야인으로 보입니다. 저자는 이스라엘이 가장 부한 때에 하나님의 심판과 멸망을 예언하고 있습니다. 그는 이스라엘의 죄를 ① 종교적 부패, ② 도덕적 타락, ③ 사회 공의의 실종을 들고 있습니다. 이중 종교적인 부패가 모든 죄악의 원천으로, 내용이 없는 형식적인 종교 의례의 무가치함과 사회적 해악으로 지목합니다. 민족이 사는 길은 회개하고 여호와를 찾는 길밖에 없습니다.

오늘의 말씀

1. 아모스는 민족의 멸망을 바라보며 애가를 부릅니다(암 5:1~3).

아모스 선지자가 활동하던 시기는 여로보암 2세가 이스라엘을 치세하던 시기로 남북왕조가 부강함을 누리던 시기였습니다. 숙적이던 시리아가 쇠약해지고, 앗수르가 부상되는 틈을 타 여로보암은 옛 솔로몬의 영지를 회복하면서 자연적으로 경제적인 부를 축적하여 다윗과 솔로몬 이후 최전성기에 달해 있었습니다. 그러나 선지자가 내다 본 이스라엘 상태의 진단은 허상이었습니다. 선지자는 시대를 내다보면서 '영적 각성과 여호와를 찾으라'고 용기 있는 촉구를 하였습니다.

· 함께 읽어요 : 아모스 5장 3절
"주 여호와께서 이같이 말씀하시되 이스라엘 중에서 천 명이 행군해 나가던 성읍에는 백 명만 남고 백 명이 행군해 나가던 성읍에는 열명만 남으리라."

2. 하나님을 찾고 살길을 찾으라고 합니다(암 5:4~6).

아모스 선지자는 철저하게 멸망해 무너질 이스라엘이 살 수 있는 방법을 제시합니다. 그것은 '여호와를 찾으라'는 것입니다. 이스라엘의 중요한 성소인 벧엘, 길갈, 브엘세바로 가지 말고 오로지 여호와께만 소망을 삼고, 그를 의지하게 될 때에만 새로운 생명을 얻을 수 있다는 것입니다.

이스라엘은 여호와와 더불어 생명의 관계를 맺었었습니다. 그 관계는 자식과 부모 사이의 전인격적 사귐의 관계요, 사랑하는 사람들 관계와 같은 애정관계였습니다. 그러나 그 관계가 그들의 교만과 완악함 때문에 단절되었습니다. 벧엘과 길갈은 우상숭배지요, 벧엘은 이스라엘 지파 동맹의 중앙 성소였습니다. 바로 어용 종교의 중심지, 혼합주의 중심지였습니다. 이스라엘이 남북 왕조로 분열된 이후 예루살렘을 잃은 북 이스라엘은 이들 장소에서 금송아지를 세우고 섬기며, 각종 우상을 들여와 우상숭배와 음란의 제의(祭儀)[1]가 이스라엘 백성들의 정신을 사로잡기 시작했습니다.

· 함께 읽어요 : 아모스 5장 5절
"벧엘을 찾지 말며 길갈로 들어가지 말며 브엘세바로도 나아가지 말라 길갈은 반드시 사로잡히겠고 벧엘은 비참하게 될 것임이라 하셨나니"

---

1) 제의(祭儀)란 제사 드리는 의식을 말함.

3. 살길인 '오직 여호와만을 찾으라'고 하였습니다(암 5:7~15).

사랑하는 여러분! 아모스 선지자의 외침에 귀를 기울이시기 바랍니다. 오늘날 한국교회가 꼭 옛 이스라엘 같이 범죄의 길에 빠져들고 있습니다. 종교다원주의로 화해와 평화를 앞세워 정통신앙을 무너뜨리는 세계교회협의회 제10차 총회가 2013년 부산에서 열렸습니다.

기독교만의 부활과 영생을 접고, 진리를 벗어난 모든 종교에도 구원이 있고, 모두가 같은 목적을 가진 종교로 보고 종교의 통합을 이루는 것이 그들 세계교회협의회의 궁극적인 목표라고 합니다. 이 기구는 세계 110개국에서 장로교, 감리교, 루터교, 성공회, 정교회 등 349교단, 5억 8천만 명이 가입한 세계 최대의 기독교 단체로 7년마다 국가를 달리하며 총회가 열리고 있습니다. 현대판 자유주의신학인 '종교다원주의'는 자유주의 기독교와 에큐메니칼 운동에 지대한 영향을 미치고 있습니다. 포스트모더니즘, 탈구조주의, 상대주의, 혼합주의, 민족문화, 종교의 주체성을 강조하는 민족주의 성향과 맞물려 폭넓게 파급되고 있습니다. 이런 것들 때문에 참으로 정통보수신앙이 위협을 받고 있는 안타까운 실정입니다.

이러한 현실에도 불구하고 한국교회는 담임목회자들의 세습화, 총회장이나 감독 선출에서의 금권 선거, 성도들의 신앙의 불감증, 이단 단체들의 교회 침투 노골화 등 풀어갈 숙제들이 참으로 많습니다.

아모스 선지자는 공법과 정의를 버리고 불법을 행한 이스라엘을 향하여 회개를 촉구하면서 '하나님만 찾으라'고 권고합니다. 사랑하는 여러분! 여호와를 찾되 ① 창조주 하나님, ② 심판자 하나님, ③ 모든 것의 주관자 하나님을 찾으시기 바랍니다. 한국교회의 강단마다 공의의 메시지가 약화되는 시점에서 "오직 성경, 오직 믿음, 오직 은혜"를 사모하면서 오늘도 믿음으로 승리하시기를 간절히 부탁드립니다.

· 함께 읽어요 : 아모스 5장 14절

"너희는 살려면 선을 구하고 악을 구하지 말지어다. 만군의 하나님 여호와께서 너희의 말과 같이 너희와 함께 하시리라."

정리하는 말

사랑하는 여러분! 여호와 하나님께서는 '악을 미워하고 선을 사랑하며 정의를 세우라'(14절)고 하십니다. 이스라엘이 여호와 하나님을 버리고 우상종교를 따를 때 하나님의 심판을 받아 멸망으로 치달았습니다. 아무리 똑똑해도 선을 미워하고 불의를 일삼으며 공의를 대적하면, 하나님께서는 반드시 심판하여 망하게 하십니다. 세계는 화해와 평화를 내세워 바벨탑 같은 단체를 만들어 대적하려 하지만, 하나님께서는 저들의 계획을 무력화 시킬 것입니다. 오직 하나님께 감사, 찬송하시기 바랍니다.

평가와 결심

1. 아모스는 부강하여 태평성대를 누리던 때 어떻게 하였습니까?
   (암 5:1~3, 민족의 멸망을 내다보면서 애가로 회개를 촉구함)
2. 벧엘과 길갈은 이스라엘 역사 상 어떤 장소였습니까?
   (암 5:5, 우상숭배지요, 우상종교 동맹의 중앙 성소였음)
3. 이스라엘과 우리 한국 민족의 살길은 무엇입니까?
   (암 5:6, 우상종교를 타파하고 여호와 하나님께로 돌아와야 함)

주간 경건의 시간 <46> · 날마다 말씀과 함께

요일 / 내용	주일/월(Mon)	화(Tue)	수(Wed)	목(Thu)	금(Fri)	토(Sat)
찬송	21동/ 39동	283/ 183	292 / 415	305 / 405	304 / 404	356/ 396
성경	욜 3:/ 암 1:	암 2:	암 3:	암 4:	암 5:	암 6:
적용	여호와의 날 / 아모스 시대	모압의 심판	사마리아 망함	하나님 만남 예비	공법을 물같이	향락 빠진 지도자들

* 옛 친구를 배은망덕하게 대하지 말라. <이스라엘 격언 >.

감사하는 목소리로

찬송 / 289, 288, 66 / 통 208, 204, 20
성경 / **요나 2:1-3:10**
요절 / **요나 2:9**
"나는 감사하는 목소리로 주께 제사를 드리며 나의 서원을 주께 갚겠나이다. 구원은 여호와께 속하였나이다하니라."
목표 / 성도는 언제 어디서나 감사하는 태도를 가지게 한다.

시작하는 말

하나님께서는 선민 이스라엘뿐 아니라, 이스라엘의 대적인 니느웨 사람들까지도 구원에 이르시기를 원하셨습니다. 모든 사람이 구원 얻기를 원하신 하나님께서는 니느웨가 그 죄악을 돌이켜 구원 얻도록 하기 위해 요나를 부르셨습니다. 그러나 요나는 하나님의 명령을 거절하고 도망하여, 요나를 돌이키게 하기 위해 대풍을 보내십니다. 제비에 뽑혀 바다에 던져진 요나는 고난의 터널 큰 물고기 뱃속에서 회개하며 감사의 기도를 드립니다. 고난과 연단은 때로는 감사를 하게 합니다.

오늘의 말씀

1. 고난 속에서 드리는 기도 중에 깨달았습니다(욘 1:1~3).

하나님께서 준비하신 물고기에 삼켜진 요나는 하나님을 부르면서 구원을 호소합니다. 고집스런 인간을 다루시는 하나님의 손길은 오늘 우리에게도 고난과 역경이라는 터널을 사용하십니다. 어둡고 캄캄한 터널은 지금껏 의지하던 세상의 방법이나 수단을 모두 포기하게 하고, 오직 그분만을 부르고 의지하도록 하십니다. 요나의 깨달음입니다.

① 고난의 터널에서 구원자를 애타게 찾았습니다. 니느웨로 가라하시는 여호와 하나님의 명령을 거역하고, 고난 중에 부르짖었습니다.

② 자신의 곤경이 곧 하나님의 징계임을 인식하게 됩니다.

③ 자신이 하나님이 쳐 놓으신 굴레 안에 갇혔음을 알고, 생명의 구원자는 하나님뿐임을 깨닫게 됩니다.

· 함께 읽어요 : 다니엘 12장 6절
"내가 산의 뿌리까지 내려갔사오며 땅이 그 빗장으로 나를 오래도록 막았사오나 나의 하나님 여호와여 주께서 내 생명을 구덩이에서 건졌나이다."

2. 고난과 절망 중에 자신의 처지를 고백하고 주님을 기억합니다(욘 2:4~9).

인생은 절망적인 터널에 갇혀 봐야 자신의 처지를 깨닫게 됩니다. 한계상황에 부딪쳐 봐야 몸부림치면서 전능자를 찾게 되는 것입니다.

여러분들은 인생을 살아오면서 육체적, 정신적 고통으로 몇 번이나 한계상황을 경험해 보았습니까? 현대인들은 자신이 제법 똑똑한 것처럼 생각하지만 실제적으로 위기를 당하면 당황합니다. 자신이 절대 절명의 위기를 겪지 않으면 생과 사를 건 기도를 하지 못합니다.

때때로 하나님께서는 당신의 백성들을 **한계상황**2)에 몰아넣을 때가 있습니다. 그런 때, 진실한 자신의 처지를 고백하고 전능하신 하나님께 부르짖어 하나님을 찾게 되는 것입니다. 신앙인에게는 이런 한계상황이 신앙으로 이끌어 주고, 창의성을 발휘하게 되는 계기도 되는 것입니다.

---

2) **한계상황**(Grenzsituation)이란 인간이 어떤 상황에 직면하여 자기의 유한성을 깨닫고 신의 존재를 찾게 되는 상황을 말한다. 출생, 우연, 죽음 등 인간이 피하거나 변화시킬 수 없는 상황을 말한다. <참고; 실존철학자 야스퍼스>

· 함께 읽어요 : 예레미야 33장 2~3절

"2 일을 행하시는 여호와, 그것을 만들며 성취하시는 여호와, 그의 이름을 여호와라 하는 이가 이와 같이 이르시도다. 3 너는 내게 부르짖으라. 내가 네게 응답하겠고 네가 알지 못하는 크고 은밀한 일을 네게 보이리라."

3. 요나의 감사와 서원의 기도는 응답되어 구원됩니다(욘 2:10~3:10).

여러분! 본문 2장 10절 히브리 원문은 "여호와께서 그 물고기에게 말씀하시니 요나를 육지에 토 하니라" 입니다. 흥미로운 일은 선지자 요나는 하나님의 명령을 거역한 반면에 물고기는 하나님의 말씀을 지체치 않고 순종했다는 점입니다. 물고기가 요나를 위한 구원 도구로서 하나님의 말씀에 순종했듯이 요나는 니느웨의 구원을 위한 하나님의 도구로서 순종했어야 했습니다. 인간이 어떤 때는 이런 미약한 동물만도 못할 때가 종종 있습니다. 불순종하고 발락 왕을 만나러 가다가 나귀의 입을 열어서 발람 선지자를 책망하신 기억을 떠 올리시기를 바랍니다.

본문에 악한 이방 성읍을 구원하기 위하여 하나님께서 행하신 일들은 다음과 같습니다.

① 거대한 풍랑을 일으키심, ② 요나에게 제비 뽑히게 하심, ③ 요나가 바다에 던져지자 바다를 잔잔케 하심, ④ 물고기가 요나를 삼키게 하심, ⑤ 물고기가 요나를 안전하게 운반 후 토해 내도록 하셨습니다.

예수님은 요나 사건을 자신의 부활 사건과 연관시키셨습니다. 이로써 멸망당할 니느웨 성이 요나의 전도를 듣고 왕으로부터 온 백성이 회개하고 구원받게 되었던 것입니다. 하나님께서 인간의 죄와 불순종을 다루실 때에는 그 사람 개인뿐만이 아니라 모든 세대들을 위한 중요한 교훈을 주시는 것입니다.

· 함께 읽어요 : 요나 4장 11절

"하물며 이 큰 성읍 니느웨에는 좌우를 분변치 못하는 자가 십이만여 명이요 가축도 많이 있나니 내가 어찌 아끼지 아니하겠느냐 하시니라."

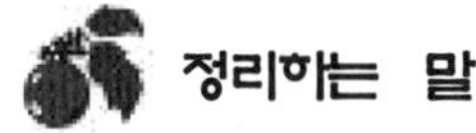

정리하는 말

사랑하는 여러분! 여러분들은 북한 동포들이나, 이웃나라 일본이나, 중국의 구원을 위해 몇 번이나 기도해 보셨습니까? 하나님께서는 이들은 물론 세계만방 열방이 구원 얻기를 원하시는 줄 아시기 바랍니다.

평가와 결심

1. 하나님께서 고난과 역경을 주시는 교훈이 무엇입니까?
   (욘 2:1~4, 기존의 의지하던 수단방법 포기하고 하나님만 의지하라)
2. 요나가 겪은 것 같은 한계상황이 주는 유익이 무엇입니까?
   (욘 2:5~9, 자신의 처지를 솔직하게 고백하고 하나님을 의지하게 됨)
3. 요나가 드린 기도 중에 돋보이는 어구는 어디입니까?
   (욘 2:9, 감사하는 목소리로 주께 제사 드리며 서원을 갚겠음)

주간 경건의 시간 <47> · 날마다 말씀과 함께

요일 / 내용	주일/월(Mon)	화(Tue)	수(Wed)	목(Thu)	금(Fri)	토(Sat)
찬송	23동/ 25동	278/ 336	277/ 335	400 / 463	445/ 502	488/ 539
성경	암 7:/암 8:	암 9:	욘 1:	욘 2:	욘 3:	욘 4:
적용	3가지 환상/ 과일 광주리	다섯 번째 환상	도망하는 요나	기도하는 요나	전도하는 요나	깨닫는 요나

* 정의는 종종 창백하고 우울하다. 그러나 그의 딸인 감사는 항상 활기의 홍수와 사랑스러움의 꽃 속에 있다. < R. 크릴리 >

11단원 감사 생활의 달

다스릴 자가 네게서

찬송 / 425, 303, 302 / 통 217, 403, 408
성경 / 미가 5:1-15
요절 / 미가 5:2
"베들레헴 에브라다야 너는 유다 족속 중에 작을지라도 이스라엘을 다스릴 자가 네게서 나올 것이라 그의 근본은 상고에, 영원에 있느니라."
목표 / 메시야의 재림 약속을 믿으며 감사하는 태도를 가지게 한다.

시작하는 말

미가서는 선지자 미가(מִיכָה; '누가 여호와와 같은가?')가 기록한 12 소선지서 중에 여섯 번째 책입니다. 그는 유다의 요담(B.C. 750~732), 아하스(B.C. 732~716), 히스기야(B.C. 715~686) 세 왕에 걸쳐 예언 활동을 하였습니다. 미가서는 ① 이스라엘과 유다에 임할 심판(1:1~2:13), ② 심판 후 회복과 영광(3:1~5:15), ③ 이스라엘에 대한 하나님의 책망과 구원 약속(6:1~7:20)으로 구성되었습니다.

그의 메시야에 대한 예언은 그의 예언 중 특별히 돋보이는 부분입니다.

오늘의 말씀

1. 적군에게 포위되어 이스라엘이 수치를 당한다는 것입니다(미 5:1).

선지자는 먼저 이스라엘의 멸망을 예언하고, 그 다음에 소망에 대해 말하는 것은 예언서의 전형적인 서술 형태로서 소망의 메시지를 더욱 강하게 부각시켜 줍니다. 1절을 함께 읽겠습니다. "딸 군대여 너는 떼를 모을 지어다 그들이 우리를 에워쌌으니 막대기로 이스라엘 재판자의 뺨을 칠지어다." 여기서 '딸 군대'로 불리는 유다는 침입하는 적들을 막기 위해 '떼를 모을 지어다'라는 권면을 받습니다. 군대를 소집하라는 말입니다. 바벨론에 의해 포위당하게 되어 재판장, 곧 왕은 그들에게 뺨을 맞는 모욕을 당하게 될 것이라는 예언입니다.

· 함께 읽어요 : 미가 5장 1절
"딸 군대여 너는 떼를 모을 지어다 그들이 우리를 에워쌌으니 막대기로 이스라엘 재판자의 뺨을 치리로다."

2. 메시야 탄생 예언과 메시야의 사역예언입니다(미 5:2~6).

메시야의 탄생예언 중에 본문 2절은 '탄생 장소'까지 정확하게 예언해 주고 있습니다. 그 장소는 베들레헴(בֵּית לֶחֶם ; 베이트 레헴; '떡집') '떡집'이었습니다. '생명의 떡'이신 예수님이 예언대로 탄생하셔서 지명조차 맞아떨어졌습니다. 생각할수록 참으로 신기합니다. 이 예언은 다음과 같은 중요한 진리를 담고 있습니다.

① 그분의 인성에 관해 언급되어 있습니다. 베들레헴에서 마리아를 통해 사람의 몸을 입고 태어나실 것입니다.

② 메시야가 오시는 목적은 하나님을 위함이라는 것(내게로)입니다. 그분은 영원 전부터 살아계셨고 영원하신 분으로서 인간의 죄를 짊어지시기 위해서 역사 안으로 들어오셨습니다(2절).

그분의 사역은 ① 그의 형제를 모아 보호하십니다(3~4절). ② 시온에 임할 미래의 평화입니다(5~6절). 평강의 왕으로 오신 것입니다.

· 함께 읽어요 : 이사야 9장 6절
"이는 한 아기가 우리에게 났고 한 아들을 우리에게 주신 바 되었는데 그의 어깨에는 정사를 메었고 그의 이름은 기묘자라, 모사라, 전능하신 하나님이라, 영존하시는 아버지라, 평강의 왕이라 할 것임이라."

3. 남은 자들이 누릴 영광입니다(미 5:7~15).

사랑하는 여러분! 본문7절 이하에서 야곱의 남은 자들에게 주실 영광이 묘사됩니다. '야곱의 남은 자'란 경건한 자들 곧 다시 말해 하나님만을 바라는 자들을 말합니다. 더 나아가 이들은 복음을 듣고 영적 이스라엘이 된 이방인들을 포함한 교회를 가리킨다고 볼 수 있습니다.

이들은 '이슬과 단비'(7절)로 비유되면서 사람을 기다리지 않는다고 했는데, 이는 그들이 오직 하나님께로부터 온다는 사실을 강조하고 있습니다. 즉 그들은 인생을 의지하지 않고 오직 하나님만을 바란다는 것입니다.

오직 하나님만을 바라는 그들은 대적하는 나라들에게는 사자와 같을 것입니다(8~9절). 그들을 대적하는 나라들에게 두려운 존재로서 아무도 대항할 자가 없을 것입니다.

메시야의 탄생과 사역을 다루는 본장의 결론 부분인 본문(5:10~15)은 하나님께서 왕국을 세상에 세우실 때, 그분이 멸망시키실 것들을 선포합니다. 세 가지인데, 즉 ① 전쟁 무기, ② 우상, ③ 불순종입니다.

메시야가 초림 하신 후 하나님의 나라는 그분을 주로 섬기는 자들의 무리인 교회를 통하여 전개되어 지며, 메시야의 재림으로 그 완전한 성취를 보게 될 것입니다. 그 때에는 더 이상 안전을 염려하여 무기를 준비할 필요가 없을 것입니다. 그리고 마음이 정결해 져서 더 이상 우상에 의존치 않고 하나님께 순종하게 될 것입니다.

결론적으로, ① 군사력의 종식(10~11절), ② 우상 숭배의 종식(12~14절), ③ 불순종을 종식(15절) 시키실 것입니다. 아멘! 할렐루야! 감사합니다.

· 함께 읽어요 : 미가 5장 10, 13, 15절

"10 여호와께서 이르시되 그 날에 이르러는 내가 네 군마를 네 가운데서 멸절하며 네 병거를 부수며 13 내가 네가 새긴 우상과 주상을 너희 가운데에서 멸절하리니 네가 네 손으로 만든 것을 다시는 섬기지 아니하리라. 15 내가 또 진노와 분노로 순종하지 아니한 나라에 갚으리라 하셨느니라."

정리하는 말

여러분! 미가 선지자가의 박진감 넘치는 메시야 예언의 선포가 진정 다 성취되었으니, 넘치는 감사와 찬양을 드리시길 간절히 소원합니다.

평가와 결심

1. 미가 선지자의 예언 첫째에서 주시는 교훈이 무엇입니까?
   (미 5:1, 죄의 결과는 적국에게 포로 되고 숱한 모욕을 당한 다는 것)
2. 메시아 탄생 예언에서 주시는 교훈이 무엇입니까?
   (미 5:2~6, 인생의 죄 문제를 해결해 주시려고 육신으로 오심)
3. 메시야의 재림으로 이루실 메시야 사역 3가지가 무엇입니까?
   (미 5:10~15, ① 군사력 종식 ② 우상 숭배 종식 ③ 불순종 종식)

주간 경건의 시간 <48> · 날마다 말씀과 함께

요일 / 내용	주일/월(Mon)	화(Tue)	수(Wed)	목(Thu)	금(Fri)	토(Sat)
찬송	23동/ 25동	278/ 336	277/ 335	400 / 463	445/ 502	488/ 539
성경	미 1:/미 2:	미 3:	미 4:	미 5:	미 6:	미 7:
적용	미가의 소명/ 파망의 원인	지도자들의 죄상	중심 예루살렘	베들레헴 탄생	죄를 벌하심	은혜론 약속

* 감사하며 받는 자에게는 풍성한 수확이 있다.

<헨리 워드 비쳐, 1813-1887, 미국 목사>

12단원 주님 영접의 달

아름다운 소식을 알리고

찬송 / 268, 267, 263 / 통 202, 201, 197
성경 / **나훔 1:1-15**
요절 / **나훔 1:15**
"볼지어다. 아름다운 소식을 알리고 화평을 전하는 자의 발이 산 위에 있도다."
목표 / 아름다운 소식과 화평을 전하는 태도를 가진다.

시작하는 말

이번 단원에서는 소선지서를 통해서 '예수 그리스도 영접'에 대하여 공부하게 됩니다. 본문은 나훔(נחום: 하나님의 위로, 위안)이 니느웨에 대한 경고를 선포한 내용입니다. 니느웨는 이미 100여 년 전, 요나 선지자의 경고를 듣고 회개함으로써, 심판을 면했지만 다시 본래의 악한 상태로 돌아갔습니다. 유다를 억압하고 자신들의 신을 섬기도록 강요하여 하나님을 대적했습니다. 이제 본문은 니느웨의 멸망에 대한 엄숙한 선포입니다. 여러분! 주님 영접의 달에 지난 한 해 동안 하나님을 대적했던 죄악들을 회개함으로 주님을 맞이할 수 있기를 바랍니다.

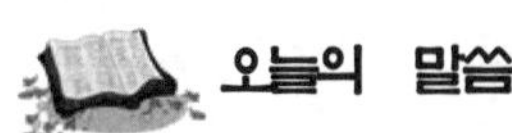

오늘의 말씀

1. '니느웨를 향한 하나님의 심판 경고'입니다(나 1:1~2).

여러분! 하나님의 주권과 섭리는 그분의 백성에게 뿐만 아니라 이방 열국까지 미칩니다. 나훔 선지자를 통해 니느웨에 주어진 하나님의 심판의 선고 속에는 그분의 능력과 성품이 계시되어 있습니다.

첫째, 니느웨에 대한 경고입니다(1절). 당시 세계의 최강국이었던 앗수르는 이미 북 왕국 이스라엘을 멸망시키고 유다를 정복하여 지배하고 있었습니다.

둘째, 심판의 이유입니다(2절). 여기에 하나님의 성품이 나타납니다.

① 하나님의 '투기'입니다. 유일하신 하나님의 영광과 위엄, 그리고 그분께 드려져야 할 경배를 위해서 투기하십니다. ② 하나님의 '보복'입니다. 니느웨는 처음에 하나님의 경고를 듣고 회개해 하나님의 은혜를 경험했지만 하나님의 사랑과 섭리를 무시하고 다시 악을 행함으로써 하나님의 징계, 즉 '보복'을 당한다는 것입니다.

· 함께 읽어요 : 나훔 1장 3절

"여호와는 노하기를 더디 하시며 권능이 크시며 벌 받을 자를 결코 내버려두지 아니하시느니라. 여호와의 길은 회오리바람과 광풍에 있고 구름은 그의 발의 티끌이로다."

2. 하나님은 인내하시지만 공의로 심판하십니다(나 1:3~6).

하나님은 ① 노하기를 더디 하십니다. ② 능력이 위대하십니다. ③ 죄인을 결코 사하지 않으십니다. 그러나 하나님의 끈질긴 인내에도 불구하고 악행을 계속한다면 이제 심판을 자초하게 되는 것입니다.

심판을 집행하시는 하나님은 바다와 강물을 마르게 하시고, 산들이 진동하고 녹아지게 하며 악행과 방종의 왕국들을 멸하시는 것입니다.

본문에 '분노', '진노', '불'이란 용어들이 반복되어 사용되면서 공의의 심판을 예고하고 있습니다. 하나님의 진노는 인생이나 피조물이 감히 감당할 수 없는 것입니다.

· 함께 읽어요 : 나훔 1장 6절

"누가 능히 그의 분노 앞에 서며 누가 능히 그의 진노를 감당하랴 그의 진노가 불처럼 쏟아지니 그로 말미암아 바위들이 깨지는 도다."

3. 앗수르의 멸망과 유다의 구원입니다(나 1:7~15).

하나님의 관심은 심판에 초점이 맞추어져 있지 않고 오직 택한 백성 유다의 구원에 있는 것입니다. 앗수르에 임할 심판은 그들로 인해 고난을 당한 유다 백성들에게는 구원이 될 것입니다. 하나님께서 일어나셔서 압제자들을 멸하실 때에 유다를 향한 선하심이 드러날 것입니다.

첫째, 하나님께서는 신실한 자를 보호하십니다(7절).

앗수르를 향한 심판의 경고는 자연스럽게 유다 백성에 대한 하나님의 선하심에 맞추어집니다.

둘째, 하나님께서 대적 자를 멸하시나, 그분을 대적할 자 없습니다(8절). 하나님을 대적하던 자들이 앗수르처럼 다 무력하게 무너집니다.

셋째, 하나님께서 유다를 구원해 주십니다(12~15절). 악인들이 아무리 강하고 번성할지라도 하나님의 심판을 통해 완전히 제거될 것입니다. 이제 유다의 멍에가 제거될 것이라는 소망의 말씀을 주십니다(13절). 우상을 멸절시켜 쓸모없게 만들 것입니다.

사랑하는 여러분! 해마다 12월초만 되면 거리마다 성탄캐럴이 흘러넘쳐나고 카드와 장식들이 등장하더니, 이제는 이메일이나 페이스 북을 통해, 그리고 스마트 폰을 통해 순식간에 전 세계 곳곳에 전달됩니다.

결론적으로, 우리는 주님을 영접하는 달에 메시야의 오심을 축하하기 전에 내 자신이 제거하고 추방해야 할 것들이 무엇인지 깊이 묵상해 보시기 바랍니다. 이제 교회당 안에, 그리고 가정 깊숙이까지 세상의 다원화 문화가 들어와 왕 노릇 하지는 않는지 점검해 보시기 바랍니다. 하나님의 백성들을 구하시려 복음의 귀한 소식들이 세상 만방에 크게 들려지기를 간절히 소원합니다.

· 함께 읽어요 : 나훔 1장 15절

"볼지어다. 아름다운 소식을 알리고 화평을 전하는 자의 발이 산 위에 있도다. 유다야 네 절기를 지키고 네 서원을 갚을 지어다 악인이 진멸되었으니 그가 다시는 네 가운데로 통행하지 아니하리로다하시니라."

정리하는 말

여러분은 금년 성탄절은 어떻게 보내시겠습니까? 이전대로 그저 그날 하루 휴일처럼 가정에서, 아니면 여행으로 쉬시겠습니까? 다른 민속 명절처럼 조용히 가족과 함께 지내시겠습니까? 여러분의 가정 구원을 위해서라도 나훔 선지자의 메시지처럼 죄악을 통회하고, 깨끗한 심령으로 찬양과 기쁨으로 맞이하는 성탄절이 되시기를 간절히 소망합니다.

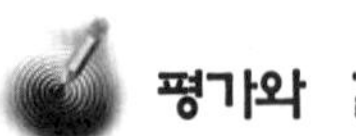

평가와 결심

1. 나훔 선지자의 첫 번째 경고가 무엇입니까?
   (나 1:1~2, 하나님의 심판의 경고)
2. 심판 주이신 하나님은 어떤 분이십니까?
   (나 1:3~6, ① 노하기를 더디 하심 ② 능력이 위대함 ③ 죄를 꼭 벌하심)
3. 아름다운 소식 중에 우리에게 주시는 메시지가 무엇입니까?
   (나 1:15, ① 절기를 지키라 ② 서원을 갚으라)

주간 경건의 시간 <49> · 날마다 말씀과 함께

요일 내용	주일/월(Mon)	화(Tue)	수(Wed)	목(Thu)	금(Fri)	토(Sat)
찬송	21동/ 23동	73 / 73	213 / 348	214/ 349	289 / 208	305 / 405
성경	나 1:/나 2:	나 3:	합 1:	합 2:	합 3:	습 1:
적용	니느웨 경고/ 니느웨 함락	나느웨의 저주	하박국의 항의	의인은 믿음으로	주의 일 수년 내에	여호와의 큰 날

* 하나님의 사랑의 첫째 딸은 인간에 대한 자선이다.
<윌리엄 드렌난, 1754~1820, 아일랜드 시인>

양과 소가 없을지라도

찬송 / 70, 215, 294 / 통 79, 354, 416
성경 / 하박국 3:1-19
요절 / 하박국 3:18
"나는 여호와로 말미암아 즐거워하며 나의 구원의 하나님으로 말미암아 기뻐하리로다."
목표 / 물질, 명예, 권력 없을지라도 구원의 주님께 감사하는 태도를 가진다.

시작하는 말

매년 맞는 성탄절을 지키며 주님께 드려질 예물 때문에 부담이 되셨지요. 왜 그렇습니까? 마음과 정성이 준비되지 않았기 때문입니다.

소선지서의 8번째 책인 하박국서의 저자 하박국(חֲבַקּוּק: 껴안다, 포옹하다) 선지자는 이스라엘의 죄로 인해 바벨론 침략이 임박한 때인 유다 왕 요시야(B.C.640~609) 말기에서 여호야김(B.C.608~507) 재위 초기에 활동하였습니다. 하박국 선지자는 유다의 팽배한 죄에 대해 하나님께 묻는 방식으로 메시지를 전달하고 있습니다.

오늘의 말씀

1. 하박국의 첫 번째 질문과 하나님의 응답입니다(합 1:1~11).

이 말씀은 하박국이 하나님으로부터 받은 것입니다. 하박국은 자신의 힘으로 도저히 풀 수 없는 "왜 유다 백성의 죄악을 벌하시지 않느냐?"는 문제를 가지고 하나님께 나아갑니다. 하박국은 공의의 하나님이

신데, 어떻게 악이 존재하는 것을 허용하시는 지 이해할 수 없었습니다. 하나님께 간절히 묻고 기도해도 응답하지 않으십니다(2절).

하박국은 온갖 죄가 횡행하는 현실을 고발하며 고통스러운 자신의 마음을 하나님께 쏟아놓습니다. 여러분은 그런 경험을 하신 적이 없으십니까? 왜 악인이 잘못을 저질러도, 왜 하나님은 잠잠하십니까? 왜 악인들은 패역을 저지르고도 잘 되느냐고 말입니다. 하나님은 하박국 자신의 기도를 왜 외면하시는지, 왜 응답이 없으신지 실의에 빠져있습니다.

하나님의 답은 갈대아 사람, 즉 바벨론을 들어서 벌하신다 하십니다. 아니 어찌 포악한 적국을 들어 의로운 선민을 삼키게 한단 말입니까?, 어찌 자신들의 신, 우상을 믿는 그들을 쓰시겠단 말입니까? 말도 되지 않는 말씀이라고 절규하고 있습니다.

· 함께 읽어요 : 하박국 1장 13절

"주께서는 눈이 정결하시므로 악을 차마 보지 못하며 패역을 차마 보지 못하시거늘 어찌하여 거짓된 자들을 방관하시며 악인이 자기보다 의로운 사람을 삼키는데도 잠잠 하시나이까"

2. 하박국의 두 번째 질문과 하나님의 응답입니다(합 1:12~2:20).

하나님의 첫 번째 답을 듣고는 혼란에 빠진 하박국 선지자는 두 번째 질문을 합니다. "하나님, 어떻게 유다보다 훨씬 악한 바벨론이 유다를 치는 심판의 도구가 될 수 있습니까?" 고기를 잡는 그물이나 투망에 제사하고 분향하는 그들에게 소득이 풍부하게 하시는 것이 옳으냐는 것입니다. 하박국의 질문에 대한 답은 "오직 의인은 그의 믿음으로 말미암아 살리라"는 것입니다.

· 함께 읽어요 : 하박국 2장 4절

"보라 그의 마음은 교만하며 그 속에서 정직하지 못하나 의인은 그의 믿음으로 말미암아 살리라."

3. 하박국이 구원의 하나님을 찬양합니다(합 3:1~19).

여러분! 신앙생활을 하면서 마음에 걸리고 아픈 것들이 한두 가지가 아닐 것입니다. 하루에도 열두 번씩 뒤집어엎고 싶을 때가 있을 것입니다. 현대인들에게 당하는 현실이란 옛날처럼 단순하지 않습니다.

그래도 하나님께서는 곧 신앙인이라면 내일 지구의 종말이 온다할지라도 책임을 져야 한다는 것입니다. 어려운 세상에서 하나님을 바라보고 믿음을 가지고 살아가야만 할 자는 바로 자신이라는 것입니다.

어느 시대나 의인은 외형적으로 보이는 것으로 말미암지 않고, ① 믿음으로 말미암아 살리라(2:4)는 하나님의 말씀과 대답을 듣고 하박국 선지자는 하나님 앞에 엎드러집니다. ② 악한 그들을 엄히 심판하신다는 것입니다.

진정한 기쁨이란 하나님을 신뢰함으로 인해 신앙의 부산물로 얻어지는 것입니다. 결코 자기가 당한 상황, 조건에 좌우되는 것이 아닙니다.

세상은 언제나 주님이 오셔서 통치하시기 전까지는 불완전한 상태입니다. 하박국 선지자는 하나님께 자비를 구하는 기도를 드립니다(3:1~2).

첫째, 주의 일을 수년 내에 부흥케 해주시고 나타내 주옵소서.

둘째, 진노 중에라도 하나님께서 자비를 보여주옵소서.

그리고 조용히 하나님께서 과거에 행하신 일에 대하여 묵상합니다(3:3~15). ① 하나님께서 백성을 구원하러 오심(3~5절). ② 능력 가운데 하나님께서 임하심(6~7절). ③ 하나님이 행하신 일들입니다(8~15절).

고요히 묵상하던 하박국 선지자에게 구원의 하나님으로 인한 기쁨이 넘쳐납니다(16~19절). 대적으로 인한 두려움도 사라졌습니다(16절). 구원의 하나님으로 인해 궁핍과 재난이 올지라도 이젠 걱정하지 않습니다. 여호와로 말미암아 즐거워하고, 구원의 하나님으로 말미암아 기뻐하는 것입니다.

· 함께 읽어요 : 하박국 3장 18절

"나는 여호와로 말미암아 즐거워하며 나의 구원의 하나님으로 말미암아 기뻐하리로다."

정리하는 말

사랑하는 여러분! 여러분들은 현실에 만족하십니까? 믿으면서 걱정이나 고민거리가 없어졌습니까? 어렵고 해결하기 힘든 여러 가지 문제들이 여전히 산적해 있을 것입니다. 한 가지 확신할 수 있는 것은 구원의 하나님께서 모든 것을 해결해 주신다는 믿음이 있기에, 마음의 안정을 되찾고 행복하게 살 수 있는 것입니다. 이 믿음에 굳건히 서시기 바랍니다.

하박국 선지자의 질문과 하나님의 응답을 보면서 숙연하게 하나님의 자비하심을 간구해 오직 하나님만이 해결할 수 있음을 믿으시기기 바랍니다.

평가와 결심

1. 하박국 선지자의 첫 번째 질문이 무엇입니까?
   (합 1:1~4, 왜 유다 백성의 죄를 벌하시지 않습니까?)
2. 하박국 선지자의 두 번째 질문이 무엇입니까?
   (합 1:12~17, 어찌하여 유다 보다 더한 바벨론을 들어 벌하십니까?)
3. 하박국의 질문에 대한 하나님의 대답이 무엇입니까?
   (합 3:16~19, 의인은 믿음으로 살리라. 그들을 엄히 심판하실 것임)

주간 경건의 시간 <50> · 날마다 말씀과 함께

요일 / 내용	주일/월(Mon)	화(Tue)	수(Wed)	목(Thu)	금(Fri)	토(Sat)
찬송	126동/ 125동	208 / 246	246 / 221	257/ 189	336 / 383	397 / 454
성경	습 2:/ 습 3:	학 1:	학 2:	슥 1:	슥 2:	슥 3:
적용	하나님 찾으라/ 잠잠히 사랑	성전 건축	모든 나라 보배	여호와의 사자	불 성곽	아름다운 옷

* 우리의 진정한 이득들은 우리의 자선행위에서만 얻어지고 우리가 주는 것을 통해서만 얻어진다. <윌리엄 길모어 심스, 1806~1870, 미국 작가>

12단원 주님 영접의 달

오직 나의 영으로

찬송 / 182, 184, 187 / 통 169, 173, 171
성경 / 스가랴 4:1-14
요절 / 스가랴 4:6하반절

"만군의 여호와께서 말씀하시되 이는 힘으로 되지 아니하며 능력으로 되지 아니하고 오직 나의 영으로 되느니라."

목표 / 성전 건축이나 전도와 선교가 하나님의 성령으로 됨을 안다.

시작하는 말

종교마다 종교 전파나 제의(祭儀)를 위해 성전을 건축합니다. 기독교는 하나님을 섬기며 경외하는 종교로서 구약시대부터 성전을 건축해 예배나 행사를 집행하였습니다. 유럽의 로마 가톨릭은 정부와 교회가 수십 년, 아니 수백 년 동안 성전을 지은 예도 있습니다. 화려하고 큰 성전을 짓기 위해서 많은 헌금이나 성전 세를 거두었습니다. 본문에는 스룹바벨 성전을 지으면서 '힘으로나 능력으로 되지 않고 하나님의 영으로 되어질 것'이란 말씀으로 위로를 받고 성전을 완공하였습니다.

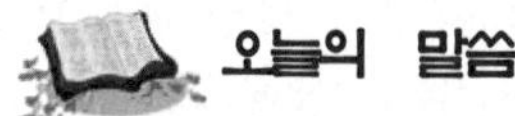

오늘의 말씀

1. 스가랴가 본 환상은 순금 등대와 두 감람나무였습니다(슥 4:1~3).

본문의 말씀은 스가랴가 다섯 번째로 본 환상인데 순금등대와 그 옆에 서있는 두 감람나무였습니다. 성소 안에 있는 등대와 일곱 등잔은 일차적으로 재건될 성전을 암시하지만, 궁극적으로는 장차 오시게 될 메시야에 의해 세워질 '교회'의 빛으로서의 사명과 영광스러운 사역과 궁극적으로 종말에 완성될 새 예루살렘을 보여줍니다.

이 환상은 성전 재건을 앞두고 여러 가지 난관으로 낙심해 있는 유다 백성들에게 위로와 용기를 주었습니다. 동시에 모든 시대에 주님과 그분의 복음을 증거 해야 할 사명을 가진 자들에게 온갖 방해와 난관에도 낙심치 않도록 격려해 주시는 말씀인 것입니다.

· 함께 읽어요 : 스가랴 4장 6절

"그가 내게 대답하여 이르되 여호와께서 스룹바벨에게 하신 말씀이 이러하니라. 만군의 여호와께서 말씀하시되 이는 힘으로 되지 아니하며 능력으로 되지 아니하고 오직 나의 영으로 되느니라."

2. 스가랴 선지자가 성전 완공의 약속을 받습니다(슥 4:4~10).

스가랴가 환상으로 본 순금 등대와 그 등대 좌우에 서있는 감람나무의 의미가 무엇입니까? 스가랴 선지자는 보여 진 환상이 무엇이냐고 천사에게 물었습니다. 그 모양이 무엇인지를 물은 것이 아니고 그 의미에 대하여 질문한 것입니다. 그때 천사는 성전 재건이 완공되리라는 약속을 합니다(6~7절). 위에서 읽은 그 약속하신 6절 말씀은 4장 전체의 핵심적 내용이자 다섯 번째 환상을 이해하는 열쇠가 되는 말씀입니다.

하나님의 일은 그분의 영의 능력에 의해 성취됩니다. 이러한 사실이 등에 기름을 공급하는 감람나무들로 상징되었습니다.

성전 재건이 완공되리라는 약속은 비록 어려움이 따를지라도 그 사역이 반드시 완성되리라는 사실을 확증시켜 줍니다. 성전 건축을 방해하는 요소들을 '큰 산이 스룹바벨 앞에서 평지가 되듯이' 라고 예고합니다. 방해 세력들을 제거해 주시겠다는 말씀입니다. 머릿돌을 놓는다는 것은 성전 건축이 완공됨을 의미하며, 그때 무리들은 '은총, 은총'을 외칩니다.

· 함께 읽어요 : 스가랴 4장 7절
"큰 산아 네가 무엇이냐 스룹바벨 앞에서 평지가 되리라. 그가 머릿돌을 내놓을 때에 무리가 외치기를 은총, 은총이 그에게 있을 지어다 하리라 하셨고"

3. 스가랴가 본 환상 중 두 감람나무의 의미를 알게 됩니다(슥 4:11~14).

사랑하는 여러분! 성전 재건에서 성전 건물 복구와 교회의 운영 어느 것이 더 중요한 것입니까? 건물입니까? 아니면 제단과 성물들입니까? 이 질문은 교회론에서 대단히 중요한 것입니다. 로마 가톨릭은 웅장한 건물이나 외형을 중시하지만 진정한 성전 재건의 의미는 영적인면에 있습니다.

첫째, 오직 나의 '영'으로 되느니라(6절).

본문에서 성전 재건의 완공을 시키시는 원동력이 과연 무엇입니까? 성전을 지을 때 기초석입니까? 아니면 머릿돌입니까? 아니면 석공들입니까? 이런 부분들은 부수적인 재료들입니다. 이런 물질적인 요소는 근본적인 요소가 될 수 없습니다. 성전 재건의 원동력은 '하나님의 영'이요, '은총'인 것을 강조하고 있습니다.

둘째, 기름은 감람나무 두 가지에서 공급 됩니다(14절).

이 감람나무 두 가지가 무슨 뜻입니까? 곁에 서있는 두 감람나무는 다함이 없는 기름 공급원으로 이 등대를 위해 서있는 것입니다.

13절을 함께 읽겠습니다. "그가 내게 대답하여 이르되 네가 이것이 무엇인지 알지 못하느냐 하는지라 내가 대답하되 내 주여 알지 못하나이다하니" 그때 천사는 '두 감람나무'는 '기름 받은 자' 둘이라 가르쳐 줍니다. '온 세상의 주'는 '창조주 하나님'을 일컫는 말입니다. 당시 기름 받은 자 둘은 총독인 스룹바벨과 대제사장 여호수아를 가리킵니다. 하나님께서는 이 둘을 통해 이스라엘을 다스린다는 것입니다. 그러나 궁극적으로는 스룹바벨과 여호수아는 메시야 이신 예수 그리스도를 가리킵니다.

· 함께 읽어요 : 스가랴 4장 14절
"이르되 이는 기름 부음 받은 자 둘이니 온 세상의 주 앞에 서있는 자니라 하더라."

정리하는 말

여러분! 포로 생활에서 돌아온 후 성전 건축하기란 참으로 힘들었을 것입니다. 그러나 만군의 여호와 하나님께서는 ‘이는 힘으로 능력으로 되지 아니하고 오직 나의 영으로 되느니라’고 말씀하셨습니다.

예수의 5대 생애인 ‘잉태와 동정녀 탄생’, ‘십자가의 죽으심’, ‘부활’, ‘승천’, ‘재림’의 모든 과정마다 성령께서 개입하신 것입니다. 주님 영접의 달에 십자가의 보혈의 은총으로 여러분 심령에 성령 충만의 역사가 일어나셔서 주님을 영접하시기를 간절히 부탁을 드립니다.

평가와 결심

1. 스가랴 선지자가 본 다섯 번째 환상이 무엇입니까?
   (슥 4:3~4, 순금 등대와 두 감람나무임)
2. 성전 재건의 막중한 사명을 어떻게 완성할 수 있었습니까?
   (슥 4:6, ① 힘으로나 ② 능력으로 되지 않고 ③ 주의 영으로 됨)
3. 스가랴 선지자가 본 두 감람나무는 무엇을 의미합니까?
   (슥 4:14, 기름 받은 자 둘이니 스룹바벨과 대제사장 여호수아)

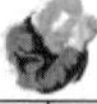

주간 경건의 시간 <51> · 날마다 말씀과 함께

요일 / 내용	주일/월(Mon)	화(Tue)	수(Wed)	목(Thu)	금(Fri)	토(Sat)
찬송	21장/ 25동	115/ 115	117 / 117	118 / 118	122 / 122	123/ 123
성경	슥 4:/ 슥 5:	슥 6:	슥 7:	슥 8:	슥 9:	슥 10:
적용	다섯째 환상 / 여섯째 환상	여덟째 환상	왜 금식 하는가?	내 백성이 되고	열방의 심판	여호와께 구하라

* 인류는 믿기 쉬움에서는 양과 같지만 신봉(信奉)에는 늑대 같이 된다.
<칼 반도렌, 1885~1950, 미국 작가, 편집인, 교육자>

의로운 해, 치료의 광선

찬송 / 196, 266, 182/ 통 174, 200, 169
성경 / **스가랴 14:1-21, 말라기 3:1-4:6**
요절 / **마태복음 1:1**
"아브라함과 다윗의 자손 예수 그리스도의 계보라."
목표 / 치료의 광선 의의 태양이신 그리스도를 영접하는 태도를 기른다.

시작하는 말

스가랴 선지자는 메시야의 재림과 통치를 예언하고 있습니다. 스가랴서의 결론 부분인 본문은 마지막 때에 있을 중요한 사건을 다루면서 하나님의 구속 역사의 완성을 묘사하고 있습니다. 이 사건은 메시야 재림과 통치를 위한 것으로서 세상 국가들이 예루살렘을 대적하여 벌이는 마지막 전쟁인데, 이것을 계시록에서는 '아마겟돈 전쟁' 이라 부릅니다. '여호와의 날'에 예루살렘이 포위당할 것이나 메시야가 오셔서 대적을 심판하시고, 그리스도께서 의로운 해 치료의 광선을 발하셔서 치유해 주시고 회복해 주실 것입니다.

오늘의 말씀

1. 예루살렘에 대한 최후의 공격입니다(슥 14:1~2, 말 4:2).

마지막 날인 '여호와의 날'에 예루살렘이 대적들에 의해 포위될 것입니다. 이미 12장에서 포위되는 상황을 말했습니다. 12장에서는 그리스도의 재림이 하나님의 백성을 회개케 한다는 사실에 초점이 맞추어진 데 반해서, 14장에서는 그 의미가 확대되어 그리스도의 재림이 온 세상에 미칠 결과에 대하여 보여줄 것을 강조하고 있습니다.

'여호와의 날'로 마지막 때에 예루살렘은 대적하는 연합군에 의해 포위당할 것이나 천국 천사들과 함께 재림하실 메시야가 대적들을 심판하시고, 열국 중에서 남은 자들을 모으실 것이며, 여호와의 이름을 경외하는 이들에게 의로운 해가 떠올라 치료의 광선을 비추실 것입니다.

· 함께 읽어요 : 스가랴 14장 3절

"그 때에 여호와께서 나가사 그 이방나라들을 치시되, 이왕의 전쟁 날에 싸운 것 같이 하시리라."

2. 그 날에 메시야께서 재림하셔서 함께 하실 것입니다(슥 14:3~5, 말 4:3).

상황이 급박합니다. 예루살렘이 함락되고 성읍 백성이 절반이나 포로로 끌려가서 소망이 다 사라진 것처럼 보이는 바로 그날에 여호와께서 백성들을 구원하시려 친히 임하실 것입니다. 3절에 '그 때에'는 4절의 '그 날에'와 같은 의미입니다. 이 같은 반복은 '이날'이 오래 동안 기다리던 날임을 강조해 주는 것입니다. 그 날은 악한 자에 대한 심판의 날이며 그분의 자기 백성이 영원한 승리를 얻는 날이며, 하나님의 이름이 영광을 받으시는 날인 것입니다. 3절에 '여호와께서 나가신다'라는 표현은 전쟁 시에 왕이 선두에 서서 출전하는 모습을 나타내는 것으로 자기 백성을 구원하시기 위해서 그들의 원수들을 심판하시려고 하늘로부터 강림하시는 모습입니다. 메시야는 강림하셔서 당신의 백성들과 함께 하십니다.

· 함께 읽어요 : 스가랴 14장 5절

"그 산 골짜기는 아셀까지 이를지라. 너희가 그 산골짜기로 도망하되 유다 왕 웃시야 때에 지진을 피하여 도망하던 것 같이 하리라. 나의 하나님 여호와께서 임하실 것이요 모든 거룩한 자들이 주와 함께 하리라."

3. 그리스도의 재림으로 변화할 것입니다(슥 14:6~11, 말 3:13~4:6).

여러분! 그리스도의 재림으로 말미암아 만물들은 변화를 초래할 것입니다. 그 변화와 관련해 본문에는 세 가지 사실이 언급되어 있습니다.

첫째, 자연 질서의 큰 변화입니다(6~8절).

그리스도의 재림으로 우주적 변화가 있을 것입니다.

① 그 날에는 빛이 없겠고, 광명한 자들이 떠날 것입니다(6절). 이 말은 해, 달, 별들과 같은 천체가 제 역할을 상실하게 될 것이란 말입니다. 요엘 선지자도, 예수님도 세상 종말에 있을 일에 관해 말씀하시면서 이와 같은 사실을 언급하셨습니다(마 24:29, 막 13:24~25).

② 하나님만이 아시는 그날에 이루어질 것입니다(7절, 마 24:36).

③ 그 날에 생수가 예루살렘에서 솟아나 동해와 서해로 흐를 것입니다(8절). '생수'란 '생명의 물', 또는 '살아있는 물'이란 뜻입니다.

여호와께서 온 땅의 왕이 되실 것입니다(9절). 온 땅에 여호와의 통치가 구현된다는 것은 역사의 궁극적인 목표이자 성경의 핵심적인 사상입니다.

둘째, 그리스도의 재림으로 예루살렘의 영광이 회복된다는 것입니다.

지금까지 예루살렘을 공격한 대적들에게 임할 심판을 설명하고 있습니다. 살이 썩고 눈이 구멍 속에서 썩으며, 혀가 입 속에서 썩을 것입니다(12절). 이스라엘의 대적들이 큰 혼란이 일어나 서로를 치게 하실 것입니다.

결국에는 열국이 하나님께 복종할 것이며, 이방인들도 하나님을 섬길 것입니다. 불순종하는 자들에게는 비를 내리지 않고 모든 복과 은총을 거두실 것입니다. 그리고 택한 백성들에게는 공의로운 해가 떠올라 치료의 광선을 비추실 것입니다(말 4:2). 영원한 나라, 거룩한 나라가 임합니다.

· 함께 읽어요 : 말라기 4장 2절

"내 이름을 경외하는 너희에게는 공의로운 해가 떠올라서 치료하는 광선을 비추리니 너희가 나가서 외양간에서 나온 송아지같이 뛰리라."

정리하는 말

사랑하는 여러분! 여러분들의 가슴속에 성령의 충만함이 흐르고 있습니까? 아침에 일어나 하루의 일과계획을 주님의 주파수에 맞추고 시작하시기 바랍니다. 주님의 보혈의 은총으로 살아가시기를 바랍니다. 하나님께서 허락하신 그리스도 십자가로부터 흐르는 생명이 여러분 가슴마다, 가정마다, 교회마다 충만히 임하고, 세계 열방 민족들의 가슴 가슴에 대속의 생수가 넘쳐흐르기를 간절히 소망합니다.

평가와 결심

1. 그리스도의 재림의 초점이 어디에 맞춰져 있습니까?
   (슥 14:1~2, 하나님의 백성의 회개에 맞추어져 있음)
2. 그리스도의 재림의 목적이 무엇입니까?
   (슥 14:3~5, 대적 원수들을 물리치시고 자기 백성을 구원하심)
3. 그리스도의 재림으로 무엇이 변화됩니까? (슥 14:6~8, 말 3:13~4:6)
   (① 천체의 변화 ② 의로운 해 떠올라 치료의 광선 비추심, ③ 생수가 흐름)

주간 경건의 시간 <58> · 날마다 말씀과 함께

요일 / 내용	주일/월(Mon)	화(Tue)	수(Wed)	목(Thu)	금(Fri)	토(Sat)
찬송	125동/ 126동	49/ 72	111/ 111	112 / 112	115/ 115	118/ 118
성경	말1: / 말 2:	말 3:	말 4:	마 8:	마 9:	마 10:
적용	더러운 떡/ 진리의 법	온전한 십일조	치료하는 광선	나를 따르라	중풍 병 고치심	열두 제자 부르심

* 지식에 이르는 첫 단계는 우리가 무지하다는 사실을 아는 것이다.

<리처드 세실, 1748~1777, 영국 신학자, 성직자>

제53과 신년(가정) 예배

새롭게 출발합시다!

찬송 / 550, 551, 552, 554 / 통 248, 296, 358, 297
성경 / 마가복음 2:18-22
요절 / 마가복음 2:22
"새 포도주를 낡은 가죽부대에 넣는 자가 없나니 만일 그렇게 하면 새 포도주가 부대를 터뜨려 포도주와 부대를 버리게 되리라 오직 새 포도주는 새 부대에 넣느니라."
목표 / 민속절기인 새해 첫날 예배로 늘 가정예배 드리는 태도를 기른다.

◎ 설날 가정 예배(신년, 구정)

1. 개회사
새해 첫날입니다. 하나님이 사랑하시는 온 가족이 한 자리에 모여 조상들의 은공을 기리며, 주님께 다 같이 가정 축하 예배를 드립시다.

2. 찬송 : 550, 551, 552, 554 / 통일찬송가 248, 296, 358, 297

3. 성시교독은 찬송가 뒤 교독문 93, 94번 중에서 가족과 교독 합니다.

4. 기도 (가족 중 한분이 기도문을 읽어 내려가면서 기도드려도 됩니다)
새로운 한해를 주시고 복 주시는 하나님, 지난해도 우리 가족들을 사랑하고 지켜주셨음을 감사드립니다. 또 새해를 맞이해 새 희망을 주심을 감사합니다. 새해가 시작되는 이 아침부터 올 한 해가 주님 은총 가운데 온 가족이 하나님의 말씀대로 순종하며 기쁘고 즐겁게 살게 하시고, 불안과 좌절이 엄습해 온다할지라도 믿음, 소망, 사랑으로 승리하게 해 주시옵소서.

앞서가신 어르신들의 교훈과 정신을 기억하며 성실하고 믿음 생활 잘하면서, 어떤 준령을 지나든지 우리 영혼 속에는 맑은 샘물이 솟아 흐르게 하옵소서. 새로운 일들을 결단할 때 주께서 인도하셔서 형통하게 해주시고, 이웃을 사랑하며 형제간에 더욱 우애하고 어르신들을 공경하며 화목한 가정 이루게 하옵소서. 가시밭 같은 세상 헤쳐 나갈 때, 지혜 주시고, 실패의 순간에도 용기 잃지 않게 하옵소서. 언제나 우리 가족들을 인도자와 보호자가 되시며 우리는 주님의 일꾼임을 잊지 않게 하셔서, 모든 사람들에게 사랑받는 유익한 사람이 되게 하옵소서. 금년 한 해가 형통하고 승리하는 한해! 계획을 성취하는 해! 성전에 엎드려 기도하며 살아가는 한해가 되게 하옵소서. 자손들과 사업이 잘되며 물질적으로 풍성한 한 해가 되게 하여 주옵소서. 온 가족이 죄악의 길로 접어든 때는 성령께서 바른 길로 이끌어 내주옵소서. 주님께 영광 찬송을 많이 드릴 수 있는 한 해가 되게 하여 주옵소서. 사랑의 주 예수님 이름으로 기도합니다. 아멘.

5. 성경 봉독은 다음 성경구절 중에 한 곳을 읽습니다.
   창세기 8:13-22, 출애굽기 12:15-20; 20:12, 마가 2:18-22, 요한 2:18-22, 요한 15:1-10, 요한 19:26-27, 고린도후서 5:17-21, 에베소서 4:20-24, 빌립보서 2:1-22, 히브리서 11:24-26, 요한계시록 2:12-27

6. 성경을 읽고 설교말씀을 전하거나 성경본문만을 읽을 수도 있습니다.
   (다음에 예시된 설교 문을 읽으시면서 예배 드려도 됩니다.)
7. 찬송은 가족들이 즐겨 부르는 찬송가를 찾아 부릅니다.
   (찬송 : 552, 554 / 통일찬송가 358, 297)
8. 축복 기도 혹은 주기도문을 암송하거나 읽으면서 기도합니다.

설날 예배는 가장이나 가족 중 한 사람이 예배를 인도하고, 예배가 끝난 후에는 가족들이 둘러앉아 친교 하면서 어르신들의 교훈이나 추억담을 나누면서 음식을 나누어 먹습니다. 히브리 민족은 유월절에는 가족들이 모여 가족 중에 "이 절기가 무슨 뜻입니까?"하고 물으면 가장(家長)이 그 뜻을 설명해 주었다고 합니다. 우리 민족 고유 민속명절에 가정예배를 드리면 됩니다.

* 유인물을 만들 때는 <교회소개를 간략하게 하면 전도에도 좋습니다.>

새롭게 출발합시다!

(요한복음 2:18~22)

"새 포도주를 낡은 가죽 부대에 넣는 자가 없나니 만일 그렇게 하면 새 포도주가 부대를 터뜨려 포도주와 부대를 버리게 되리라 오직 새 포도주는 새 부대에 넣느니라하시니라."(요 2:22절)

지난 한 해를 보내고 또 새로운 한 해를 맞았습니다. 사람마다 새해를 맞을 때 무엇인가 새롭게 시작하거나 방향을 바꿔야겠다고 결심을 합니다.

1월을 영어로 January라고 하는데 이 말은 로마 신화에 나오는 야누스(Janus)에서 온 말입니다. 야누스는 로마 동전에 새겨진 유명한 신입니다. 야누스를 '문을 지키는 신'이라고 부르는데, 그는 머리를 두 개를 가지고 문턱에 서서 한 머리로는 과거를 지켜보고 다른 머리로는 미래를 내다보았습니다. 1월은 지난 한해를 뒤돌아보고 새롭게 전개될 미래를 내다보아야 하는 것입니다. 지난 한 해를 뒤로 보내고 떠오르는 찬란한 새로운 태양과 함께 밝아오는 새해를 맞으시기를 축복합니다. 새해! 새롭게 출발하시기 바랍니다.

첫째로, 복음은 새 포도주처럼 탄력 있게 역사합니다.

본문의 배경은 예수님이 세리 마태의 집에 초청을 받아 가셨을 때, 바리새인들과 서기관들의 비난을 받고 하신 이 말씀은, 낡은 전통과 관습에 사로잡혀 고질적인 독불장군으로 전락된 유대주의자들을 책망하신 말씀입니다.

사실 당시 사회적인 환경에서 볼 때, 일개 종교지도라는 분이 세리와 같은 죄 많은 사람의 초대에 응한다는 것은 파격적인 행위로 볼 수밖에 없습니다.

그러나 예수님은 "내가 의인을 부르러 온 것이 아니라 죄인을 부르러 왔다"고 하시면서 자신이 세상에 온 목적을 분명하게 말씀하셨습니다.

또한 "당신의 제자들은 왜 금식하지 않습니까?"라고 질문을 합니다. 예수께서는 "혼인 집 손님들이 신랑과 함께 있을 때에 금식할 수 있느냐? 신랑과 함께 있을 동안에는 금식할 수 없느니라" 라고 역설적으로 대답하셨습니다. '신랑을 빼앗길 날이 올 텐데 그때 금식할 것이니' 라고 말씀하십니다. 그러면서 '생베조각을 낡은 옷에 붙이는 자가 없다'고 하셨습니다.

자신이 전하는 '복음'을 생베조각, 새 포도주와 같이 탄력을 가지고 역사하는 새로운 종교임을 밝혀주고 있습니다.

둘째, 낡은 가죽부대에는 새 포도주가 담길 수 없습니다.

이제 우리 앞에는 새로운 새해가 시작됩니다. 바울 사도는 에베소서 4:22절 이하에서 "[22]너희는 유혹의 욕심을 따라 썩어져 가는 구습을 따르는 옛 사람을 벗어 버리고 [23]오직 너희 심령이 새롭게 되어 [24]하나님을 따라 의와 진리의 거룩함으로 지으심을 받은 새 사람을 입으라"고 하였습니다.

바리새인들과 서기관들, 그들은 천국 문을 사람들 앞에 기로 막고 자기도 들어가지 않고 남도 못 들어가게 하는 자들이라고 주님은 책망하십니다(마 23:14). 교인 하나를 얻기 위해 바다와 육지로 두루 다니다가 하나를 얻으면 배나 지옥 자식이 되게 하는 자들, 성전보다 그 속에 기명들을 더 소중히 여기는 자들, 박하와 유향의 십일조는 드리면서 보다 중한 의(義)와 인(仁)과 신(信)을 버리는 위선자들, 잔과 대접의 겉은 깨끗하지만 속에는 탐욕과 방탕으로 가득히 채운 자들이라고 꾸짖었습니다(마 23:28). 말만 있고 행함이 없는 그들을 가리켜 예수님은 낡은 가죽부대라고 책망하신 것입니다.

셋째, 새 가죽부대, 그리고 거기에는 새 포도주가 담겨있습니다.

'새 포도주'는 바로 '그리스도의 복음'을 가리킵니다. '복음'은 인간을 변화시키고 그 인간을 개조하는 발효의 힘입니다. 새 포도주는 무엇입니까?

새 포도주란 ① 인간의 전통과 연조를 자랑하는 일체의 권위주의를 배격하는 새로운 세대를 의미합니다. ② 새로운 가죽부대는 남에게 짐을 지우지 아니하는 복음의 일꾼입니다. 오늘날 교회의 일꾼들은 어떻습니까? 자신에게는 지워진 짐 곧 실천은 없고, 남에게 짐을 지우고 손가락하나 까딱하지 않는 서기관과 바리새인들과 같은 자들의 모습이라고 지적하고 있습니다.

사랑하는 여러분! 올 새로운 한해를 시작하면서 이웃에게 마음 문을 활짝 엽시다. 이웃을 향해 사랑과 위로로, 자신을 향해 철저한 믿음의 통제와 자기 발전으로 새롭게 시작하시기를 주님의 이름으로 간절히 부탁드립니다.

13단원 교회 절기

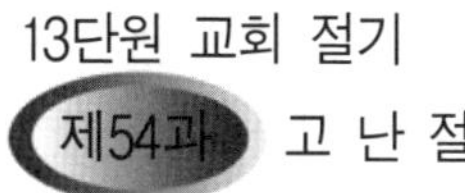

고 난 절

금식하며 울고 애통하며

찬송 / 151, 150, 149 / 통 138, 135, 147
성경 / **요엘 2:12-32**
요절 / **요엘 2:12**
"여호와의 말씀에 너희는 이제라도 금식하고 울며 애통하고 마음을 다하여 내게로 돌아오라 하셨나니"
목표 / 주님의 십자가를 묵상하면서 울고 금식하며 애통하는 태도를 가진다.

시작하는 말

이번에 다룰 공과는 요엘서를 통해서 '고난 절기'에 대하여 공부하게 됩니다. 구약 성경의 본문은 요엘(יוֹאֵל : 여호와는 하나님이시다)이란 선지자가 이스라엘 백성들이 겪었던 메뚜기 재앙에 대하여 언급하면서, 만약 언약 백성이 그 언약대로 살지 않는다면, 그 재앙보다 훨씬 더 극심한 재앙을 당한다는 예언입니다. 오늘날 세상 향락문화에 젖어 희희낙락하는 이들과 다르게 그리스도의 고난 절기를 맞으며 금식하며 울고 애통하는 진실한 크리스천 성도의 모습을 찾아야 하겠습니다.

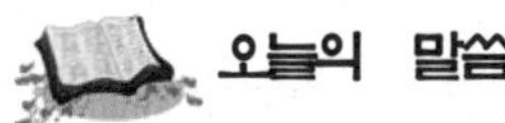

오늘의 말씀

1. '여호와의 날'에 대한 요엘의 경고입니다(욜 2:1~11).

요엘은 여호와의 날이 임박했음을 경고하고 있는데, 이 날은 심판의 날로서 하나님의 징계로 사용되는 이방 군대가 유다를 침략하여 황폐케 하는 날입니다. 여러분들은 현대의 풍요로운 물질문명의 혜택으로 삶의 풍요를 누리고 있습니다. 그래서 예수 그리스도의 십자가의 고난을 뒤로한 채 현실의 향락에 젖어 징계와 심판의 '여호와의 날'을 감지하지 못하고 있습니다. ① 여호와의 날이 임박했습니다(1절). ② 그 날은 '심판의 날'입니다. ③ 대적들로 온 땅이 황폐케 됩니다(3절). ④ 대적들이 불가항력적인 기세로 쳐들어옵니다(4~10절).

이제 심판의 주체는 그리스도를 십자가에 내어주신 하나님이십니다.

· 함께 읽어요 : 마태복음 27장 46절

"제 구시쯤에 예수께서 크게 소리 질러 이르시되 엘리 엘리 라마사박다니 하시니 이는 곧 나의 하나님 나의 하나님 어찌하여 나를 버리셨나이까하는 뜻이라."

2. 고난 주간 동안 회개의 눈물의 기도를 드려야 합니다(욜 2:12~17)

임박한 여호와의 날이 얼마나 무섭고 두려운 심판의 날이 될 것인가를 묘사한 뒤 이어서 요엘은 이제라도 진정으로 회개하고 돌이켜 심판을 피하라고 권면합니다.

① 회개를 촉구합니다(12절). 예루살렘 여자들은 십자가를 지시는 메시야를 바라보며 통곡하며 울 때에 예수님은 "예루살렘의 딸들아 나를 위하여 울지 말고 너와 네 자녀를 위해 울라"고 하셨습니다.

② 진실한 마음으로 회개해야 합니다(13절). 감동을 주는 영화 한편을 보고 흘리는 눈물이 아니라 고난 주간에는 자신과 가족들을 위한 회개의 눈물이어야 합니다. ③ 사랑의 하나님께로 돌아오는 눈물이어야 합니다(14절). ④ 온 백성이 회개하는 눈물이어야 합니다(15~17절).

· 함께 읽어요 : 누가복음 23장 28절

"예수께서 돌이켜 그들을 향하여 이르시되 예루살렘의 딸들아 나를 위하여 울지 말고 너희와 너희 자녀를 위하여 울라."

3. 하나님께서는 용서와 회복의 약속을 주십니다.(욜 2:18~27).

본문에서부터 요엘 선지자는 이제껏 여호와의 날의 두려운 실상을 묘사하고, 하나님 심판이 임박했음을 외치면서 회개를 촉구하던 요엘은 이제 하나님의 용서와 회복의 메시지를 외치고 있습니다.

1) 하나님께서 백성을 긍휼히 여기실 것입니다(18절). 하나님의 긍휼과 자비는 무조건적이지만 아들을 내어주신 십자가의 대속 아래에서만 베풀어진다는 사실입니다. 오래 된 조상의 묘에 가서 한참 울다보니 다른 분이 와서는 "당신이 왜 거기서 우느냐?"고 물었더니 우리 아버님 묘소여서 그랬다고 하니, "예, 그래요? 여기는 우리 아버님 묘소입니다요." 라고 밀치려 하자 그분이 하는 말이 "그럼 같이 절하고 눈물도 같이 흘립시다." 라고해서 해결 봤다네요. 그래 나오던 눈물을 거두고, 부끄러움 반, 웃음 반이 되었다는 이야기입니다. 우리의 현실인 종교다원주의 자들의 웃지 못할 주장과 현실을 지적해주는 울지도 웃지도 못할 이야기인 것입니다.

첫째, 회복케 하실 것입니다(19~27절). 회개의 눈물엔 긍휼을 베푸십니다.

① 심판을 파기하십니다(19~20절). 죄악을 십자가 보혈로 씻어주셔서 하나님의 공의를 만족시키시며 용서해 주시고 구원해 주십니다.

② 기쁨이 넘치게 하십니다(21~23절). 용서의 기쁨으로 찬송합니다.

③ 우리의 손실을 갚아주십니다(24~27절). 영적 회복이 되니 물질적인 축복도 넘치게 해 주신다는 말씀입니다.

둘째, 결론적으로 종말의 예언이 성취될 여호와의 날입니다(2:28~3:21).

하나님의 구원 계획과 관련하여 본문은 중요한 예언인 '성령 강림의 약속'입니다. 베드로 사도는 이 예언의 성취로 성령강림을 설명합니다.

· 함께 읽어요 : 요엘 2장 28절(비교 사도행전 2:17~18)

"그 후에 내가 내 영을 만민에게 부어 주리니 너희 자녀들이 장래 일을 말할 것이며 너희 늙은이는 꿈을 꾸며 너희 젊은이는 이상을 볼 것이며 29 그 때에 내가 또 내 영을 남종과 여종에게 부어 줄 것이며"

정리하는 말

여러분은 금년 고난주간을 어떻게 보내시겠습니까? 예전대로 그저 바쁘면 쉬고 시간나면 집회에 참석하고 그러시겠습니까? 아니면, 고난주간 동안 재를 무릅쓰고 기도했던 니느웨 백성들처럼, 그리고 요엘의 예언대로 금식하며 울고 애통하며 기도하시겠습니까? 선택은 자유입니다. 예수 그리스도의 십자가는 우리 구원의 전부입니다. 세상 구원의 선물을 위해 십자가에 못 박히신 주님의 고통을 생각하며, 이 고난주간에 금식하고 애통하며 고난에 동참하시기 바랍니다.

평가와 결심

1. 요엘 선지자의 첫 번째 경고가 무엇입니까?
   (욜 2:1~11, 여호와의 날 심판의 날을 준비하라는 것이다)
2. 금년 고난주간은 과연 어떻게 보내야 하겠습니까?
   (욜 2:12~17, 자신과 자녀들, 가족들을 위해 눈물로 회개하고 기도해야함)
3. 회개와 눈물로 기도한 결과 하나님께서 무엇을 회복시키십니까?
   (욜 2:18~28, ①심판을 파기하심, ②기쁨 넘침, ③손실을 갚아주심, 성령주심)

주간 경건의 시간 <54> · 날마다 말씀과 함께

요일 / 내용	주일/월(Mon)	화(Tue)	수(Wed)	목(Thu)	금(Fri)	토(Sat)
찬송	144동/ 146동	150 / 135	143 / 141	141/ 132	205 / 236	243 / 224
성경	욜 1:/욜 2:	욜 3:	암 1:	암 2:	암 3:	암 4:
적용	금식하며 / 내 영을	하나님의 영	암몬 자손의 죄	모압의 죄	여호와의 비밀	하나님 만나기를

* 진정한 회개는 죄악 된 행동을 그만 두는 것이다.

< 성 암부로스, 340~87, 밀란의 주교 >

13단원 교회 절기

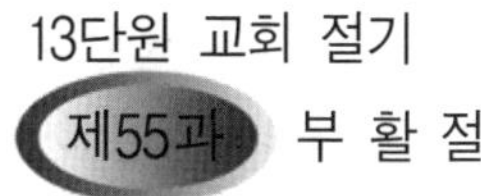

부 활 절

나를 살리시는 하나님

찬송 / 70, 215, 294 / 통 79, 354, 416
성경 / **아모스** 9:11-15
요절 / **아모스** 9:15
"내가 그들을 그들의 땅에 심으리니 그들이 내가 준 땅에서 다시 뽑히지 아니하리라 네 하나님 여호와의 말씀이니라."
목표 / 만유 주 하나님은 생명까지라도 회복하시는 분이심을 안다.

시작하는 말

부활절은 성탄절과 함께 기독교의 대표적인 절기입니다. 그러나 예배나 의식이 점점 형식화되어 세상 향락의 기쁨에 밀려가는 느낌을 줍니다. 아모스 선지자는 양치는 목자요, 뽕나무 재배자로서 남쪽 유다에서 출생해 북쪽 이스라엘 벧엘에 가서 예언을 했습니다. 그를 '진노의 선지자'라 부릅니다. 아모스는 자연 속에서나 역사 가운데서 역사하시는 하나님의 심판과 회복을 예언하고 있습니다. 생명까지라도 회복시키시는 주 하나님이심을 믿으시기 바랍니다.

오늘의 말씀

1. 이스라엘을 향한 심판을 외칩니다(암 9:1~10).

목회자로서 누구나 하나님의 공의와 심판을 전하기를 꺼려합니다. 교인들이 싫어하기 때문입니다. 그러나 죄의 결과와 심판을 외쳐야 성도들이 회개하고 구원을 얻을 수 있을 것입니다. 여름 과일 한 광주리를 통해 이스라엘을 향한 심판의 때가 임박했음을 알려 준 데 이어 하나님께서는 아모스에게 단 곁에 서신 그분의 모습을 보여주심으로써 심판의 실제적인 실행과정을 나타내셨습니다. ① 성전이 붕괴되면서 심판이 시작됩니다(1절). 부패한 종교는 하나님께서 치십니다. ② 그 심판을 피할 자가 없을 것이며, 피할 곳도 없을 것입니다(2~4절). ③ 심판을 행하시는 분은 전능하신 하나님이십니다(5~6절). ④ 언약 백성이라도 공의의 심판을 면치 못할 것입니다(7~10절). 이스라엘 곧 언약 백성이라도 하나님을 거역하면 심판을 피할 수 없습니다.

· 함께 읽어요 : 아모스 9장 9절
"보라 내가 명령하여 이스라엘 족속을 만국 중에서 체질하기를 체로 체질함 같이 하려니와 그 한 알갱이도 땅에 떨어지지 아니 하리라."

2. 심판 후에 도래할 회복의 약속입니다(암 9:11~14).

이제 아모스서의 최종 결론이라 할 수 있는 메시지가 전해집니다. 그것은 이제까지의 질책과 심판의 선고들을 잊게 할 만한 축복과 구원의 약속입니다. 이 구원의 약속과 관련해서 3가지 사실이 언급됩니다.

첫째, 다윗 왕조가 다시 회복될 것입니다(11절). 하나님께서 무너진 다윗 왕조를 다시 일으키신다는 것입니다.

둘째, 이방인들이 하나님의 백성이 된다는 것입니다(12절).

셋째, 영원한 축복을 누릴 것입니다(13~15절). ① 풍요로운 삶이 주어집니다(13절). ② 영원한 안식을 누릴 것입니다(14~15절). 우리는 호세아 선지자를 '사랑의 선지자'라고 부릅니다. 반면에 아모스 선지자를 '진노의 선지자'라고 부르지만 동전의 양쪽이나 같은 '하나님의 사랑' 이면에는 '하나님의 공의'가 있음을 깨달으시기 바랍니다.

· 함께 읽어요 : 아모스 9장 14절

"내가 내 백성 이스라엘이 사로잡힌 것을 돌이키리니 그들이 황폐한 성읍을 건축하여 거주하며 포도원들을 가꾸고 그 포도주를 마시며 과원들을 만들고 그 열매를 먹으리라."

3. 하나님의 구원의 하이라이트는 '부활과 영생'입니다(암 9:15).

여러분! 톨스토이의 『부활』이란 작품을 아십니까? 그는 인간의 고뇌를 그리면서 인생의 휴머니즘에 입각한 부활의 의미를 제시합니다.

"정의로운 사회를 만들기 위해 어떻게 해야 하는가?" 고민한 그는 그 해답을 성경 마태복음 18장을 읽으면서 구원과 영접에 대해 생각하고, 마태복음 5:21~42절의 산상설교를 통해 이 시대의 진리를 찾게 됩니다. 톨스토이는 내흘류도프와 마슬로바(까츄샤)의 정신적 자아의 부활을 보여주고 싶었습니다. 양심이 죽어 까무러진 사회에서의 정의의 부활을 외쳤습니다.

그러나 이 정신적인 자아의 부활은 우리 영혼을 영원으로 이끌 부활은 아닙니다. 우리를 살리시는 부활은 하나님께서 섭리하시고 역사하신 예수 그리스도의 부활인 것입니다.

여러분은 예수 그리스도의 부활을 믿으십니까? 믿는 자에게 영생을 주신 것처럼, 예수 그리스도의 부활은 영생의 조건으로 장차 우리의 부활, 나의 부활이 됩니다. 할렐루야!

이 사실은 복음 속에 내포된 진리입니다. 주님은 자신이 부활이요, 생명이라고 말씀하셨습니다. 그를 믿는 자에게 부활도 허락하시고 생명도 보장해 주십니다. 복음과 부활은 나눌 수 없습니다. 영생과 부활은 구원의 주체이며 핵심인 것입니다. 주님이 우리 죄를 사하시고 영생으로 인도하신 것처럼, 우리도 이웃과 형제를 용서하고 귀한 위로에 앞장서야 할 것입니다.

· 함께 읽어요 : 마태복음 18장 35절

"너희가 각각 마음으로부터 형제를 용서하지 아니하면 나의 하늘 아버지께서도 너희에게 이와 같이 하시리라."

정리하는 말

여러분! 여러분들은 예수의 부활과 톨스토이의 정신적인 자아의 부활을 같다고 생각하십니까? 불교에서의 윤회적인 삶을 믿습니까? 예수 부활만이 우리를 영생케 하십니다. 하나님의 능력으로 죽음을 정복하시고 살아나신 예수 그리스도의 십자가의 대속하심과 용서하심을 믿고 부활과 영생의 대열에 동참하시기 바랍니다.

평가와 결심

1. 아모스 선지자의 메시지는 무엇입니까?
   (암 9:1~10, 하나님의 공의와 심판을 전하고 있음)
2. 아모스 선지자가 심판 후에 외친 메시지가 무엇입니까?
   (암 9:11~15, ① 다윗 왕조의 회복 ② 이방인 구원 ③ 영원한 축복 주심)
3. 하나님의 구원과 회복의 하이라이트는 무엇입니까?
   (합 3:16~19, 하나님의 능력으로 주시는 부활과 영생)

주간 경건의 시간 <55> · 날마다 말씀과 함께

요일 / 내용	주일/월(Mon)	화(Tue)	수(Wed)	목(Thu)	금(Fri)	토(Sat)
찬송	88동/ 93동	165 / 155	164 / 154	161/ 159	160 / 150	159 / 149
성경	암 5:/ 암 6:	암 7:	암 8:	암 9:	요이 1::	옵 1:
적용	선을 구하고/ 헛된 노래를	세 가지 환상	네 번째 환상	다섯 번째 환상	진리에 행함	에돔의 죄

* 죽음은 한 순간이며, 삶은 많은 순간이다.

< 토머스 윌리엄스 1777~1861, 미국 법학자>

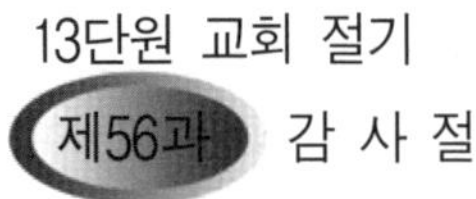

감 사 절

처음 익은 열매로 감사

찬송 / 540, 590, 592 / 통 219, 309, 311
성경 / **잠언 3:1-15**
요절 / **잠언 3:9**
"네 재물과 네 소산물의 처음 익은 열매로 여호와를 공경하라."
목표 / 재물과 소산물의 처음 익은 열매로 감사드리는 태도를 기른다.

시작하는 말

기독교는 하나님을 믿고 인정하는 종교이며, 그분의 뜻을 이 땅에 실현하기 위하여 온 정력과 노력을 기울이는 종교입니다. 그런데 현 한국교회에 나타난 현상들을 보면 교파 분열, 싸움, 교회의 세속화 등 하나님을 인정하기보다는 사람이 자신의 생각대로 모든 일을 주도하고 있는 듯한 느낌을 받습니다. 본문에서 강조하고 있는 지혜자의 권고는 마음을 다해 여호와를 의뢰하고 처음 익은 열매로 섬기면 그 창고가 넘칠 것이라고 말씀합니다. 이 축복의 말씀 그대로 살아가시기를 바랍니다.

오늘의 말씀

1. 말씀 순종은 지혜로운 자의 삶입니다(잠언 3:1~4).

본문의 말씀은 지혜의 법을 잊지 않고 그 명령을 지키면 장수와 평강을 누리게 될 것이며, 또한 인자와 진리로 행하면 하나님과 사람 앞에서 은총과 귀중히 여김을 받을 것이라고 말씀하십니다.

하나님의 교훈에 순종하는 삶에는 보상이 있습니다. ① 1절에 '내 아들'이란 '하나님의 은총을 입은 자', '예수 그리스도를 믿는 모든 사람들'을 가리키고 있습니다. '법'과 '명령'은 하나님의 교훈이나 가르침을 말합니다. '잊어버리지 말고 지키라'는 말은 의식과 사고의 기준으로 삼으라는 뜻입니다. ② 2절에 보상이 나옵니다. '장수'와 '평강'입니다.

사랑과 진실의 생활화와 그에 대한 보상입니다. ① 인자와 진리의 생활화입니다(3절). 하나님께 대한 사랑은 경건으로, 인간들에 대해서는 이해와 용서, 영육간의 지원, 동참 등입니다. ② 이 삶에 대한 보상은 '하나님의 은총'과 '사람으로부터의 존경'을 받습니다.

· 함께 읽어요 : 잠언 3장 4절
"그리하면 네가 하나님과 사람 앞에서 은총과 귀중히 여김을 받으리라."

2. 충성된 신앙은 하나님의 인도와 건강을 보장 받는 길입니다(잠 3:5~10).

하나님의 인도를 보장 받는 길은(6절)? ① 하나님을 의뢰해야 합니다. ② 자신의 능력의 한계를 알아야 합니다(5절). ③ 하나님의 섭리를 알아야 합니다(6절).

자신의 건강을 보장 받는 길은 다음과 같습니다.

① 자만심을 버려야 합니다(7절). ② 악에서 떠나야 합니다(7절).

부(富)를 보장 받는 길은(10절)? ① 받은 물질로 하나님을 공경해야 합니다(9절). ② 새로 얻는 물질로 공경해야 합니다(9절). 재물의 주인이 하나님이시라는 것을 알아야합니다. 곧 하나님 제일주의로 살라는 말씀입니다.

· 함께 읽어요 : 잠언 3장 9~10절
"9 네 재물과 네 소산물의 처음 익은 열매로 여호와를 공경하라. 10 그리하면 네 창고가 가득히 차고 네 포도즙 틀에 새 포도즙이 넘치리라."

3. 지혜자는 감사하는 삶이 생활화 된 자입니다(잠 3:11~35).

사랑하는 여러분! 누가 지혜로운 자입니까? 지혜로운 사람은 항상 감사하면서 열린 마음으로 하나님 아버지를 지혜의 눈으로 찾고 섬깁니다.

첫째, 지혜로운 자는 다른 사람이 자신에게 베푼 조그만 도움이라도 잊지 않습니다. 꾸지람이나 징계라도 가볍게 여기지 않습니다(11~12절).

둘째, 지혜는 은과 진주보다 귀합니다(13~18절). 한 끼 양식은 한 끼에 소멸되지만 지혜는 일생을 살아가는 길이 됩니다. 지혜에는 장수와 부귀가 따릅니다(16절). 그 길은 즐거운 길이요, 평강입니다. 그것을 얻은 자에게는 생명나무입니다(17~18절).

셋째, 하나님은 지혜와 지식의 원천이십니다(19~20절). 그러므로 완전한 지혜와 근신을 지키면 영혼의 생명이 됩니다(21~22절). 평안히 행하겠고 발이 거치지 않습니다(23절). 두려움 없이 단잠을 잡니다(24~26절).

넷째, 선을 베풀 힘이 있는 대로 베풀어야 합니다(27~28절). 이웃에 선을 베풀며, 악을 행치 말아야 합니다(29~33절).

다섯째, 지혜로운 자는 거만함을 버려야 합니다. 겸손하며 지혜 있는 자는 영광을 기업으로 받습니다(34~35절).

유명한 알렉산더 대왕은 유럽을 점령하고는 자신 만만해 하던 어느 날 집에서 기르는 원숭이의 재롱을 보며 즐기다가 그에게 손가락을 물려 말라리아에 걸려 24시간도 채 못 넘기고 죽고 말았습니다. 워털루 전쟁 때에 나폴레옹은 여러 곳곳에 대포를 배치해 놓고 승리를 장담하고 있었지만 작전 개시 바로 전날 밤에 소나기가 쏟아져 대포가 진흙 구덩이에 빠지는 바람에 패배하고 말았던 것입니다. 이처럼 하나님께서는 하찮은 원숭이나 소나기로도 역사의 방향을 바꿔 놓으시는 것입니다.

여러분! 아무리 치밀한 계획과 장담에도 불구하고 하나님의 섭리와 은총이 없다면 여러분들의 인생은 무상하게 끝이 나고야 말 것입니다.

· 함께 읽어요 : 잠언 3장 13절
"지혜를 얻은 자와 명철을 얻은 자는 복이 있나니"

정리하는 말

사랑하는 여러분! 감사하는 절기가 부담스럽습니까? 아니면 즐겁습니까? 절기의 의미와 여러분들의 삶이 일치되게 살아가지 않는다면 매년마다 돌아오는 감사 절기가 아무런 의미가 없을 것입니다.

잠언서의 교훈은 "네 재물과 네 소산물의 처음 익은 열매로 하나님을 공경하라"고 하였습니다. 모아 쌓아 놓은 재물과 새로 얻은 소산물에서 하나님 제일주의로 공경하라는 말씀입니다. 직업의 종류나 귀천에 관계없이 재물과 소산물을 제일 먼저 익은 것으로 드리셔서 금생과 내세에 축복의 주인공이 되시기 바랍니다.

평가와 결심

1. 지혜로운 자의 삶의 보상과 결과는 무엇입니까?
   (잠 3:1~2, 장수와 평강입니다)
2. 부(富)를 보장 받는 길은 하나님을 어떻게 공경해야 됩니까?
   (잠 3:10, ① 이미 얻은 물질로 ② 새로 얻은 물질로 공경해야 함)
3. 어떤 사람이 진정으로 지혜로운 사람입니까?
   (잠 3:6, 감사하는 삶이 생활화된 사람)

주간 경건의 시간 <56> · 날마다 말씀과 함께

요일 / 내용	주일/월(Mon)	화(Tue)	수(Wed)	목(Thu)	금(Fri)	토(Sat)
찬송	73동/ 37동	364/ 482	370 / 455	382 / 432	390 / 444	391/ 446
성경	잠 1:/ 잠 2:	잠 3:	잠 4:	잠 5:	잠 6:	잠 7:
적용	지혜롭게 / 지식을 불러	인자와 진리	명철을 얻으라	아내를 즐거워하라	지혜를 얻으라	내 법을 눈동자처럼

* 진리는 언제나 가장 강한 주장이다. < 그리스 격언 >

제13단원 교회 절기

제57과 중추절(추석)

어떠한 감사로 보답할까?

찬송 / 587. 588, 589, 590, 591

성경 / **데살로니가전서 3:6-13**

요절 / **데살로니가전서 3:9**

"우리가 우리 하나님 앞에서 너희로 말미암아 모든 기쁨으로 기뻐하니 너희를 위하여 능히 어떠한 감사로 하나님께 보답할까."

목표 / 민속절기인 중추절 예배를 통해 범사에 감사하는 신앙태도를 기른다.

민속절기 중추절 예배 순서

1. 개회사

추석을 맞아 온 가족이 한 자리에 모여 조상들의 은공을 기리며, 풍성한 가을을 주신 하나님께 다 같이 묵상기도를 드림으로 중추절 감사예배를 드리겠습니다.

2. 찬송은 592, 593, 590/ 통찬 311, 312, 309 중 익숙한 찬송을 부릅니다.

3. 성시 교독은 찬송가 뒤 교독문 105번, 106번 감사절(1)(2)에서 선택하여 함께 교독합니다.

4. 다 같이 기도합시다(가족 대표 한 분이 기도를 인도합니다).

천지를 만드시고, 사계절을 주셔서 봄에 뿌린 씨앗을 이 풍요한 가을에 열매를 거둘 수 있는 복을 주시니 감사합니다. 민속명절인 '추석'을 주셔서 온 가족들이 한 자리에 모여 기쁨과 감사의 예배를 드릴 수 있게 해 주시니 감사합니다. 늘 하나님의 말씀대로 순종하며 살게 하시고, 불안과 염려가 엄습해 온다할지라도 늘 믿음으로 승리하게 해 주시옵소서.

앞서가신 어르신들의 교훈과 정신을 기억하여 성실하고, 믿음 생활 잘 하면서 어떠한 어려움을 만나든지 우리의 영혼 속에는 늘 맑은 샘물이 솟아나게 하옵소서. 우리 가족 한 사람 한 사람을 늘 주님께서 인도해 주셔서 영 · 육간에 건강하게 하시고, 나약한 이웃들을 도우며 형제간에 더욱 우애하며, 웃어른들을 늘 공경하면서 화목한 가정을 이루게 하옵소서. 가시밭과 같은 세상을 헤쳐 나갈 때 지혜와 용기를 주시고, 실패의 순간에도 희망을 잃지 않게 하옵소서. 언제나 우리 가족들의 인도자가 되시며 우리는 주님의 도구와 연장임을 잊지 않게 하시고, 모든 사람들에게 유익한 사람이 되게 하옵소서. 한 해가 저물기 전에 믿음이 더욱 성숙하게 해 주시옵소서. 말씀으로 주님과 함께 성전중심의 신앙생활을 하게 하옵소서.

하나님의 성전을 아름답게 가꾸며, 주님을 뜨겁게 사랑하며 살아가게 하옵소서. "오늘부터 복을 주리라"하신 주님의 말씀을 믿사오니, 자녀들도 사업도 잘되며 물질적으로도 풍성한 한 해가 되게 하여 주옵소서. 온 가족이 죄악의 길로 접어들 때는 성령께서 바른 길로 인도하옵소서. 감사와 영광과, 찬양을 주님께 많이 드릴 수 있는 한 해가 되게 하여 주옵소서. 예수 그리스도의 이름으로 기도 드립니다. 아멘.

5. 성경은 다음 성경구절 중에 한 곳을 읽습니다.
· 시편 23편, · 창세기 26:12-22, · 레위기 23:15-25, · 신명기 4:25-29; 8:1-3, · 요한복음 7:37-44, · 고전 10:23-33, · 빌립보서 4:2-9; · 살전 3:9; 5:16-24

6. 성경을 읽고 말씀을 전합니다(성경본문만을 읽을 수도 있습니다).

7. 찬송은 가족들이 즐겨 부르는 찬송가를 찾아 함께 부릅니다.

8. 축복 기도를 하거나 "주기도문"을 암송하거나 읽으면서 기도를 드림으로 예배를 마칩니다.

추석에는 가장이나 가족 중 한 사람이 예배를 인도하고, 예배가 끝난 후에는 사랑과 감사가 담긴 음식을 나누어 먹으면서, 조상들의 교훈이나 추억담을 나누는 것이 좋습니다. 히브리 민족은 '오순절'이나 '장막절'을 지키면서 감사의 절기를 지켰습니다.

어떠한 감사로 보답할까?
(데살로니가전서 3:9)

" 우리가 우리 하나님 앞에서 너희로 말미암아 모든 기쁨으로 기뻐하니 너희를 위하여 능히 어떠한 감사로 하나님께 보답할까?"

서구인들을 만나면 "감사합니다."(Than you.)라는 말을 자주 됩니다. 그들은 감사가 생활화되어 있습니다. 전쟁이 많던 구라파에 대통합이 이루어진 배경에는 그들에게는 늘 은혜를 감사하는 삶이 기초가 되어 있습니다.

그러나 우리들은 불만과 불평이 너무 자주 터져 나오는 것을 봅니다. 우리들에게는 감사가 부족합니다. 바울 사도는 늘 하나님의 은혜와 사랑에 대한 감사가 구구절절 표현되어 있습니다. 그래도 미국인들이 세계에서 사랑 받는 이유가 여기에 있는 것 같아요. 성경은 '항상 기뻐하라'고 하였습니다. 모든 기쁨의 생활은 감사하는 생활에 의해 가능합니다.

하박국 선지자는 "비록 무화과나무가 성치 못하며 포도나무에 열매가 없으며, 감람나무에 소출이 없으며 밭에 식물이 없으며, 우리에 양이 없으며 외양간에 소가 없을지라도 나는 여호와를 인하여 즐거워하며, 나의 구원의 하나님을 인하여 기뻐하리로다."(합3:17-18)라고 하나님을 찬양하고 있습니다.

1. 은혜로 구속함을 받았으니 몸을 드려 감사해야 합니다(롬 12:1).

임금(君, 군)을 위하여 헌신하는 자를 충신이라 하고, 지아비(夫, 부)에게 헌신하는 자를 열녀라고 하며, 주(主)를 위하여 헌신하는 자는 인간의 의무를 다한 감사절정의 표현입니다. 바울은 "[19] 너희 몸은 너희가 하나님께로부터 받은바 너희 가운데 계신 성령의 전인 줄을 알지 못하느냐 너희는 너희 자신의 것이 아니라 [20]값으로 산 것이 되었으니 그런즉 너희 몸으로 하나님께 영광을 돌리라"(고전6:19~20)고 하였습니다. 나 자신은 이미 그리스도의 보혈에 팔린 것이니 그 권리가 내게 있는 것이 아니라 주님께 있습니다. 이제는 소유주이신 주님의 임의대로 쓸 뿐입니다. 그런고로 우리가 사나 죽으나 주님의 것입니다(롬 14:8). 헌금을 위해 장기를 파신 분도 있습니다. 우리 몸 주께 바쳐 그 감사의 만분의 일이라도 보답할 수 있기를 간절히 소원합니다.

2. 사랑으로 성령의 인 치심 받았으니 물질과 소유를 드려야합니다(엡 4:30).

우리가 부동산을 계약할 때 인감도장과 인감증명서는 대단히 중요합니다. 그것이 없으면 계약을 할 수 없습니다. 사랑하는 여러분! 바울 사도는 에베소 교인들에게 "하나님의 성령을 근심하게 하지 말라 그 안에서 너희가 구원의 날까지 인 치심을 받았느니라"(엡 4:30)고 하였습니다.

예수를 믿기 전까지는 욕심대로 살았더라도 이제는 물욕도 정욕도 명예욕도 내려놓아야 합니다. 구원의 날까지 성령으로 인(印)치심을 받았기 때문입니다. 바울 사도는 "진리의 말씀 곧 너희의 구원의 복음을 듣고 그 안에서 또한 믿어 약속의 성령으로 인 치심을 받았으니"(엡 1:13), 그 도장(인; 印)을 통하여 받을 바 우리의 기업의 보증이 되셨다고 하였습니다. 요사이 헌금 강요하는 설교는 성도들이 거부감을 가지고 있습니다. 몸을 바치라는 것은 외상도 됩니다. 그러나 물질은 현찰로 당장 드려야 하기 때문입니다. 인색함으로나 부득이한 무성의의 헌금은 삼가 해야 합니다. 물질의 다과를 막론하고 성의를 다해 바쳐서 그 은혜의 망극함을 감사로 표하시기 바랍니다.

3. 생명을 바쳐서 감사해야합니다(찬송가 311/ 통찬 185장).

예수님은 우리를 위하여 몸 버려 피 흘려 대속해 주셨습니다. 우리가 무엇을 드린다한들 그 사랑, 그 은혜에 보답이 되겠습니까? 주님께서 우리를 위해 생명을 주셨으니 우리의 생명을 드림도 아까움이 없는 것입니다. 우리가 살아있음은 그분 하나님의 아들을 믿는 믿음 안에서 사는 것입니다. 모든 것을 드린다한들 아까울 것이 없습니다. 함께 기도합니다.

"오! 하나님, 내 생명을 귀히 여기시고 살려주셨으니 주님이 필요하다면 언제든지 몸도 마음도 물질도 생명까지라도 우리 주 하나님께 드리오니 기쁘게 받아 주시옵소서!

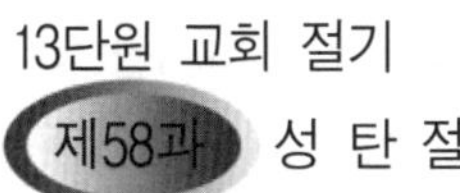

성 탄 절

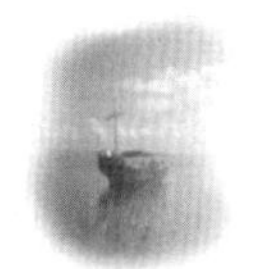

왕으로 오신 예수 그리스도

찬송 / 196, 266, 182/ 통 174, 200, 169
성경 / **마태복음 2:1-12**
요절 / **마태복음 2:2**
"유대인의 왕으로 나신 이가 어디 계시시냐? 우리가 동방에서 그의 별을 보고 그에게 경배하러 왔노라."
목표 / 치료의 광선 의의 태양이신 그리스도를 영접하는 태도를 기른다.

시작하는 말

동방에서 별을 연구하는 박사들이 별빛의 인도를 따라 유대 땅까지 왔습니다. 당시 유대의 분봉 왕 헤롯 왕에게 이 사실을 알리니 궁중에서 회의가 열려 왕이 나실 곳을 물었습니다. 왕은 모든 대제사장과 서기관들을 모아 그리스도가 어디서 나겠느냐고 물었습니다. 그리스도가 나심은 이미 예언이 된 사실입니다. 메시야에 대한 300개 이상의 특별한 예언들이 성취되었습니다. 오늘은 '왕으로 오신 그리스도'에 대하여 공부할 것입니다. 왕으로 오신 예수님께 큰 축하를 보내시기 바랍니다.

오늘의 말씀

1. 예수 그리스도는 평화(平和)의 왕이십니다(이사야 9:6).

세상에는 왕이 많습니다. 세상의 왕들은 권력을 얻기 위해서 수많은 생명들을 희생시킨 악한 왕들이 많습니다. 구라파의 여러 나라들이 지금은 국경을 허물고 유럽이 통합되어 하나의 체제로 가고 있지만, 그 많은 문명들을 이루기 위해서 미개국들을 약탈하고, 성들을 빼앗기 위한 전쟁 터였습니다. 그러나 예수 그리스도는 전쟁의 왕이 아니시며 피흘리는 왕이 아니십니다. 이사야 선지자는 예수 그리스도를 평화의 왕이라고 선언하며 예언하였습니다. 그리스도는 화평의 복음을 주시려고 오셔서 사랑과 위로, 그리고 구원해 주시는 줄 믿으시기 바랍니다.

· 함께 읽어요 : 이사야 9장 6절
"이는 한 아기가 우리에게 났고 한 아들을 우리에게 주신 바 되었는데, 그의 어깨에는 정사를 메었고 그의 이름은 기묘자라, 모사라, 전능하신 하나님이라, 영존하시는 아버지라, 평강의 왕이라 할 것임이라."

2. 예수 그리스도는 의(義)의 왕이십니다(이사야 32:1).

세상의 왕들은 강포와 포악으로 나라를 다스립니다. 그래서 지상에는 압박, 강제, 채찍질 소리, 악한 자를 짓밟는 말발굽 소리 등이 그치지 않고 유혈 폭동이 쉬지 않습니다. 약소민족은 강한 나라들에게 자유와 생명이 다 유린되고, 가난하고 세력 없는 사람들은 권력자들에게 온갖 착취와 억울함을 당하는 것입니다. 과부의 설움, 고아의 원통함, 가난한 백성의 괴로움은 어느 시대나 어느 곳에서도 알아주지 않습니다. 불공평함은 세계에 충만합니다. 그리나 예수 그리스도는 의의 왕이십니다.

예수 그리스도는 의의 왕으로 오셔서 모든 불의, 부정, 강포를 소멸하시고 의의 왕국을 건설하실 것입니다. 그리스도 왕국은 압박당하는 약소민족의 설움도 없을 것입니다. 서글픔 당하는 과부나 원통하여 우는 고아나 생활의 어려움에 시달리는 가난한 백성들도 없어질 것입니다.

· 함께 읽어요 : 이사야 32장 1절
"보라 장차 한 왕이 공의로 통치할 것이요 방백들이 정의로 다스릴 것이며"

3. 예수 그리스도는 겸손한 왕이십니다(슥 9:9).

사랑하는 여러분! 누가의 성탄절 기록은 전원적입니다. 그리스도께서 탄생하실 때, 그 지역(베들레헴) 목자들이 밤에 밖에서 자기 양 떼를 지키고 있었습니다. 주의 사자가 곁에 서고 주의 영광이 그들을 두루 비추매 크게 무서워하였습니다. 그때 [10]"천사가 이르되 무서워하지 말라. 보라! 내가 온 백성에게 미칠 큰 기쁨의 좋은 소식을 전하노라." [11]"오늘 다윗의 동네에 너희를 위하여 구주가 나셨으니 곧 그리스도 주시니라"고 하였습니다(눅 2:10~11). 아기로 오신 예수님은 강보에 싸여 구유에 뉘였습니다.

홀연히 하늘의 수많은 천군이 그 천사들과 함께 "지극히 높은 곳에서는 하나님께 영광이요, 땅에서는 하나님이 기뻐하신 사람들 중에 평화로다" (눅 2:14) 라고 노래하였습니다.

마태는 책의 서두에 다윗 왕의 족보를 배치함으로 '왕으로 오신 그리스도'의 모습을 유대인들에게 보여주고 싶었습니다. 동방의 박사들이 경배함으로 그 왕으로서의 위엄을 보여주고 있습니다. 누가의 성탄절 기록은 '아기로 오신 예수님'을 보여줌으로써 서민적인 '사람의 아들'이신 인자(人子) 복음을 전해 주고 있습니다.

그리고 요한의 기록(요 12:12~19)과 함께 누가는 벳바게와 베다니 가까이 왔을 때 어린 나귀를 타고 예루살렘을 향하여 입성하시는 모습을 기록함으로써 겸손한 왕으로서의 품위를 보여주고 있습니다.

메시야 예언 중 구약 스가랴서의 예언 성취는 돋보이는 부분입니다. 어린 나귀를 타시고 감람산 내리막길에 가까이 오시매 제자의 온 무리가 기뻐하며 큰 소리로 하나님을 찬양합니다. 이 모습은 한 폭의 그림처럼 아름답고, 겸손한 왕으로서의 모습을 잘 보여주고 있습니다.

· 함께 읽어요 : 스가랴 9장 9절

"시온의 딸아 크게 기뻐할지어다. 예루살렘의 딸아 즐거이 부를지어다. 보라 네 왕이 네게 임하시나니 그는 공의로우시며 구원을 베푸시며 겸손하여서 나귀를 타시나니 나귀의 작은 것 곧 나귀 새끼니라."

정리하는 말

사랑하는 여러분! 그리스도는 만 왕의 왕으로 오셔서 죄악에 얽매인 자들을 자유하게 하시며 구원하십니다. 그리스도는 '평화의 왕'으로 오셨습니다. '의의 왕'으로 오셨습니다. '겸손한 왕'으로 오셨습니다.

오늘 여러분들의 '가슴에 사랑과 위로의 주님'으로 오셨습니다. 여러분들의 일생과 함께 '임마누엘 사랑의 주님'으로 오신 것입니다. 성탄절을 맞아 영광의 주 하나님께 감사와 찬송과 영광을 돌리시기 바랍니다.

평가와 결심

1. 예수 그리스도는 첫째 어떤 왕으로 오십니까?
   (사 9:6, 평화의 왕으로 오심)
2. 예수 그리스도는 둘째 어떤 왕으로 오십니까?
   (사 32:1, 의의 왕으로 오심)
3. 예수 그리스도는 셋째 어떤 왕으로 오십니까?
   (슥 9:9, 나귀를 타신 겸손한 왕으로 오심)

주간 경건의 시간 <57> · 날마다 말씀과 함께

요일 내용	주일/월(Mon)	화(Tue)	수(Wed)	목(Thu)	금(Fri)	토(Sat)
찬송	104동/ 105동	126/ 126	121/ 121	112 / 112	120/ 120	125/ 125
성경	마 1:/마 2:	마 3:	마 4:	마 5:	마 6:	마 7:
적용	다윗의 자손/ 왕으로 나신 이	세례 요한	시험 받으심	복이 있는 사람	기도를 가르쳐주심	비판하지 말라

* 지식에 이르는 첫 단계는 우리가 무지하다는 사실을 아는 것이다.
<리처드 세실, 1748~1777, 영국 신학자, 성직자>

14단원 가정 예식

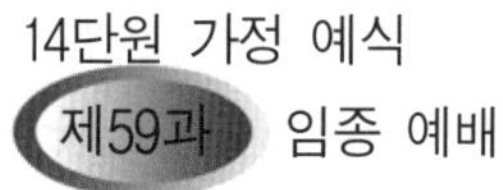

임종 예배

마음에 근심하지 말라

찬송 / 491, 608, 607 / 통 543, 295, 292
성경 / **요한복음** 14:1-3
요절 / **요한복음** 14:1
"너희는 마음에 근심하지 말라 하나님을 믿으니 또 나를 믿으라."
목표 / 주님의 말씀을 묵상하면서 서로 위로하는 태도를 가진다.

한 인간의 죽음이 가까우면 본인과 가족들은 마음을 준비하고 **임종예배**를 드려야 합니다. 임종예배를 드리고 나서 다시 살아나는 경우가 있더라도 운명하시기 전에 임종예배를 드리는 것이 바람직합니다. 목회자가 없다하더라도 당황하지 말고 구역원이나 속회의 성도들을 불러서 간단한 예배를 드리는 것이 좋습니다. 임종예배애서는 **죄의 고백**과 예수 그리스도를 **믿음**으로 **용서**받음을 **확신**하게 해야 합니다. 이때에는 **부활신앙**과 내세관을 통하여 **죽음**을 **긍정적**으로 **받아들이도록 도와주는 것**이 무엇보다 중요합니다.

시편 기자는 "10이는 주께서 내 영혼을 스올에 버리지 아니하시며 주의 거룩한 자를 멸망시키지 않으실 것임이니이다. 11주께서 생명의 길을 내게 보이시리니 주의 앞에는 충만한 기쁨이 있고 주의 오른 손에는 영원한 즐거움이 있나이다."(시편 16:10~11) 라고 하였습니다.

1. '나를 믿으라'고 하신 주님의 말씀이 위로가 됩니다(요 14:1).

제자들은 엄청난 근심에 빠졌습니다. 제자들의 마음에는 분열이 들어와 자리 잡고 있었습니다(눅 221:24~30). 그들 중 한 사람의 배신이 그때 알려졌습니다(요 13:18이하). 예수님을 부인할 것이라는 말씀이 방금 전에 있었습니다. 지금 그렇게 믿고 따르던 주님마저 이별해야 된다는 대화의 주제가 오고갔습니다. 주님은 불안에 떠는 제자들을 '하나님을 믿으니 또 나를 믿으라'는 말씀으로 위로를 하고 있습니다.

· 이사야 43장 1절 "야곱아 너를 창조하신 여호와께서 지금 말씀하시느니라. 이스라엘아 너를 지으신 이가 말씀하시느니라. 너는 두려워하지 말라 내가 너를 구속하였고, 내가 너를 지명하여 불렀나니 너는 내 것이라."

2. 예수님은 하늘나라 소망으로 위로하고 있습니다(요 14:2).

예수님은 하나님을 '내 아버지'라고 부르셨습니다. 예수님은 모든 아들이 자신의 아버지를 아는 것처럼 자신의 아버지를 아셨습니다. 예수님은 그분의 아버지가 '**계시며**' 실제로 존재하며 '**살아 계신다**'는 것이 사실입니다(히 11:6). 예수님은 자신의 아버지 집을 알고 계셨습니다. 그 아버지 집의 실체와 그것이 실제로 존재함을 아셨습니다. 그것은 현실과 차원이 다른 차원, 즉 영적 차원에서 존재하는 실제적인 세계입니다. '거할 곳'이란 거주지를 의미합니다. 여러분! 세상에서 숨을 거두고 장례를 치루고 나면 주민등록이 말소가 되고 주민등록증도 반납됩니다. 그러나 영적 주민등록이 하늘나라에 등재되는 줄 믿으시기 바랍니다. 가족 친지 여러분! 눈물을 거두세요. 영원한 나라는 근심걱정, 슬픈 눈물도 없는 하늘나라에 들어가는 줄 아시고 위로받으시기 바랍니다.

· 요한복음 14장 2절 "내 아버지 집에 거할 곳이 많도다. 그렇지 않으면 너희에게 일렀으리라. 내가 너희를 위하여 거처를 예비하러 가노니"

3. 예수님은 죽음을 이기신 부활의 능력으로 위로해 주십니다(요 14:3).

예수님은 "내가 너희를 위하여 거처를 예비하면…"이라고 말씀하십니다. 여러분! 예수님이 위에 있는 거처에서 제자들과 둘러싸여 함께 앉아

계신 모습을 상상해 보십시오. 얼마나 사랑스럽고 다정한 모습이겠습니까?

첫째, 인생들의 근심하는 마음으로부터의 구원은 예수님의 사역을 통하여 치유 받고 이루어지는 것을 알아야 합니다.

① 예수 그리스도께서는 십자가에 달려죽으셨습니다. 이것은 우리를 위한 구속과 죄 사함을 준비하시기 위함이었습니다(마 20:28).

② 예수 그리스도께서는 죽은 자들로부터 부활하기 위하여 가셨습니다. 이것은 죽음을 정복하시고, 우리를 위한 새 생명과 능력을 준비하시기 위함이었습니다(고전 6:14).

③ 예수 그리스도께서는 하늘나라로 승천하여 높임 받기 위하여 가셨습니다. 이것은 우리로 하나님의 존전에 들어가게 하시고, 우리를 위한 영원한 집을 준비하시기 위함이었습니다(골 3:1).

둘째, 근심하는 마음으로부터 안심시키기 위하여 예수 그리스도께서 재림하실 것입니다.

① 믿는 자가 죽을 때에 예수님을 만나게 됩니다. 믿는 자는 죽음의 고통을 맛보지 않고 신속히 하늘나라로 들어가게 됩니다(요 8:51).

② 믿는 자는 그의 몸이 예수님이 재림하실 때에 일어날 것이므로 공중에서 예수님을 만나 뵙게 될 것입니다(살전 4:17).

예수 그리스도께서는 그분의 백성들과 영광 가운데 만나기 위해서 다시 오실 것입니다. 다시 오실 때에 그분은 죄와 사망과 지옥을 이기신 승리의 행진대열에서 주님과 함께 만나 함께 걸어갈 것입니다.

· 요한복음 14장 3절 "가서 너희를 위하여 거처를 예비하면 내가 다시 와서 너희를 내게로 영접하여 나 있는 곳에 너희도 있게 하리라."

여러분! 누구에게나 죽음은 예고 없이 찾아옵니다. 그러나 생각해 보면 죽음은 본향으로 가는 과정입니다. 죽음은 영광의 절정에 오르기 위한 과정입니다. 예수는 생명이요, 부활이시기 때문에 사망권세 이기시고 다시 살아 나셨습니다. 예수 믿는 자들도 부활하신 예수님처럼 사망권세를 이길 것입니다. 임종이 오히려 복이 되는 줄 믿으시기 바랍니다.

14단원 가정 예식

제60과 입관 예배

주 안에서 자는 자의 복

찬송 / 221, 222, 220 / 통일 525, 524, 278
성경 / 데살로니가전서 4:13-18
요절 / 데살로니가전서 4:16
"주께서 호령과 천사장의 소리와 하나님의 나팔 소리로 친히 하늘로부터 강림하시리니 그리스도 안에서 죽은 자들이 먼저 일어나고"
목표 / 주안에서 잠자는 자들의 복이 있음을 믿고 평안히 살아가도록 한다.

옛날부터의 관습은 시신을 입관시킬 때까지의 절차를 염, 습, 전, 반함, 졸습, 소렴, 대렴 등이라 하여 그 과정이 복잡하고 까다로웠다. 그러나 간소하고 정중한 예식을 위해 장의사나 전문가의 도움을 받는 것도 좋다. 그 순서와 요령은 다음과 같다. ① 인도자의 지시에 따라 시신의 좌우에 두세 사람이 나누어 앉는다. ② 시신을 덮었던 홑이불을 벗기고 붕대나 백지 등을 제거한다. 버선을 벗기고 허리띠를 끌러낸다. ③ 죽은 이가 남자면 남자상주가 여자면 여자상주가 앞가리개(곤포)로 가리며 하의를 벗기고, ④ 상의를 벗긴다. ⑤ 알코올이나 향수를 깨끗한 수건에 적셔서 몸을 닦아낸 후, 다시 마른 수건으로 훔친다. ⑥ 빗으로 머리를 빗기고 긴 손톱은 자른다. 머리카락과 손톱은 주머니에 넣거나 종이에 싸서 쟁반에 담아 두었다가 입관 때 관 속에 함께 넣는다. ⑦ 다음은 수의를 입힌다. ⑧ 이상의 일들을 마치면 홑이불로 시신의 머리부터 수족에 이르기까지 전신을 덮는다.

본문에 보면 '자는 자'라는 말이 세 번, '죽은 자'라는 말이 한번 나옵니다. 본문에서 강조하는 점은 특히 '주 안에서 잠자는 자'의 누릴 복(福)에 대하여 강조하고 있습니다. 성도는 세상에서 믿음생활 잘하여 '주 안에서 잠자는 자'여야 합니다. 여러분들의 믿음생활이 변함이 없이 임종시까지 계속되기를 소원합니다.

1. 주 안에서 잠자는 자는 영원히 깨어나는 복을 받습니다(살전 4:14).

누가 영원히 깨어날 수가 있습니까? 슈퍼맨입니까? 아닙니다. 최고의 인기 스타입니까? 아닙니다. 오직 '주 안에서 잠자는 자'가 영원히 깨어날 수가 있는 것입니다. 이 땅에서 아무리 부귀영화를 누렸을지라도, 인기가 하늘을 치솟았을지라도 주님을 모르면 아무 것도 아닙니다. 어둠 속에 헤매다가 영원한 사망과 죽음이 지배하는 곳에 들어갈 수밖에 없습니다. 그러나 주님 안에 있는 자는 살아서는 물론이고 죽어서라도 영원히 깨어나는 복을 받는 줄 믿으시기 바랍니다.

· 데살로니가전서 4장 14절 "우리가 예수께서 죽으셨다가 다시 살아나심을 믿을진대 이와 같이 예수 안에서 자는 자들도 하나님이 그와 함께 데리고 오시리라."

2. 깨어난 자는 예수님의 부활에 동참하는 복을 받습니다(살전 4:15~16).

본문에서 강조하는바 '예수 안에서 자는 자'는 그리스도와 함께 다시 산다는 말씀입니다. 왜냐하면 예수 안에서 잠들었기 때문입니다. 그러므로 주님이 깨어나시면 성도들도 다시 깨어난다는 말씀입니다.

예수님께서 다시 살아나셔서 부활의 첫 열매가 되셨기 때문에 이제 죽음을 이기고 깨어난 성도들 모두 예수님의 부활에 동참하여 영생의 복을 받는 줄 믿으시기 바랍니다.

· 데살로니가전서 4장 15절 "우리가 주의 말씀으로 너희에게 이것을 말하노니 주께서 강림하실 때까지 우리 살아남아 있는 자도 자는 자보다 결코 앞서지 못하리라."

3. 주 안에서 영원히 깨어난 자는 위로함을 받게 됩니다(살전 4:16~18).

여러분! 세상에서 제일 불쌍한 사람이 누구입니까? 불쌍히 여겨줄 사람도 없는 사람입니다. 전도서 기자이며 지혜 자는 "모든 산 자들 중에 들어 있는 자에게는 누구나 소망이 있음은 산 개가 죽은 사자보다 낫기 때문이니라"(전 9:4)라고 하였습니다.

오늘 본문 16절에 주님께서 하늘로부터 재림하실 때에 그리스도 안에서 죽은 자들이 먼저 일어난다고 하였습니다. 본문이 주시는 교훈은 '소망 없는 다른 이와 같이 슬퍼하지 않게 하기 위하여'(13절) 우리들에게 주신 말씀입니다.

사랑하는 여러분! 우리의 생이 이 세상에서 끝난다면 얼마나 처량하고 불쌍하겠습니까? 써보고 싶은 것 다 써보지 못하고, 마시고 싶은 것도 다 못 마시고, 피우고 싶은 것 다 못 피우고, 절제하면서 살아오지 않았습니까? 그러나 우리에게는 죽음 이후의 영광과 안위와 위로, 영생을 보기 때문에 멸망하는 자들과 함께 결코 슬퍼하지 말아야 하는 것입니다.

오늘 죽음을 당한 가정과 고인의 죽음을 바라보며 죽음 이후의 영광을 마음속에 그려 보면서 우리 또한 위로를 받을 수 있기를 바랍니다.

특별히 본문에서는 주 예수 그리스도의 공중 재림을 언급하고 있습니다. 하늘 3층천1)까지 다 보았던(고후 12:2~4) 사도 바울은 눈에 보듯이 확연하게 주님의 공중 재림을 말씀하면서 성도들을 위로하고 있습니다.

사랑하는 여러분! 여러분도 하나님의 이 말씀 가운데 놀라운 은총으로 함께 위로 받으시기 바랍니다.

· 데살로니가전서 4장 17절 "그 후에 우리 살아남은 자들도 그들과 함께 구름 속으로 끌어 올려 공중에서 주를 영접하게 하시리니 그리하여 우리가 항상 주와 함께 있으리라."

사랑하는 여러분! 이 세상에서는 부자나 가난한 자나 모두 근심걱정이 떠나지 않습니다. 그러나 죽음 이후의 삶은 눈물이 없고, 슬픔도 근심걱정도 없습니다. 기쁨과 즐거운 찬송이 넘치는 삶입니다. 핍박을 받던 데살로니가 성도들이 기대했던 죽음 이후의 영광스러운 삶이 여러분들에게도 펼쳐질 줄 믿으시고 감사하며 살아가시기를 간절히 축원 드립니다.

---

1) 3층천은 사도 바울이 언급한 '낙원'의 하늘이다. 보통 1층천은 '대기권', 2층천은 '우주'를 말한다. 그러나 셋째 하늘이란 '낙원'을 의미하는데, 개신교에서는 '천국'과 동일한 곳으로 이해한다(눅 23:43; 고후 12:2-4; 계 2:7).

14단원 가정 예식

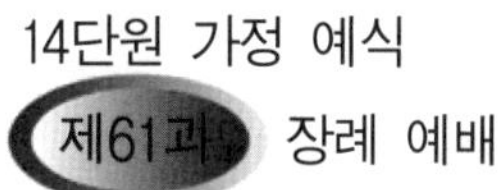

장례 예배

영원한 세상으로의 행진

찬송 / 606, 607, 610 / 통 291, 292, 289

성경 / **고린도전서 15:50-58**

요절 / **고린도전서 15:52**

"나팔소리가 나매 죽은 자들이 썩지 아니할 것으로 다시 살아나고 우리도 변화되리라."

목표 / **장례예배는 참여하는 것만으로도 복된 것임을 깨닫게 한다.**

· 장례 치름을 '치장'이라 일컫는다. 치장은 3일 만에 행함이 보통이다. 만약 상주가 먼 곳에 있어 미처 사흘 안에 돌아오지 못하는 가족을 위해서는 4일장 또는 5일장으로 해도 좋다. 장례방법은 토장, 수장, 화장 등이 있다. 토장은 우리나라에서 예로부터 시행해 오고 있는 방법으로 지장(地葬)이라고도 한다. 토장의 방법은 보통 다음 순서로 진행 한다.

① **장지**(葬地; 선산이나 공원묘지)는 집안에 노인이 계시면 미리 준비해야 차질이 없다.

② 상을 당하면 호주나 동거 가족 또는 동거인이 서둘러 사망신고와 매장신고 해야 한다.

③ **사망신고**는 주민등록지의 주민 센터나 시, 군, 구청 등 본적지의 공무원을 찾아가면 안내해 준다. 구비서류는 사망 진단서 2부(본적지 아닌 곳이면 3부), 의사의 진단서나, 시체 검안서(사고로 사망인 경우) 등을 첨부해야 한다. ④ **매장(화장) 신고**는 주소지, 사망지, 매장지, 납골당 소재지의 관할 읍, 면, 동장에게 신고할 때 요사이는 인터넷에서 다운 받아 서류를 작성해 구비서류(사망진단서 또는 시체 검안서, 사설묘지의 경우는 묘지사용 승낙서, 성인 경우 주민등록증 휴대)를 첨부 주민 센터에 신고해 신고 증을 교부받는다.

· 영결식 진행순서는 ① 개식사 ② 찬송 ③기도 ④ 성경봉독 ⑤ 설교 ⑥ 기도 ⑦ 고인 약력보고 ⑧ 조사나 조가 ⑨ 분향 또는 헌화 ⑩ 광고 ⑪ 찬송 ⑫ 축도 순으로 진행한다. 가능하면 장례식순을 만들어서 함께 나누어 보면서 예식을 진행하면 전도에도 도움이 된다.

사랑하는 여러분! 인생은 한번 왔다 가는 나그네 인생입니다. 그러나 주 예수를 믿는 자들에게는 영원한 세계가 준비되어 있습니다. 사람이 영원이 살려면, 그리고 사람이 하나님의 면전에서 그분과 함께 살려면, 먼저 인간의 몸이 본질적으로 변해야 합니다. 인간의 몸이 다시 만들어져야 영원한 세계 속으로 들어간다는 말입니다.

1. 장례는 새로운 부활의 형체로의 변화를 위한 과정입니다(고전 15:50).

인간의 몸은 혈과 육으로 되어 있습니다. 그 몸은 신령한 것이 아니라, 육적인 것입니다. 그것은 신령한 재료와 물질로 만들어진 것이 아니라, 육적인 재료와 물질로 만들어져 있습니다. 그것은 하늘에 속한 것이 아니라, 땅에 속한 것입니다. 그러므로 땅에 속한 자들은 영적인 것이나 하늘의 것을 추구하는 것이 아니라, 육적이고 세상적인 것을 추구하는 것입니다. 인간의 몸은 썩지 않을 것이 아니라 썩어질 것입니다. 인간의 몸은 생로병사(生老病死)로 늙고 병들고 죽는 것입니다. 육의 재료들은 쇠약해지고 소멸되고 기력이 다해 마침내 한줌의 흙과 재가 됩니다.

고린도전서 15장 50절 "형제들아 내가 이것을 말하노니 혈과 육은 하나님 나라를 이어 받을 수 없고 또한 썩는 것은 썩지 아니하는 것을 유업으로 받지 못하느니라."

2. 변화는 아주 새로운 비밀이요 계시입니다(고전 15:51~52).

'비밀'이라는 말은 '계시', 즉 하나님께서 보여주시지 않으면 결코 알 수 없는 사실을 의미합니다. 인간은 부활에 대해 하나님께서 말씀해 주시지 않았다면 우리는 이에 대해 결코 알 수 없습니다. 인간의 부활과 인간의 몸의 본질적인 변화에 대해 알 수 있는 다른 방법은 결코 없습니다. 그러므로 부활은 비밀입니다. 본문에 몸의 본질적인 변화에 대해 네 가지로 진술하고 있습니다.

① 부활에는 산자와 죽은 자가 모두 포함됩니다. ② 부활은 순식간에 홀연히 일어날 것입니다. ③ 부활은 말세, 즉 세상의 마지막 때에 있을 것입니다. ④ 부활과 몸의 변화는 둘 다 확정된 사실입니다.

· 고린도전서 15장 51절 "보라 내가 너희에게 비밀을 말하노니 우리가 다 잠 잘 것이 아니요 마지막 나팔에 순식간에 홀연히 다 변화되리니"

3. 변화는 필연적입니다(고전 15:53~58)

여러분! 몸의 부활은 다음의 중요한 사실에 주목하시기 바랍니다.

첫째, 믿는 자의 현재의 몸은 본질 상 썩고 죽게 될 것입니다(53절).

둘째, '반드시'라는 말은 인간의 몸이 변하지 않으면 안 되는 불가피성을 보여주고 있습니다(53절). 인간이 하나님과 함께 살려면 그의 몸이 변해야 합니다. 그것은 우리가 영원히 살기 위해 필수적이고 절대적이며 불가피한 것입니다.

셋째, 변화는 죽음을 삼킬 것입니다. 즉 죽음에 대한 승리를 가져다 줄 것입니다(15:54~56).

넷째, 죽음에 대한 영광의 승리가 그리스도에 의해 성취될 것입니다(15:57). '사망아 너희 승리가 어디 있느냐?'라고 외칠 것입니다.

다섯째, 변화에는 많은 실천이 따릅니다(15:58). ① 믿는 자는 견고하며 흔들리지 말아야 합니다. ② 믿는 자는 주의 일에 더욱 힘써야 합니다. ③ 왜냐하면 믿는 자는 상급을 받게 될 것이기 때문입니다. 믿는 자의 수고는 헛되지 않습니다.

· 고린도전서 15장 57절 "우리 주 예수 그리스도로 말미암아 우리에게 승리를 주시는 하나님께 감사하노니"

사랑하는 여러분! 장례예식은 바로 이 세상과의 줄을 끊어주는 행복한 예식이요, 천국으로의 입장하는 환송의 순간입니다. 예수 그리스도의 부활 사건이 있기에 우리에게는 참 소망과 희망을 줍니다.

지혜서인 잠언에는 "지혜자의 마음은 초상집에 있으되 우매한 자의 마음은 혼인집에 있느니라."(잠언 7:4)고 했습니다. 장례 예배에 참여만 해도 복이 되는 것입니다. 오늘 말씀을 들으시는 유족 및 친족들과 여러분들의 가정과 직장에 하나님의 놀라운 복이 넘치시기를 바랍니다.

14단원 가정 예식

하관 예배

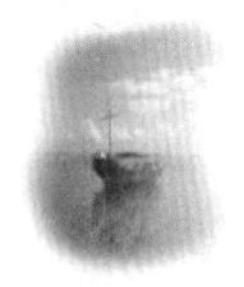

저 높은 곳을 향하여

찬송 / 607, 438, 606 / 통 292, 495, 291
성경 / **요한계시록 14:13**
요절 / **요한복음 6:47-48**
"47 진실로 진실로 너희에게 이르노니 믿는 자는 영생을 가졌나니 48 내가 곧 생명의 떡이니라."
목표 / 입관예배에 참여만 하는 것도 복된 일임을 깨닫게 한다.

집안에서나 장례예식장에서 영원한 이별의 예식인 영결식(장례식, 발인예배)은 병풍을 치고 앞에 영정상과 향안을 배설하여 빈소를 설치하고 남자 상제는 고인 상부에 여자 상제는 하부에 서서 집례목사의 집전으로 행한다.

운구란 고인의 시신을 장지나 화장 장소까지 옮기는 것을 말한다. 운구의 방법은 대개 장의사가 있어 영구차를 이용한다. 영결예배가 끝나면 찬양대를 선두로 명정, 영정, 집례, 영구, 상제, 친척, 일반 조객의 순서로 찬양대의 찬송에 맞추어 제창하면서 서서히 따른다. 영구차에는 영정, 하관 제구들을 싣고 상제, 친척들을 태운다. 조객 차는 호상이 일반 조객에게 승차를 권면하여 함께 탑승하고 영결 장소나 장지로 떠난다.

우리는 누구나 죽게 될 것입니다. 우리가 더 이상 이 세상에 존재하지 않을 날이 오고 있습니다. 우리 성도들은 그것을 알고 있기에 그들이 세상으로부터 자신을 구별하여 그리스도를 위하여 살기를 원하는 까닭입니다. 오직 그리스도만이 인생의 죄와 죽음을 해결하시고 영원한 나라로 인도해 줄 것입니다. 그때 영원한 소망이 성취될 것입니다.

1. '주 안에서 죽는 자들'이 있습니다(계 14:13).

'주 안에서 죽는 다는 것'은 무엇을 의미합니까? 그것은 사람이 세상에 있는 동안 '주 안에서 살았다'는 것을 의미합니다. 우리가 세상에 살았을 동안에 주 예수 그리스도를 믿었고, 마음과 삶을 다하여서 주님을 따랐다는 것을 의미합니다. 그러므로 우리가 죽게 될 때, 우리는 '주 안에 있는' 것입니다. 사람이 '**진실로 그리스도를 믿을 때**', 하나님께서는 그를 '**그리스도 안에 두십니다.**' 바울은 자주 '그리스도 안에', '주 안에'라는 말을 자주 쓰곤 했습니다. 이런 의미에서였을 것입니다.

고린도후서 5장 17절 "그런즉 누구든지 그리스도 안에 있으면 새로운 피조물이라 이전 것은 지나갔으니 보라 새것이 되었도다."

2. 주 안에서 죽는 자들에게는 상급이 있습니다(계 14:13).

본문에는 두 가지 큰 상급이 언급되어 있습니다.

첫째, 세상의 수고에서 쉬는 상급이 있습니다. 세상에서 그리스도를 위해 흘린 땀과 수고를 의미합니다. 이는 그분 때문에 받은 긴장과 중압감 때문에 이제는 더 이상 움직일 수 없는 기진맥진한 상태를 의미합니다.

환난과 핍박은 위로와 안식으로 갚으실 것입니다(살후 1:7). 이제 수고를 그만하고 쉬라고 하십니다(14:13절).

둘째, 천국에서 해야 할 일에 대한 상급이 있을 것입니다. 천국은 **경배**와 **섬김**의 **사역**으로 가득할 것입니다.

① 천국은 또 다른 존재의 차원, 또 다른 세계, 실재하는 영구한 세계인 영적인 세계요, 차원입니다. ② 진정으로 믿는 자들은 하늘에서 왕과 제사장이 될 것입니다(벧전 2:5). 그리스도와 더불어 통치할 것입니다.

야고보서 1장 12절 "시험을 참는 자는 복이 있나니 이는 시련을 견디어 낸 자가 주께서 자기를 사랑하는 자들에게 약속하신 생명의 면류관을 얻을 것이기 때문이라."

3. '주안에서 죽는 자'에 대한 여러 가지 상급이 있습니다(계 14:13).

사랑하는 여러분! 사도 바울은 신자들이 세상에서 받는 고난과 하늘나라에서 받을 영광은 족히 비교할 수 없다고 하였습니다(롬 8:18).

첫째, 우리의 유업이나 부와 관련된 상급이 있습니다. '주 안에서 죽는 자'는 ① 하나님의 후사가 됩니다(롬 8:16~17절, 딛 3:7절). ② 썩지 않는 유업을 물려받습니다(벧전 1:3~4절). ③ 주님의 복을 받게 됩니다(잠 10:22절). ④ 영구한 부와 의를 얻게 됩니다(잠 8:18절). ⑤ 측량할 수 없는 부를 얻게 됩니다(엡 3:8절). ⑥ 하늘의 보화를 얻게 됩니다(마 19:21절, 눅 12:33절).

둘째, 하나님의 아들로 받아들여져 하나님을 '**아빠 아버지**'라 부르게 하셨습니다(갈 4:4~7). 성도는 흠 없고 순전하게 될 것입니다(빌 2:15). 영생을 얻을 것입니다(요 3:16). 몸의 변화와 함께 영광의 몸을 얻게 됩니다(빌 3:11, 21). 영원한 영광과 존귀와 평강을 얻게 될 것입니다(히 4:9절).

셋째, 면류관도 여러 가지 종류가 될 것입니다. ① 썩지 않는 면류관을 얻게 됩니다(고전 9:25). ② 의의면류관을 얻게 될 것입니다(딤후 4:8절).

③ 생명의 면류관을 얻게 될 것입니다(약 1:12절). ④ 영광의 면류관을 얻게 될 것입니다(벧전 5:4절).

넷째, 사역이나 지위나 다스림과 관련된 상급이 있습니다. ① 하나님의 나라를 물려받게 됩니다(약 2:5절, 마 25:34절). ② 영원토록 통치하는 보좌와 특권을 얻게 됩니다(눅 19:17, 19절). ③ 제사장이 되고(계 20:6절), 왕이 됩니다(계 1:5절). 세상에서 아무리 어렵고 힘들어도 '주 안에 죽는 자'되어 이러한 천국백성으로서 유업과 복을 누리는 주인공이 되시기 바랍니다.

· 요한계시록 14장 12절 "성도들의 인내가 여기 있나니 그들은 하나님의 계명과 예수에 대한 믿음을 지키는 자니라."

사랑하는 여러분! 우리 주 예수 그리스도께서도 무덤에 내려가셨습니다. 하관식은 바로 이 세상과의 줄을 끊어주는 행복한 예식이요. 천국으로 향하여 머리를 드는 순간입니다. 예수 그리스도의 부활 사건이 있기에 우리에게는 참 소망과 희망을 줍니다.

지혜서 잠언에는 "지혜자의 마음은 초상집에 있으되 우매한 자의 마음은 혼인집에 있느니라"(잠언 7:4)고 했습니다. 초상집예배에 참여만 해도 복이 되는 것입니다. 오늘 말씀을 들으시는 유족들과 여러분들의 가정과 직장에 하나님의 놀라운 복이 넘치시기를 바랍니다.

추모 예배

◐ · 추 · 모 · 예 · 배 · ◑

· 일 시 : 20(   ). (   ).( ). 오전 / 오후 ( )시
· 장 소 : <지도에서 길 찾기 다운받아 안내 게시>

가정 추모 예배는?

◆ 추모(追慕)예배의 의의 ◆

추모(追慕)라는 용어가 바람직합니다. 추도(追悼)라는 용어는 죽은 이를 생각하며 슬퍼해 한다는 뜻입니다. 이 말속에는 다분히 불신자적인 인상이 짙습니다. 추모(追慕)라는 용어의 뜻은 죽은 사람을 기억하고 그리워함입니다. 이렇게 보면 기독교에서 사용되어야하는 바른 용어는 추모(追慕)가 되어야 할 것입니다.

"하나님이 사랑하시는 가정"

· 연락처 : (   )시 (   )구 (   )로 (   )(   )동 (   )-(   )
(   ) (   )아파트 (   )동-(   )호

◐ 가·정·추·모·예·배 ◑ [p.2]

20(　)년 (　)월 (　)일　　　　　　　　· 사회 :(　　)장로(집사)
오전 · 오후　12:00 시　　　　　　　　· 말씀 :(　　)장로(집사)

(Prelude) ♬

1) **개 회 사** …♪(　　)성도<19(　).(　).(　)소천>(　)주기… 사 회 자
이 시간…♪(　　)성도<19(　).(　).(　)소천>(　)주기를 맞아 하나님께서 사랑하는 우리 가족! 추모예배를 드리겠습니다.

2) **묵상 기도** ··············<사도신경 암송>··················다 같 이

3) **기　　원** ·· 인 도 자

오늘도 살아계셔서 우리에게 생명을 주시고 만물을 우리에게 선물로 주신 하나님의 크신 은혜를 감사드립니다. 오늘 가족이 한 자리에 모이게 하심을 감사드립니다. 이 시간 우리의 찬송과 예배를 받으시옵소서. 예수님이름으로 기도드립니다. 아멘

4) **찬　　송**······[559장(통305), 478장(통78장)]······다 같 이

5) **신앙 고백** ·· 다 같 이

6) **기　　도**·········<기도문을 읽으면서 해도 됨>············(　　)장로(집사)

하나님 아버지, 하나님께서 사랑하시는 저희 가족들 오늘까지 지켜주시고 베풀어주신 은혜 감사드립니다. 돌아보건대 지나온 시간들을 되새겨 보면 모든 것이 하나님의 은혜였습니다. 우리 가정들을 건강하게 하시고, 믿음을 지키게 하여 주시며, 오늘 이 시간 혈육들이 기쁨으로 만나 예배드리게 하심을 감사드립니다. 앞으로 여생을 하나님 기쁘게 할 수 있게 하시며, 주님의 뜻을 헤아려 주님의 뜻을 우리 가정들을 통해 이루게 하여 주옵소서.

아직도 우상을 섬기며 미신숭배에서 헤어 나오지 못하는 친족들을 불쌍히 여겨 주시고 불신의 눈을 떠서 하나님 의지하며 살아갈 수 있게 하옵소서. 이제 형제, 자매와 혈육간 화목을 이루게 하시며, 이 세상 살 동안 앞서가신 부모 형제의 유훈을 따라 하나님 사랑을 나누며 살아갈 수 있게 하옵소서. 예수님의 이름으로 기도합니다. - 아멘 -

7) **성경 봉독**···············(시136:23-26)···················인 도 자

“23 우리를 비천한 가운데에서도 기억해 주신 이에게 감사하라 그 인자하심이 영
원함이로다. 24 우리를 우리의 대적에게서 건지신 이에게 감사하라 그 인자하심이
영원함이로다. 25 모든 육체에게 먹을 것을 주신 이에게 감사하라 그 인자하심이
영원함이로다. 26 하늘의 하나님께 감사하라 그 인자하심이 영원함이로다.

[p.3]

8) **설 교** ············임마누엘 하나님께 감사 ············ 설 교 자

9) **찬 송** ················ 386장(통찬 439장)·············· 다 같 이

10) **축복 기도** ·· 다 같 이

11) **성묘 결과 보고**·······<20 . . 성묘)·········( )장로(권사)

〈오늘의 말씀〉 임마누엘 하나님께 감사

첫째, 구원을 베풀어주신 하나님께 감사드립시다.

유·불교문화에 젖어있던 우리 민족은 명절 때만 되면 우상에게 제사를 지내는 어리석음을 범해 왔습니다. 그러나 하나님께서는 이 민족에게 복음의 큰 빛줄기를 이 강산에 비추시고 구원의 은총을 내려 주셨습니다. 구속함을 입은 우리들은 이제 죄의 종으로서 사망에 이르는 것이 아니라 하나님의 자녀로 영생을 얻었기에 구원을 베풀어주신 하나님께 감사드려야겠습니다.

둘째, 우리 가정을 지켜주신 하나님께 감사드립시다.

본문 24절 "우리를 우리 대적에게서 건지신 이에게 감사하라"고 말씀하셨습니다. 택한 이스라엘 백성들을 바로의 손에서 구원하시고 뱀과 전갈이 있는 광야를 안전하게 통과시킨 하나님께서 오늘 우리의 가정도 악한 세력의 손에서 건져 주셨음을 감사드려야 하겠습니다. 특히 형제간에 더욱 우애가 있고 주의 사랑으로 결속되어 하나님의 참된 평안 가운데 살아가도록 해야 하겠습니다.

셋째, 일용할 양식으로 채워주신 하나님께 감사드립시다.

본문 25절 "모든 육체에게 식물을 주신 이에게 감사하라"고 말씀하셨습니다.

광야에서 40년 동안이나 이스라엘 백성들에게 만나를 먹이신 하나님께서 오늘 우리에게도 때마다 넉넉하게 채워주심을 감사드려야겠습니다. 때를 따라 풍성한 수확을 얻게 하신 하나님께 감사드립니다. 우리의 믿음은 감사할 때 더욱 성장합니다. 감사할 때 우리의 삶도 더욱 풍성해집니다. 요한 웨슬리는 "성숙한 그리스도인의 모습은 감사하는데 있다"고 말했습니다. 우리 민족에게 구원을 베풀어주시고 우리 가정을 지켜주시고 일용할 양식으로 채워주신 하나님께 범사에 감사하는 자가 됩시다. 가정마다 행복해지는 비결은 감사하는 것입니다. 어제도 감사했고요, 오늘도 감사하며, 내일도 감사하며 살아가시기를 주님의 이름으로 축원합니다.

[추모(追慕)예배의 의의]

[p.4]

1) 불신자에게는 올바른 죽음의식을 주는데 있습니다. 죽음은 죄 값이며 하나님을 향한 반역에서 비롯되었습니다. 죽음을 잠잔다는 말로 성경은 표현합니다. 이것은 죽음은 끝이 아니라 주님께서 재림하실 때 영혼이 깨어난다고 하는 것을 전제한 것입니다. 영혼은 사람들의 생각처럼 다시 돌아오거나 혹은 정처 없이 세상을 방황하는 것이 아닙니다. 또한 죽음 이후에는 심판과 부활이 있습니다.

2) 믿는 가족들에게는 부활신앙이 다시 한번 확인되는 시간입니다. 먼저 신앙 안에서 위로를 받고 부활신앙이 확인되어야 합니다. 그것은 신자들이 부활신앙이 없는 불신자들 같이 슬퍼하지 않게 하기 위해서 입니다.

3) 조상과 부모님을 주신 하나님께 감사하는 시간입니다. 성경은 하나님을 아브라함과 이삭과 야곱의 하나님으로 부르고 있습니다. 조상의 경건한 행위는 자손을 지키고 구원을 얻게 하는데 도움이 됩니다. 추모예배는 조상과 부모님을 주신 하나님께 감사하면서 드려져야 합니다.

4) 신앙상속을 인식하는 특별한 기회입니다. 추모예배는 신앙상속에 대한 감사가 수반되어야 합니다. 부모를 주신 하나님께 감사드리고 부모님을 통해서 믿음을 상속받고 구원받은 하나님의 자녀로서 살아가게 됨을 다시 한번 하나님께 감사드리면서 고인을 기릴 수 있는 시간이 되어야 합니다.

5) 그리스도의 구속적 사랑을 나누는 친교의 시간입니다. 가장 슬플 때에 사람들과 그 슬픔과 고통을 함께 나누는 친교는 그리스도인이 할 수 있는 가장 좋은 친교라고 할 수 있습니다.

※ 추모일이나 한식 절, 설날이나 추석 절 때마다 목회자가 와서 의식을 집행한다는 것은 불가능합니다. 그러므로 중요한 때에만 목회자가 집행하고 그 밖의 다른 경우에는 가장이나 가족대표가 진행합니다. 예배 인도자는 구습이나 미신적 요소가 나타나지 않도록 주의하여야 합니다. 그리고 의문점이 있으면 담임목사의 지도를 받아야 합니다.

◆ 추모 예배를 드릴 때 주의할 점 ◆

① 음식 준비 / 음식은 조상이 와서 먹는 것이 아니므로 제사상으로 차리면 안 된다. 그러나 간편한 음식을 준비하였다가 추모 예배 후에 가족들이 둘러 앉아 나누는 것은 좋은 일이다.

② 사진이나 영정 / 고인의 사진을 준비하는 것은 좋으나 향이나 촛불은 켜지 않는다.

③ 절하는 문제 / 고인의 사진이나 영정 또는 음식물을 향하여 절을 하는 것은 우상 숭배를 금한 계명을 범하는 것으로 죄가 되므로 절대로 하지 않아야 합니다. 부모 공경은 살아 계실 때 최선을 다해서 해야 하고, 살아계신 부모님께 절하는 것은 당연한 일로 죄가 되지 않는다.

④ 불신 가정에서의 문제 / 가족 전체가 불신 가정으로 제사를 드려야하는 입장에 있을 때는 그 자리를 피하지 말고 절하는 대신 가족의 구원을 위해 하나님께 기도를 드리면 된다. 이 때 분명하게 신앙상의 이유로 절은 할 수없지만 가족들을 위해 하나님께 기도드리겠다고 가족 앞에 태도를 분명히 밝히는 것이 좋다.

⑤ 산소에 성묘 갔을 때 / 음식을 차리고 절을 한다든지 묘지에 술을 붓는 행위는 신앙적인 것이 아니다. 대표자가 간단히 기도하고 묘에 묻힌 조상에 대한 이야기를 서로 나누고 묘지의 상태를 점검하고 돌아보면 됩니다. 불신 가정일 경우에는 다른 가족이 절할 때에 함께 서서 기도하고 가족들을 그리스도 앞으로 인도할 수 있도록 여러모로 힘쓰십시오.

⑥ 기타 / 우리도 언젠가는 조상들처럼 육신은 한줌의 흙이 되어 하나님 품으로 돌아간다는 것을 깨달아야 하며, 조상들이 볼 때에 부끄럼 없는 삶을 살기 위해 다짐해야 하고, 형제자매들 간에 더없는 우애와 사랑으로 살기 위해 하나님 앞에서 결심하는 시간이어야 하며, 조상들이 남겨 놓고 가신 훌륭한 뜻을 받들어 교훈을 받는 시간이 되어야 합니다.

사랑으로 위로하는 구역

구역부흥은 교회부흥

제 1 학기 출석부

번호	성 명	1월					2월					3월					계	
		1	2	3	4	5	1	2	3	4	5	1	2	3	4	5		
1																		
2																		
3																		
4																		
5																		
6																		
7																		
8																		
9																		
10																		
11																		
12																		
13																		
14																		
15																		
16																		
17																		
18																		
19																		
20																		

M/E/M/O 구역부흥은 교회부흥 M/E/M/O

제 2 학기 출석부

번호	성 명	4월					5월					6월					계	
		1	2	3	4	5	1	2	3	4	5	1	2	3	4	5		
1																		
2																		
3																		
4																		
5																		
6																		
7																		
8																		
9																		
10																		
11																		
12																		
13																		
14																		
15																		
16																		
17																		
18																		
19																		
20																		

제 3 학기 출석부

번호	성 명	7월					8월					9월					계	
		1	2	3	4	5	1	2	3	4	5	1	2	3	4	5		
1																		
2																		
3																		
4																		
5																		
6																		
7																		
8																		
9																		
10																		
11																		
12																		
13																		
14																		
15																		
16																		
17																		
18																		
19																		
20																		

제 4 학기 출석부

번호	성 명	10월					11월					12월					계	
		1	2	3	4	5	1	2	3	4	5	1	2	3	4	5		
1																		
2																		
3																		
4																		
5																		
6																		
7																		
8																		
9																		
10																		
11																		
12																		
13																		
14																		
15																		
16																		
17																		
18																		
19																		
20																		

M/E/M/O 구역부흥은 교회부흥 M/E/M/O

창세기와 출애굽기

"모든 성경은 하나님의 감동으로 된 것으로 교훈과 책망과 바르게함과"(딤후 3;16)

JongSuk Kim, 1978.
rev. Shin, So-seop, 2012

BIBLE CONTENTS: 13.10.13.12.8.12.11.10
Shin, So-seop, 1978

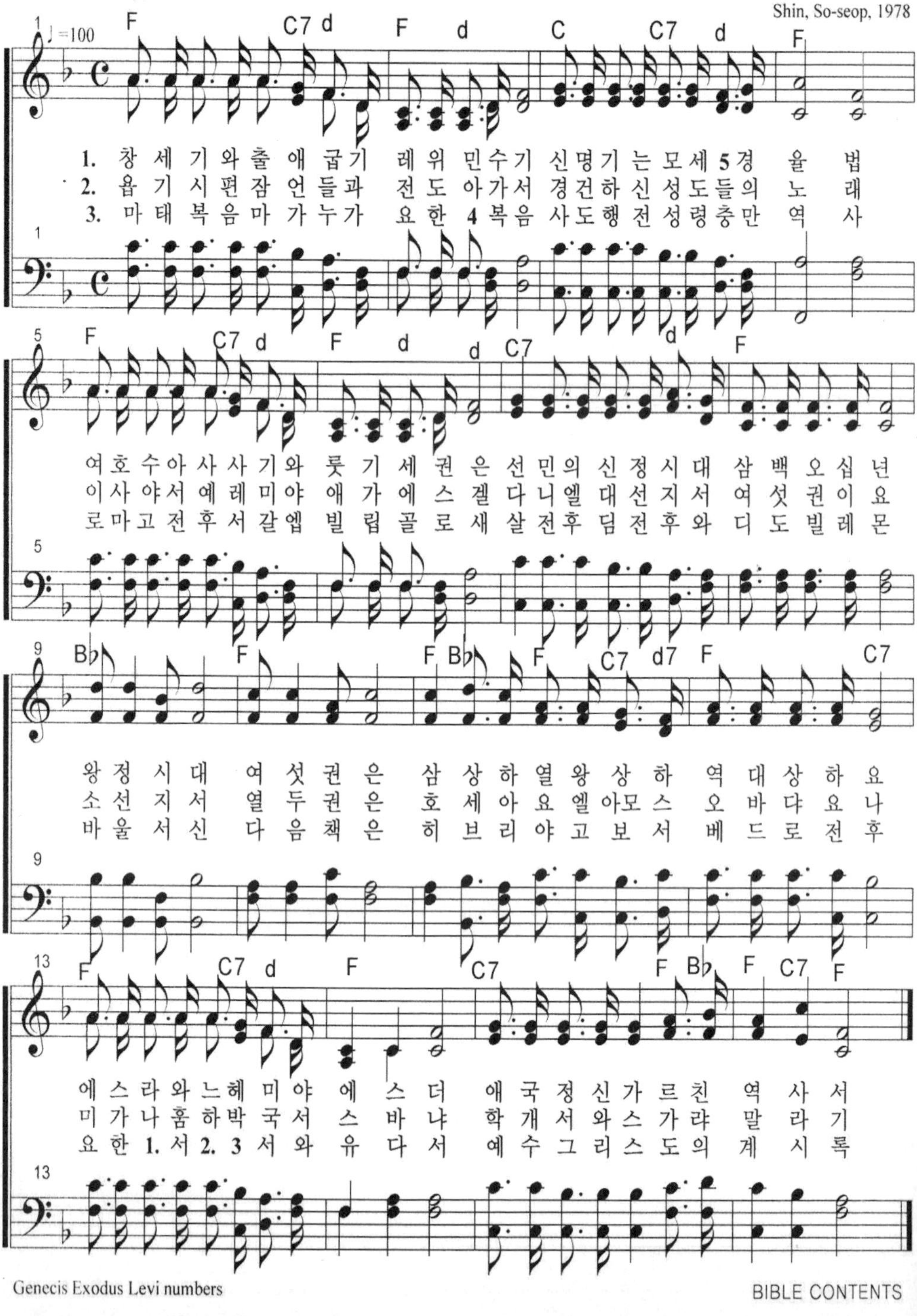
♩=100
1. 창 세 기 와 출 애 굽 기 레 위 민 수 기 신 명 기 는 모 세 5경 율 법
2. 욥 기 시 편 잠 언 들 과 전 도 아 가 서 경 건 하 신 성 도 들 의 노 래
3. 마 태 복 음 마 가 누 가 요 한 4 복 음 사 도 행 전 성 령 충 만 역 사
여 호 수 아 사 사 기 와 룻 기 세 권 은 선 민 의 신 정 시 대 삼 백 오 십 년
이 사 야 서 예 레 미 야 애 가 에 스 겔 다 니 엘 대 선 지 서 여 섯 권 이 요
로 마 고 전 후 서 갈 엡 빌 립 골 로 새 살 전 후 딤 전 후 와 디 도 빌 레 몬
왕 정 시 대 여 섯 권 은 삼 상 하 열 왕 상 하 역 대 상 하 요
소 선 지 서 열 두 권 은 호 세 아 요 엘 아 모 스 오 바 댜 요 나
바 울 서 신 다 음 책 은 히 브 리 야 고 보 서 베 드 로 전 후
에 스 라 와 느 헤 미 야 에 스 더 애 국 정 신 가 르 친 역 사 서
미 가 나 훔 하 박 국 서 스 바 냐 학 개 서 와 스 가 랴 말 라 기
요 한 1. 서 2. 3 서 와 유 다 서 예 수 그 리 스 도 의 계 시 록

Genecis Exodus Levi numbers

• 설문지 : 독자 앙케이트 •

구역공과를 다루고서

〈각 교회에서 설문지를 그대로 보내주셔도 좋겠고, 통계치만 보내셔도 됩니다 〉

1. 구역공과를 다루고 나서 어떤 방법이 가장 좋았는가?
   ( ) 1 기존의 방법대로 구역장이 혼자 가르치는 것이 좋겠다.
   ( ) 2 문답지를 나누어주고 미리 풀어 오도록 하여 토론하는 것이 좋겠다.
   ( ) 3 성경 문제지를 나누어주고 그날 함께 풀어 가는 방법이 좋겠다.
   ( ) 4 문답지를 나누어주고 구역장이 설명해 가는 방법이 좋겠다.
2. 성경 공부 문제지를 다루는데 그 정도가 어떠했는가?
   ( ) 1 문제가 어려워서 손대기가 어려웠다.
   ( ) 2 문제지는 그런대로 쉬웠으나 묵상과 적용이 잘 안되었다.
   ( ) 3 문제지도 어려웠고 묵상과 적용도 어려웠다.
   ( ) 4 문제지는 보통이고 묵상과 적용도 할만했다.
3. 성경 공부 문제의 양이 어떠했는가?
   ( ) 1 문제가 너무 많았다.
   ( ) 2 문제가 너무 적었다.
   ( ) 3 문제가 적당했다.
4. 성경공부 진행 및 내용의 배열은 어떻게 하는 것이 좋겠는가?
   ( ) 1 시작하는 말, 오늘의 말씀, 정리하는 말, 평가와 결심의 순서대로가 좋겠다.
   ( ) 2 오늘의 말씀, 정리하는 말, 평가와 결심으로 줄였으면 좋겠다.
   ( ) 3 성경본문을 읽고 각자가 느낀 점을 이야기하고 적용하는 방식이 좋겠다.
   ( ) 4 성경 본문만 읽고 중보(합심)기도를 길게 하는 것이 좋겠다.
5. 구역 모임시간에 대하여 어떻게 했으면 좋겠는가?
   ( ) 1 찬송을 많이 불렀으면 좋겠다.
   ( ) 2 성경 공부에 중점을 두었으면 좋겠다.
   ( ) 3 합심기도에 시간을 많이 할애했으면 좋겠다.
   ( ) 4 구역원들 간에 이야기하는 시간을 많이 두어야 좋겠다.
6. 성도의 교제 시간 운영 방안에 좋은 방법은 무엇인가?
   ( ) 1 민속놀이를 했으면 좋겠다(윷놀이 등).
   ( ) 2 음식 나누어 먹기가 좋겠다.
   ( ) 3 가정을 위해 특별기도를 해주는 것이 좋겠다.
   ( ) 4 성경 퀴즈를 했으면 좋겠다.
   * 보기에 없으면 적 으시오( )
7. 구역공과교재나 교재출판위원회에 하고 싶은 이야기를 적으시오.

절취선

〈 보내주시는 교회 선물을 받으실 분 〉 (우편번호) 주소는 정확하게, 담임목회자 명	〈 보내 주실 곳〉 156- 094 서울 동작구 사당4동 254-9 도서출판 아가페문화사 교재편찬위원회 앞

라이브 성경 · The Live Bible

전무후무한 센세이션 예감!
타의 추종을 불허하는 소중한 성경!

적극 추천합니다.

김의원 교수 : 구약
총신대학교 전, 총장
백석대학교 현, 부총장

김상훈 교수 : 신약
총신대학교 신학대학원,
신약학 교수

편찬책임 | 김영무 목사

■ 사륙 변형판 / 값 39,000원(최고급 소재, 컬러 종류: 검정, 겨자, 와인)

BIG 개역개정4판 | 해설 새찬송가 합본

갈급한 영혼을 위한!
읽기 편한 큰 글자 성경!

살아있는 성경!

갈급한 영혼을 위해 다양한 주제를 파노라마식으로 제시.
영혼의 산책을 통해 신앙을 부흥시키는 성경.

적용하는 성경!

성경을 통독하게 하고,
말씀에 따라 살도록 인도하는 성경.
명확한 해석 제시와 본문에 맞는 연대기 표기.

실제적인 성경!

예배와 영성을 위한 성경본문에 맞는 관련 찬송 수록.
핵심 영성 심방사전 및 설교사전 수록.

◆ 편찬책임 김 영 무 목사
- 총신대학교 신학대학원 졸업(M. Div. Equiv.)
- 총신대학교 교육대학원 졸업(M. Ed.)
- 현재, 도서출판 아가페문화사 대표

THE PRAYER BIBLE THE PRAYER BIBLE THE PRAYER BIBLE THE PRAYER

대표기도 • 개인기도 • 특별기도의 결정판!!

- 하나님의 보좌를 움직이는 생생한 기도의 실제 가이드!!
- 기도에 대한 성경의 가르침
- 주기도문 해설 - 주님! 기도를 가르쳐 주옵소서!
- 대표기도 핵심 가이드(실제예문 수록)
- 성경인물들과 역사적 인물들의 살아있고 능력을 겸비한 모범기도
- 개인영성훈련기도의 실제적인 지침서

주님! 기도를 가르쳐 주옵소서!

김경화 · 김영무 지음

아가페문화사

696쪽 신국판 정가 17,000원
4×6판 정가 12,000원
국반판 정가 8,000원(기도 바이블)

부흥하는 구역
생동하는 구역
전진하는 구역
구역공과 편찬위원회
•
대표 신소섭 목사

세상을 변화시키는 52주 구역공과

사랑으로 위로하는 구역

2013. 11. 25 초판 인쇄
2013. 11. 30 초판 펴냄

지은이 교재편찬위원회
발행인 김영무

발행처 도서출판 아가페문화사
156-094 서울 동작구 사당4동 254-9
전화 3472-7252, 7253 팩스 523-7254
등록 제3-133호(1987. 12. 11)

보급처 : 아가페문화사
156-094 서울 동작구 사당4동 254-9
전화 3472-7252, 7253 팩스 523-7254
우 체 국 011791-02-004204 (김영무)

값 6,500원

ISBN 978-89-8424-132-9 03230